Sous la direction de
Michel Winock

HISTOIRE DE L'EXTRÊME DROITE EN FRANCE

avec
Jean-Pierre Azéma
Pierre Birnbaum
Pierre Milza
Pascal Perrineau
Christophe Prochasson
Jean-Pierre Rioux

ÉDITIONS DU SEUIL
*27, rue Jacob, Paris VIe*

ISBN 2-02-018896-1

Introduction

L'extrême droite est souvent indéchiffrable, étant donné la multiplicité de ses emblèmes : les fleurs de lys, le bâton du Maréchal, le béret rouge des paras, la crosse de monseigneur Lefebvre, le salut romain, les bretelles de Jacques Doriot, la Pucelle d'Orléans, la croix celtique, ou le crâne rasé des *skinheads*... Comment s'y reconnaître ? A gros traits, on peut tout de même distinguer deux traditions : celle d'une droite contre-révolutionnaire, et celle d'une droite populaire, plus tardive.

La première est contemporaine de la Révolution. Pendant deux siècles, elle a gardé sinon sa vigueur, tout au moins son unité de pensée : elle est l'anti-89. Une famille distinguée. Elle compte ses grands écrivains, au premier rang Joseph de Maistre. Elle a ses philosophes politiques, dont Louis de Bonald est un des beaux fleurons. Pour eux, la Révolution a été une épreuve et un châtiment voulus par Dieu, les Français ayant manqué à leur mission chrétienne tout au long d'un siècle impie et frivole. Des flammes révolutionnaires, une nouvelle France purifiée, rendue à l'enseignement de l'Église, devait naître. Réalisée de façon précaire lors du règne de Charles X, l'espérance des ultras a été définitivement brisée par la révolution de juillet 1830.

Malgré cet échec historique, les fidèles de la Contre-Révolution n'ont pas désarmé. Les légitimistes, revenus dans leurs châteaux, se sont mis à l'agriculture et ont entretenu souvent leurs métayers et leur clientèle dans la nostalgie des Bourbons.

L'appui de l'Église, dont l'enseignement tout au long du XIXe siècle est resté foncièrement antilibéral, permettait la pérennité des nostalgies royalistes, l'alliance du trône renversé et de l'autel profané, dans le cœur des hobereaux et des chouans. Si bien qu'une tentative de restauration devint plausible après l'effondrement du second Empire devant Bismarck. Las ! l'entêtement du prétendant, le comte de Chambord, qui ne voulait démordre ni de ses principes ni de son drapeau blanc, ruina l'attente des monarchistes : la République sortit de leurs divisions.

La vieille droite contre-révolutionnaire s'est tout de même trempée dans une source de jouvence au moment de l'affaire Dreyfus, lorsque fut lancée l'Action française. Charles Maurras, poète provençal dépourvu de sentimentalité excessive à l'égard des familles royales, était avant tout un nationaliste. Par le raisonnement, il inféra du nationalisme la nécessité de la restauration monarchique. Lui aussi empila des articles et des traités contre 1789, coupure suicidaire de notre histoire, qu'il fallait surmonter. Un coup de force devait assurer au bon moment la restauration. En attendant, il s'agissait de préparer l'opinion, et spécialement les élites, à cet événement : la critique systématique de la République parlementaire, par le livre, le journal, le meeting, et finalement les coups de canne des Camelots du Roi, devait finir par porter ses fruits. Le bourgeois français de l'entre-deux-guerres, royaliste ou non, achetait *L'Action française* à la sortie de la messe dominicale et s'émerveillait à la lecture de Maurras ou de Léon Daudet, qui ne craignaient personne à la plume Sergent-Major. La République fut ainsi dépréciée, vilipendée, dilacérée, méprisée, flétrie, couverte de fiente, jour après jour, inlassablement, par des hommes qui remettaient toujours à plus tard le fameux « coup », mais qui discréditaient avec une rare patience les institutions démocratiques auprès des conservateurs, des curés de campagne, des jeunesses étudiantes, des officiers de cavalerie et des commis en mal de « cachet »... Vers 1936, le prestige de ces poètes déclinait néanmoins aux yeux des contemporains de Hitler et de

Mussolini. A cette date, une autre extrême droite avait le vent en poupe.

Cette autre tradition d'extrême droite remonte aux années 1880. Elle est fille de l'« ère des masses » : suffrage universel, liberté de la presse, réclame et romans-feuilletons... Le boulangisme en présente quelques traits fondamentaux. Sur le plumet d'un « chef charismatique » — en l'occurrence le général Boulanger — convergent toutes les raisons d'hostilité au régime en place. Les raisons des radicaux : contre la République centriste ; les raisons des cléricaux : contre les lois laïques ; les raisons des chômeurs : contre la non-intervention de l'État en matière sociale ; les raisons des patriotes : contre un régime parlementaire sans force, sans efficacité, et sans grandeur face à l'Allemagne. Fort de l'appui populaire, le général en appelle à la révision constitutionnelle. Il s'agit non plus de restaurer la monarchie, mais de fonder une République plébiscitaire, un État qui gouverne, un régime musclé.

Parallèlement, se développait en France un courant d'antisémitisme qui ralliait les bouchers de La Villette, les sacristains et les victimes des grands magasins : Édouard Drumont en était le prophète. Lui aussi s'en prenait à la République parlementaire — « judéo-maçonnique » —, mais en tentant d'unir, faisant front à la « conquête juive », les adversaires traditionnels de la République, notamment les catholiques, et les déçus du régime « opportuniste », notamment ces prolétaires sur lesquels Drumont s'attendrissait jusqu'à trouver de la vertu aux communards. L'affaire Dreyfus, à l'extrême fin du XIXe siècle, ouvrit tout large l'éventail de l'extrême droite — celle des ligues, celle des antisémites, celle des xénophobes, des antisocialistes, des néo-monarchistes, des antimodernistes, celle de l'« anticapitalisme national »... Mais aucun leader, aucune organisation, aucun principe unifiant ne réussit à faire de ce champ de foire un vrai mouvement politique : la guerre des chefs, l'incohérence doctrinale, la montée du socialisme, devenu un des piliers de la République, tout concourut à laisser l'extrême droite à l'état inorganique.

C'est de cette nébuleuse, souvent insaisissable, que des tendances proprement *fascistes* vont émerger dans les quinze dernières années de la Troisième République. La Première Guerre mondiale avait montré le chemin à suivre : la concentration des pouvoirs politiques, la mobilisation psychologique des citoyens, l'enrégimentement des travailleurs, la censure, l'unité de pensée, la mise en condition généralisée du pays tendu vers un seul objectif, la victoire... L'État totalitaire avait été ébauché. Mussolini et ses collaborateurs en firent la théorie : « pour le fasciste, tout est dans l'État, et rien d'humain ni de spirituel n'existe, et *a fortiori* n'a de valeur, en dehors de l'État. En ce sens, le fascisme est totalitaire, et l'État fasciste, synthèse et unité de toute valeur, interprète, développe et domine toute la vie du peuple [1] ». Un certain nombre de groupuscules français prirent le mussolinisme, et bientôt le nazisme, pour modèle. A titre d'exemple, le Francisme tenta d'adapter le fascisme à la France. Marcel Bucard, son fondateur, écrivait ainsi : « Nos pères ont voulu la liberté, nous réclamons l'ordre [...]. Ils ont prêché la fraternité, nous demandons la discipline des sentiments. Ils ont professé l'égalité, nous affirmons la hiérarchie des valeurs... » Et Bucard rendait hommage à Mussolini, qui avait su composer l'« âme commune aux hommes de la guerre ». Il fallait donc rassembler les Français derrière un chef, qui serait à la tête d'une « armée disciplinée et hiérarchisée ». Et Guiraud, philosophe du mouvement, exaltait l'État totalitaire à construire, « incarnation de tout le peuple, du peuple en totalité », expression d'« une croyance commune, d'une volonté commune, d'une pensée et d'une sensibilité communes »... Il fallait en finir avec toutes les oppositions, intégrer tous les citoyens, depuis la prime enfance, dans des organisations officielles, ne plus parler de libertés individuelles et travailler à l'« autodéfense ethnique du peuple » — en d'autres termes, décréter des lois racistes contre les Juifs et les étrangers. Tout cela s'accompagnait d'uniformes et

1. B. Mussolini, *Le Fascisme. Doctrine. Institutions* (éd. revue et augmentée), Denoël et Steele, 1934, p. 20.

de grandes manœuvres sur les boulevards. Le Francisme resta fantomatique, mais il eut des concurrents. Des écrivains et des journalistes vantaient eux aussi le modèle fasciste aux Français : Drieu La Rochelle, Brasillach et l'équipe de *Je suis partout*... Plus insidieusement, on s'acharnait contre la démocratie, pour mieux glorifier l'exemple donné par les régimes autoritaires : « là-bas », les jeunes respiraient à pleins poumons sous les sapins ; « là-bas », on encourageait la famille ; « là-bas », on exaltait les vertus de la race ; « là-bas », on construisait des autoroutes... Les Français subissaient par leur quotidien ou leur hebdomadaire habituels une « imprégnation fasciste » caractérisée.

L'extrême droite des années trente était ainsi devenue une galaxie assez complexe : contre-révolutionnaires de l'Action française, intégristes catholiques, populistes des ligues, authentiques fascistes, obsédés de l'antisémitisme, champions de « La France aux Français », anticommunistes forcenés... Qu'avaient-ils en commun ? Le rejet du régime parlementaire, la demande d'un pouvoir fort, la mise au pas des socialistes et des communistes, la fermeture des frontières, un antisémitisme tantôt larvé, tantôt grossier, et bientôt une ferveur pacifiste toute fraîche, car il n'était pas question de risquer la guerre contre Hitler, devenu le solide rempart de l'Occident contre le bolchevisme. Pas d'union néanmoins. Trop de chefs, trop de contradictions dans leurs démarches, trop de clans...

La défaite des fascismes en 1945, le procès de la Collaboration, l'épuration, la nouvelle République : pour un temps, l'extrême droite peupla les prisons et les cafés latino-américains plus que les salles de réunion. Mais elle connut un renouveau avec la guerre froide et, surtout, les guerres de décolonisation. L'Algérie fut une véritable aubaine : les intégristes catholiques en mal de croisade, les anciens d'Indochine humiliés, les chevaliers à la morne figure de l'Occident retrouvaient dans les Français d'Algérie une base sociale à leurs doctrines, tandis qu'en métropole toutes les formes du poujadisme se ralliaient à l'Algérie française dans le combat sacré engagé contre l'inévitable : l'inévitable indépendance des colonies, l'inévitable industrialisation de la France, l'inévitable modernisation d'un pays, tiré à hue et à dia entre ses forces conservatrices et ses ingénieurs du progrès. De Gaulle eut le mérite d'arbitrer et de renvoyer l'extrême droite à ses rêveries de salon et d'arrière-boutique : la France « de papa » était bien morte. Le temps de la marine à voile et des colonies était révolu.

On en était là, lorsque au cœur des années quatre-vingt a surgi le Front national. Le Pen, bénéficiant d'une conjoncture de crise, a réussi ce que ses prédécesseurs avaient raté : il a su fédérer à peu près toutes les composantes de l'extrême droite sous son magnétisme démagogique. On retrouve sous sa bannière les résidus de l'anti-89, recrutés aujourd'hui surtout chez les fidèles de monseigneur Lefebvre, les durs-à-cuire de l'Algérie française, les antigaullistes de 1940 et les antigaullistes de 1960, mais aussi tous ceux qui sont saisis par la peur de l'avenir, et que résument les deux menaces éternellement brandies sur leurs têtes par le prédicateur de La Trinité-sur-Mer : celle d'une émigration sauvage, envahissante, destructrice de l'identité nationale, et son corollaire, l'insécurité entretenue dans la rue par cette population exogène, foncièrement antifrançaise... Jamais, jusqu'à ce jour, l'extrême droite, bénéficiant des troubles de la grande mutation en cours (mutation économique, politique, européenne...), n'a constitué une force aussi rassemblée. C'est la réussite personnelle de Le Pen d'avoir pu fondre dans un même mouvement de protestation l'extrême droite des grands-pères et l'extrême droite des freluquets. La vraie nouveauté est non point doctrinale, mais politique et structurelle : elle tient dans l'union et la continuité du mouvement.

On y retrouvre le fonds historique de l'extrême droite : sa demande maladive d'autorité. Politiquement, elle a toujours aspiré à un régime dont la force se manifeste par un exécutif prédominant : roi, empereur, président élu, *duce, Führer, caudillo,* n'importe ! Mais un régime incarné par un chef. Cette aspiration est la traduction politique d'une attitude psychologique largement partagée dans notre civilisation changeante et, partant, dérangeante : le goût de l'ordre. Mais un goût de l'ordre qui se confond avec le désir d'homogénéité, le refus de l'altérité. L'enfer, c'est l'Autre. Le non-pareil, l'étranger, le déviant. La démocratie libérale est assimilée à un régime de désordre, parce qu'elle permet les conflits ouverts, les changements de majorité, les droits de l'opposition, excluant la présence d'un vrai chef, autorisant les débats d'idées, l' « intellectualisme », bref, tout ce qui altère le Moi national.

L'antisémitisme qui se fait entendre dans la bouche de Le Pen nous rappelle sa fonction de ciment idéologique. Le Juif y est désigné comme l'Autre par excellence, l'étranger, le conquérant, le spoliateur, le capitaliste insatiable, le révolutionnaire au couteau entre les dents, le maître des médias, le manipulateur occulte de la classe politique, le nomade, l'aspirant au pouvoir mondial... Dans l'extraordinaire profusion du mythe juif forgé par les antisémites, chacun peut trouver la figure de ses peurs et de ses haines. Malgré la loi, on s'en sert donc, moyennant quelque prudence.

On ne peut réduire l'extrême droite à une classe sociale : bourgeoisie boutiquière, travailleurs indépendants, petits chefs, etc. Sans doute certaines couches de la population sont-elles plus disposées que d'autres à l'adhésion et ce qu'on appelle en d'autres pays les « petits Blancs » est-il une réserve privilégiée du lepénisme, mais dans l'actuelle déstructuration/restructuration de la société aucune catégorie socioprofessionnelle n'échappe à la contagion. L'effacement des repères idéologiques traditionnels et la décomposition des structures d'accueil séculaires (les associations religieuses, les syndicats, le Parti communiste, etc.) ont mis en disponibilité politique bon nombre de nos concitoyens. L'extrême droite les séduit par le côté affectif de leur être et l'ordre imaginaire qu'elle appelle de ses vœux : les raisons rationnelles des hommes du pouvoir les laissent de marbre. Ils veulent être rassurés : l'homme providentiel arrive...

Les socialistes, c'est leur honneur, répugnent à la politique émotionnelle, simpliste, démagogique. Mais, trop souvent, ils oublient que la société qu'ils représentent et qu'ils gèrent n'est pas un amphithéâtre de bons élèves, qu'elle est traversée par les passions, par les doutes, par les peurs, et guettée donc par l'irrationnel. Voilà pourquoi ceux qui nous gouvernent ont à s'interroger sur la façon de recoller à la société, de ne plus apparaître comme les lointains dirigeants d'un État extérieur aux préoccupations des gens, de ne plus abandonner le « monopole du cœur » à Le Pen. Et cela, sans tomber dans le mensonge : vaste programme !

***

La pléiade d'auteurs qui ont fait ce livre est composée de cinq historiens, d'un spécialiste de sociologie politique et d'un politologue. Quelle que soit leur discipline, ils ont conscience de la fluidité de l'objet étudié et de l'incertitude sémantique qui s'y rapporte. L'extrême droite est composite, ses avatars sont multiples, ses discours peuvent être contradictoires. Au demeurant, elle entretient dans la vie politique française un danger latent, toujours vaincu, mais toujours prêt à renaître de ses cendres, quitte à revivre sous une fausse identité.

L'extrême droite détient en effet un capital de refus et d'émotions toujours prêt à fructifier. Dans les périodes calmes, c'est un bas de laine caressé par des gardiens du Temple sans joie, qui cultivent, solitaires, la nostalgie et la fidélité dans un monde qu'ils exècrent. Dans les périodes de crise, d'insécurité, d'instabilité, le patrimoine d'idées reçues et de haines recuites sert de nouveau. Aux vaincus, aux déçus, aux victimes des mutations inéluctables ou des accidents de l'histoire, les extrémistes offrent leurs explications et formulent leurs solutions. Le petit noyau dur s'arrondit alors d'un mouvement protestataire qui gonfle ses rangs et regonfle son enthousiasme.

Pendant deux siècles, nous retrouvons ainsi les mêmes obsessions, à des degrés divers selon la conjoncture. D'abord, la demande impérieuse d'un ordre à rétablir sur les ruines de la décadence et contre les poisons dissolvants de la démocratie parlementaire. Il faut rebâtir la maison France, soit sur les bases de la religion catholique, soit dans le culte d'un chef vénéré, soit dans l'exaltation d'un nationalisme fermé — aucune de ces fondations n'étant du reste exclusive l'une de l'autre.

Les ennemis sont clairement désignés, même si leur hiérarchie est sans cesse réévaluée au gré des circonstances. L'ennemi extérieur est toujours second, ou lointain. L'ennemi intérieur prime. C'est l'intellectuel, héritier des Lumières, qui a promu l'individu contre la société organique. C'est le révolutionnaire, qui a voulu instaurer l'égalité factice entre des hommes naturellement inégaux. C'est le libéral, qui permet la dissolution des mœurs, la faillite de l'autorité paternelle, la destruction de la famille. C'est, en un mot, le monde moderne, qui a substitué aux vieilles communautés villageoises l'univers inhumain de la ville, de l'usine, de l'autoroute, des grandes surfaces. Toutes ces adversités, pour plus de commodité, tendent à être résumées dans le mythe juif, l'antisémitisme dénonçant la main d'un démon singulier dans les innombrables causes du malheur universel. Si l'extrême droite n'est pas le diable, elle est bien une machine à diaboliser.

La peur est le ressort psychologique de ses idéologies — et, par-dessus toutes les peurs, la peur suprême de la liberté, mère de tous les déséquilibres, de toutes les mobilités, de tous les changements. L'homme d'extrême droite, contre-révolutionnaire ou fasciste, rêve d'un ordre stable, d'une autorité incarnée, d'un contrôle social étroit, de la permanence au sommet de l'État et de la cohésion bétonnée de la société. Il vitupère le présent, en quête d'un âge d'or perdu. Sa référence constante au passé n'a pas pour fonction de magnifier l'histoire, l'évolution, le progrès, mais au contraire de rassurer son goût de la continuité et de l'invariable.

L'extrême droite, quand elle n'est pas le simple rebut inorganisé du mal à vivre et des frustrations personnelles, a le désir d'une société homogène, accordée dans ses croyances, dans ses solidarités, dans ses œuvres. Elle peut bien faire l'apologie des différences, c'est pour mieux confiner chacune d'elles dans son identité inaltérable. L'échange lui paraît de mauvais augure, le métissage toujours à proscrire, et le commerce déjà suspect.

Enfin, il nous est apparu que l'étude de l'extrême droite ne pouvait être réduite à ses doctrines ou à ses organisations. Dans les heures de grande marée, le danger qu'elle présente provient moins de ses militants que de sa force d'imprégnation. Subrepticement, ses idées gagnent du terrain, conquérant les rangs des conservateurs, voire des couches populaires offrant d'ordinaire leurs voix à la gauche. Elle banalise l'inacceptable, rend crédible l'incroyable, souffle ses mots aux orateurs ou aux journalistes, fait croître la peur dans les esprits modérés. Au minimum, elle répand le doute — sur les institutions démocratiques, sur la moralité des élus les moins corruptibles, sur le système d'enseignement, sur les chiffres de l'économie ou de l'immigration. Un mimétisme social transmet ses insanités, transformant en évidences ses affirmations les moins vérifiées et en certitudes ses simplismes les plus grossiers.

Ces quelques thèmes, itératifs, nous ont guidés dans cette tentative de synthèse. On les retrouvera peu ou prou, redessinant dans le kaléidoscope tourné et retourné par le temps des figures différentes successives, mais associées par la grande peur de l'histoire.

Michel Winock

1

L'héritage contre-révolutionnaire

Lors des débats auxquels la célébration du bicentenaire de la Révolution a donné libre cours, les Français ont découvert qu'une minorité d'entre eux continuait de refuser sa voix aux valeurs fondatrices de leur démocratie. Dès octobre 1987, un « Bulletin de liaison et de défense des contre-révolutionnaires français » paraissait sous ce titre éloquent : *L'Anti-89*. Alors que les historiens et les intellectuels discutaient une nouvelle fois sur les splendeurs et les horreurs de l'an II, c'est la Révolution même, dans son principe et dès ses premiers pas, qui est repoussée par la cohorte des irréductibles. Dans son éditorial, l'abbé Coache, une des têtes pensantes des « catholiques intégraux », annonçait avec des traits de flamme le « grand rassemblement national, pour l'honneur de la France », qui devait se tenir le 15 août 1989, « de Notre-Dame de Paris à la Concorde »[1]. Il vilipendait d'un triple mot l'histoire écoulée depuis la « néfaste Révolution française » : « le crime, le mensonge et le rejet de Dieu ».

La harangue de l'abbé aurait pu passer pour le rabâchage anodin d'un esprit illuminé, comme il en existe dans tous les pays, si une autre signature n'avait figuré au bas d'autres articles : celle d'Emmanuel Allot, *alias* François Brigneau, ancien membre de la Milice, éditorialiste à *Minute* et à *Présent*, idéologue disert du Front national. Ce pseudonyme est épais

1. La manifestation eut effectivement lieu à la date fixée ; elle ne remporta pas le succès escompté par ses organisateurs.

d'une continuité — celle qui relie la Contre-Révolution au mouvement lepéniste, *via* Vichy et la Collaboration.

Ce fil conducteur, toutefois, s'enchevêtre à bien d'autres, pour aboutir au Front national. Il convient de ne pas fixer l'histoire de l'extrême droite dans une intrigue linéaire. Comme un fleuve qui grossit de ses affluents, elle a plusieurs sources — et la Contre-Révolution est la plus reculée, même si ses eaux vers l'aval ont été débordées. Au début étaient la Révolution et la Contre-Révolution, opposition matricielle de la France contemporaine à laquelle il faut toujours revenir pour comprendre la formation des familles politiques. Le choc des passions et des intérêts, la guerre religieuse et la guerre civile, la lutte des factions et la Terreur, la mobilisation générale aux frontières, le pays menacé d'invasion, un monde qui meurt et un nouveau qui ne parvient pas à se stabiliser : ces dix ans qui séparent la convocation des États généraux à Versailles du coup d'État du 18 Brumaire ont pesé sur notre histoire comme dix siècles. Le drame révolutionnaire a été rupture, mutilation et enfantement dans la douleur. Il a laissé en partage souvenirs de gloire et plaies ouvertes. En face des républicains convaincus, des Français irréconciliés ont entretenu la flamme de la royauté déchue. Des écrivains de haut parage et des journalistes triviaux ont concouru à fixer les maximes d'une école de pensée qui, après avoir eu son heure de gloire au XIXe siècle, continue à inspirer un Parti blanc (comme on disait le Midi blanc), ou à tout le moins un état d'esprit qui reste un composant de l'extrême droite d'aujourd'hui.

La Contre-Révolution militaire et politique

Dès ses débuts, la Révolution a dû affronter de multiples résistances, à commencer par celle du roi et de la Cour, qui n'ont jamais adhéré, même quand ils juraient le contraire, aux principes de la monarchie constitutionnelle, à la fin des trois ordres, à la naissance d'une société égalitaire, à la nationalisation des biens ecclésiastiques et à la condamnation des prêtres réfractaires.

Au-delà des privilégiés, la Révolution s'est heurtée aux rejets et aux révoltes — souvent dispersés, jamais synchronisés — de populations exaspérées par les bouleversements dus au droit nouveau, alors qu'elles avaient en général applaudi aux premiers élans de la grande « régénération » qui emportait le pays, et dont l'Assemblée constituante formula les premières lois. On parlera ainsi d'une *anti-Révolution* pour désigner ces impulsions de colère, ces agitations éparses, souvent violentes, armées, spontanées, à moins d'être canalisées, utilisées, récupérées par la Contre-Révolution proprement dite.

C'est ainsi que l'insurrection vendéenne, destinée à devenir un des hauts symboles contre-révolutionnaires, a éclaté, non point à des fins idéologiques, mais sur la décision d'une mobilisation militaire prise par la Convention en mars 1793. Les paysans, qui exècrent l'enrégimentement et l'éloignement forcé de leurs champs, ne se soulèvent pas dans la seule Vendée[2]. Simultanée, la révolte est repérable dans plusieurs régions de France, mais c'est seulement là où la répression gouvernementale échoue, dans ces départements qui vont constituer la Vendée militaire, que les insoumis s'organisent, appuyés vite précisément par la noblesse contre-révolutionnaire, dotant cette révolte d'une dimension politique, absente à l'origine[3].

Un autre exemple, aussi dramatique, celui de l'insurrection fédéraliste au lendemain du coup de force des 31 mai et 2 juin

2. Voir Jean-Clément Martin, *La Vendée et la France*, Paris, Éd. du Seuil, 1987.

3. On se reportera notamment à Roger Dupuy, qui écrit sur l'« anti-révolution populaire » : « Il s'agirait de formes collectives de violence, quasi spontanées (du moins au début !), contre l'accumulation des exigences de la Nation et des prétentions de ses partisans et créatures. Réflexe essentiellement négatif, véritable ras-le-bol des campagnes, qui s'en prend à la Nation, à ses pompes et à ses œuvres sans vraiment préciser ce que l'on remettra en place, sinon un passé en voie de mythification. Cette anti-révolution s'épanouit dans les insurrections armées de 1792 et de mars 1793 » (*De la Révolution à la chouannerie*, Paris, Flammarion, 1988, p. 336).

1793, perpétré par les sections sans-culottes contre la représentation girondine, et qui aboutit à l'arrestation d'une vingtaine de députés. Lyon, qui s'insurge contre sa municipalité jacobine dirigée par Chalier, est majoritairement « rolandiste », c'est-à-dire girondine. Chalier est arrêté, condamné, exécuté ; les ponts sont coupés avec Paris. Mais les forces contre-révolutionnaires de la ville parasitent et bientôt dirigent le mouvement antimontagnard : la sécession lyonnaise prend dès lors un tour royaliste [4]. La même cause — le coup d'État du 2 juin — provoque les mêmes effets à Marseille et à Toulon, où le mouvement fédéraliste et antijacobin est capté par les partisans du roi. Ceux-ci, à Toulon, n'hésitent pas, comme on sait, à faire appel au soutien des flottes anglaise et espagnole, lesquelles occupent bientôt le port tandis que les Toulonnais proclament Louis XVII — jusqu'au moment où Dugommier, secondé par le jeune Bonaparte, réduit la ville insurgée.

Loin d'être un bloc, la Révolution n'a cessé de se scinder en partis successivement dominants, sous la poussée des forces populaires et dans une conjoncture rendue de plus en plus exacerbée par la « trahison » de Louis XVI, la guerre étrangère et le schisme religieux. Les majorités élues ont été entraînées, jusqu'au 9 Thermidor, dans une radicalisation croissante qui a substitué à la tête du pays les Girondins aux Feuillants, les Montagnards aux Girondins, les activistes de la dictature révolutionnaire aux révolutionnaires de la liberté. A chaque étape, la Révolution a enfanté contre elle de nouveaux adversaires qui ont pu prêter main-forte, directement ou indirectement, aux mouvements antirévolutionnaires et en même temps devenir les alliés potentiels ou les cautions des groupes résolument contre-révolutionnaires.

Cependant, la Contre-Révolution organisée, celle qui se donne des chefs et des buts politiques, n'a jamais été en mesure de fédérer toutes les réactions d'hostilité aux assemblées et aux

4. Voir Jacques Godechot, *La Contre-Révolution. 1789-1804*, Paris, PUF, 1961, rééd. 1984.

gouvernements de Paris. Ses plus belles réussites restent la Vendée et, dans une moindre mesure, la chouannerie. C'est en Vendée que les défenseurs de Louis XVII ont su mettre sur pied une « armée catholique et royale » dont les soldats arboraient à leur poitrine le Sacré-Cœur de Jésus (« Dieu et le Roi »). La geste de ces paysans-soldats combattant pour leur roi et leurs prêtres a été un échec militaire, mais elle est restée gravée dans la légende révolutionnaire comme un des hauts faits de sa gloire, tout en constituant une région-sanctuaire de la tradition de droite. Là, dans les chemins creux du bocage, la vaillante armée des sabots, encadrée par de nobles officiers et quelques chefs issus de la glèbe, a tenu tête aux troupes de la République sans Dieu pendant des mois, et même des années. Là, eut lieu une guerre « totale », suivie d'une impitoyable répression, dans laquelle s'illustrèrent notamment le général Turreau et ses « colonnes infernales », dévastant, pillant, incendiant, massacrant, appliquant à la lettre la recommandation de Barère à la Convention : « Détruisez la Vendée... », de façon à imprimer dans les esprits la haine durable d'une République à visage monstrueux.

L'image pieuse du soldat de l'armée catholique et royale (lequel savait se montrer aussi féroce que l'adversaire) a laissé place à la figure du chouan, ce « héros de l'ombre » comme l'appelle Victor Hugo, ancêtre des maquisards et des guérilleros, qui entretient un état d'insécurité permanent contre la République dans les campagnes bretonnes, les marges armoricaines et la Vendée vaincue. Le chouan n'est pas en mesure de restaurer la monarchie, mais il maintient contre le régime établi et son administration un climat d'insécurité permanent.

Intransigeants et modérés

Dès ses premiers actes, l'Assemblée constituante a dû contrecarrer la résistance royale. Il n'est pas inconcevable — et bien des auteurs l'ont imaginé — qu'un monarque plus habile que

Louis XVI, plus lucide sur l'évolution des esprits, et donc moins aveugle sur la nécessité, eût trouvé avec la Révolution entamée une solution de compromis. La Révolution n'avait pas été programmée, encore moins la République : dans l'incertitude des premiers mois, quand rien n'était encore écrit de ce qui allait se produire, un autre roi, moins crispé sur ses principes que Louis XVI, eût pu donner un autre cours aux eaux torrentueuses qui emportaient l'ancienne France[5]. Ce ne fut pas le cas. Sous les dehors nonchalants d'un gros homme que l'imagerie d'Épinal éternise entre deux parties de chasse devant sa table, dévorant, ou dans un fauteuil, assoupi, Louis était pénétré de ses devoirs et de ses droits. Admettant le principe de réformes nécessaires, il entendait sauvegarder l'autorité royale et la société d'ordres qui caractérisaient la monarchie française ; catholique dévot, il n'accepta qu'en apparence la constitution civile du clergé et s'efforça de protéger les prêtres insermentés.

Après que les États généraux se furent déclarés Assemblée constituante, Louis XVI entendit rappeler solennellement son propre programme. La séance royale du 23 juin 1789 fut l'occasion pour lui d'exposer ses projets de réformes et de poser les limites étroites de ce qu'il entendait concéder. Une belle occasion manquée peut-être de « révolution royale » comme le souhaitait un Mirabeau : le roi accédant aux demandes de réformes, les assumant, les conduisant, et retrouvant son lustre dans l'habit neuf d'un souverain éclairé. Mais Louis XVI avait moins de tête politique que de fidélité aux préceptes appris. Son entourage, à commencer par la reine et ses deux frères, ne lui prêtait pas les auxiliaires les mieux désignés du bon sens. Necker, responsable de la première mouture du discours royal, fut démenti et arrêté par l'intransigeance des autres conseillers. Louis XVI se posa donc en défenseur des droits du royaume. Ses concessions n'étaient pas médiocres, puisqu'il admettait l'égalité fiscale et la liberté de la presse ; elles étaient devenues insuffi-

5. Voir notamment Émile Ollivier, *1789 et 1889*, Paris, Aubier, 1989 (introduction de Maurice Agulhon).

santes. En maintenant les principes du système absolutiste et le gros des privilèges de la noblesse, il récusait la transformation des États généraux en Assemblée constituante. On sait qu'à l'issue de cette séance royale les députés refusèrent de se disperser, s'alignant sur la célèbre apostrophe de Mirabeau : « Nous sommes ici par la volonté du peuple et nous n'en sortirons que par la force des baïonnettes. »

Louis XVI, jusqu'à sa mort, en restera à ce programme du 23 juin, qui devait devenir la charte de la Contre-Révolution princière. Il avait fait connaître les bornes qu'il mettait à un réformisme qui, en d'autres temps, l'eût fait qualifier de souverain éclairé, amorçant un lent processus d'évolution à l'anglaise, transformant la monarchie absolue en monarchie modérée et constitutionnelle. Mais les révolutions se développent sur les déphasages temporels entre le mouvement et la résistance. Quand le premier est lancé, ce que la seconde concède se révèle toujours insuffisant. Reste le recours à la force. On la conseille au roi, qui n'est pas d'un tempérament à en user sans scrupule. Tout de même, en juillet, des régiments convergent sur la capitale. L'Assemblée constituante, contestée par Louis XVI, va-t-elle être dissoute ? L'insurrection populaire du 14 juillet, dont la prise de la Bastille est le point culminant, arrête net la Contre-Révolution royale. Dès le lendemain, le comte d'Artois, frère du roi, quitte la France et donne le signal de l'émigration princière et nobiliaire — appelée à devenir la tête et l'état-major de la Contre-Révolution politique et militaire.

Louis XVI, resté à Versailles, puis sommé de s'installer à Paris au terme des journées d'octobre 1789, fera mine d'accepter les grandes lois constitutionnelles, comme il s'est résigné à porter la cocarde tricolore, à l'hôtel de ville de Paris, au lendemain des journées révolutionnaires de Juillet. Plus la Révolution prend d'essor, plus il apparaît comme un souverain captif et impuissant — n'attendant finalement son salut que de l'intervention extérieure (moins celle d'Artois, de Condé ou des autres princes français, que de la puissance étrangère, autrichienne surtout). C'est sur elle qu'il compte pour échapper à l'étreinte de Paris. Il fuit, accompagné de sa famille, en juin 1791, alors que la Constituante n'a pas fini ses travaux. Reconnu à Varennes, ramené à Paris, Louis XVI acceptera officiellement la Constitution qui rabaisse ses pouvoirs et abolit les anciens ordres. En fait, *in petto*, il continue à espérer reprendre ses droits ; la déclaration de guerre au « roi de Bohême et de Hongrie », en avril 1792, lui semble en être la meilleure chance. En fait, la guerre provoque une nouvelle escalade qui entraîne finalement sa chute et celle de la monarchie constitutionnelle. Le 21 septembre 1792 inaugure l'ère républicaine.

La droite de l'Assemblée constituante (on prit l'habitude de distinguer le « côté droit » du « côté gauche » à la suite du regroupement des députés selon leurs attitudes politiques) n'était pas d'un seul tenant. Certains de ses représentants, tel Cazalès — un de ses meilleurs orateurs —, acceptaient l'idée d'une Constitution, quand celle-ci n'eût été que la rédaction des coutumes et des pratiques héritées. Comme d'autres esprits de son temps, il avait de l'admiration pour la monarchie anglaise et s'était convaincu de la nécessité des réformes. Mais une extrême droite cultiva tout au long des travaux de la Constituante l'esprit d'intransigeance qui deviendra si souvent la marque d'une Contre-Révolution lovée dans ses certitudes, exaltée dans ses imprécations, incapable d'adaptation aux exigences de l'heure. L'abbé Maury en fut le porte-parole infatigable. Il n'était qu'un fils de cordonnier de Valréas, mais son élection à l'Académie française en 1785 témoignait de sa promotion sociale : il avait mieux réussi que l'abbé Sieyès, un des penseurs du tiers état. Doué d'une éloquence violente, Maury se montra l'adversaire continu des grandes lois constitutionnelles et déchaîna sa fureur contre la nuit du 4 août où l'on brûla tous les privilèges.

Les uns et les autres se distinguaient surtout par le style et le tempérament. Tous étaient en accord avec le programme royal du 23 juin, considéré comme maximal. Or celui-ci était passablement dépassé par les Constituants, décret après décret. L'un de ceux-ci allait renforcer l'opposition de droite : celui qui ouvrit le débat sur le veto royal. La majorité des députés en écartait le principe, en raison de la séparation des pouvoirs : la loi revenait à l'Assemblée, l'exécutif devait s'y soumettre. La droite contre-révolutionnaire soutenait la règle du veto absolu : en dernière instance, la loi n'aurait force de loi que par l'approbation royale. L'idée en était aussi défendue par le groupe des monarchiens, dont Mounier faisait figure de chef et Mallet du Pan de guide politique. Ces hommes étaient en général les partisans d'une Constitution à l'anglaise, limitant le pouvoir royal, mais sans lui ôter son autorité. Épris de liberté, favorables à une rénovation de la société, ils ne conçoivent celle-ci que par étapes prudentes. C'est pourquoi ils défendent les deux Chambres sur le modèle britannique, et la prérogative royale. Partisans du veto, en conséquence, ils grossissent la minorité de droite et deviennent les premiers vaincus des libéraux. Scandalisés par les journées révolutionnaires d'octobre 1789, ils frémissent devant la rue qui a pris le pouvoir. Mounier démissionne. Lui et ses amis finiront par rejoindre les camps de l'Émigration. Mallet du Pan passera pour un des théoriciens de la Contre-Révolution. A vrai dire, ces émigrés de la deuxième vague ne seront jamais acceptés à part entière par les intransigeants de Turin et de Coblence, où ils sont reçus sans aménité. Plus tard, au temps de la Restauration, on vit encore s'affronter les tenants d'une monarchie modérée et constitutionnelle — dont la charte octroyée par Louis XVIII offrit l'espérance — et les intraitables de l'Ancien Régime.

L'échec final

La Contre-Révolution, malgré les appuis qu'elle trouva dans les couches profondes du pays et dans les Cours étrangères, se révéla un échec. Celui-ci prit d'abord un aspect militaire. Après l'exécution de Louis XVI, son frère cadet, le comte de Provence, reconnut le fils du roi guillotiné comme successeur sous le nom de Louis XVII ; lui-même se proclama régent, décidé à rétablir l'Ancien Régime, tandis qu'il nommait le comte d'Artois, son frère, lieutenant général du royaume. Installé en juin 1794 à

Vérone, le comte de Provence y apprend la mort de Louis XVII. Il se proclame alors son successeur, Louis XVIII. La proclamation de Vérone, conseillée par les plus ultras de la Contre-Révolution, le comte d'Antraigues et le comte Ferrand, affirme une intransigeance qui choque Mallet du Pan et les monarchiens : l'Ancien Régime devait être pleinement restauré, y compris les trois ordres et la religion catholique comme religion d'État.

Cependant, la force militaire de la Contre-Révolution n'était pas à l'échelle des ambitions de Louis XVIII. Celui-ci n'existait que grâce à l'hospitalité et au soutien des monarchies étrangères. Or celles-ci étaient fort inquiètes de la progression des armées françaises. L'exil de Louis XVIII n'en finit pas, le prétendant passant d'Allemagne en Russie, de Russie en Pologne, de Pologne en Suède, et échouant finalement en Angleterre où il resta jusqu'en 1814.

Incapables de soulever une armée contre la Révolution puis contre l'Empire, les émigrés s'attachèrent du moins à préparer des complots, soulever des émeutes, espionner pour le compte de leurs alliés étrangers. Un moment, ils purent espérer retrouver leurs chances par la voie des urnes, sous le Directoire. Aux élections de l'an V (1797), les royalistes remportaient une victoire, mais les Directeurs républicains recoururent pour se défendre au coup d'État (18 Fructidor). En 1799, alors que la guerre reprenait entre la France et les dynasties européennes, l'Émigration attisa les résistances intérieures. Sous le couvert d'instituts philanthropiques, les royalistes préparèrent l'insurrection finale mais échouèrent piteusement, faute d'action concertée. Plusieurs insurrections se produisirent dans le Sud-Ouest, dans l'Ouest encore... Bonaparte, nouvel homme fort de la République, fut un moment perçu comme un autre Monk — le restaurateur de la monarchie britannique après la mort de Cromwell. Les royalistes durent vite déchanter. Aux avances que lui fit Louis XVIII, Bonaparte répondit : « Les Français ne peuvent plus être gouvernés que par moi. » Plus nettement encore, après la victoire de Marengo, le Premier consul écrivit le 7 septembre 1800 au prétendant : « Vous ne devez pas souhaiter votre retour en France, il vous faudrait marcher sur cent mille cadavres. Sacrifiez votre intérêt au repos et au bonheur de la France, l'Histoire vous en tiendra compte. »

La Restauration de 1814-1815 donnait finalement tort à Napoléon, mais si la monarchie était rétablie, ce n'était pas celle à laquelle les ténors de la Contre-Révolution tenaient. Louis XVIII dut composer. La charte qu'il octroyait préservait sa souveraineté, mais le souverain n'était plus seul à édicter la loi. Une monarchie limitée, ou autolimitée, était mise en place, sensiblement en retrait sur les intentions de Vérone. Selon la formule de Gérard Gengembre, la Contre-Révolution trouva son Waterloo avec la charte de 1814 : « Sous l'apparence d'une monarchie restaurée, la Révolution inscrit nombre de ses acquis dans un texte constitutionnel[6]. » Les ultras, en tout cas, sont sensibles à ce paradoxe que la victoire de la Restauration consacre en fait sa « défaite idéologique ». Réveillée par les ministères Villèle et Polignac, la Contre-Révolution subit une nouvelle déroute en 1830, le dernier représentant de la branche aînée des Bourbons, Charles X, fuyant une nouvelle fois la France sous les coups de l'insurrection parisienne. La monarchie orléaniste qui s'installe alors adopte le drapeau tricolore : la France a définitivement rompu avec l'Ancien Régime. Une dernière fois, après l'effondrement du second Empire en 1870, une tentative de restauration est menée par les légitimistes, entrés en nombre dans l'Assemblée nationale élue le 8 février 1871. La « fusion » entre leur parti et celui des orléanistes en est le préalable politique. Or, intransigeant sur les principes, le comte de Chambord, le nouveau prétendant, refuse une restauration qui se ferait au prix du drapeau blanc : « Je ne laisserai pas arracher de mes mains l'étendard d'Henri IV, de François Ier et de Jeanne d'Arc. Je l'ai reçu comme un dépôt sacré du vieux roi, mon aïeul, mourant en exil [...]. Henri V ne peut abandonner le drapeau d'Henri IV. »

6. Gérard Gengembre, *La Contre-Révolution ou l'Histoire désespérante*, Paris, Imago, 1989, p. 104.

Le rejet du drapeau tricolore signifiait, de la part de Chambord, le refus du compromis avec la Révolution, le refus de la souveraineté nationale et du libéralisme parlementaire.

La chute de Thiers en 1873 laisse espérer aux royalistes une nouvelle chance, mais rien ne pourra convaincre le prétendant, pas même les suppliques de ses fidèles. Le 27 octobre 1873, dans une lettre adressée à Chesnelong — l'homme des bons offices entre lui et ses partisans —, Chambord réitère son refus de « devenir le Roi légitime de la Révolution ». Constitutionnelle ou non, la monarchie était définitivement exclue des solutions politiques, malgré tous les espoirs qui en survivront. Abattue par la journée révolutionnaire du 10 août 1792, restaurée par les canons étrangers coup sur coup en 1814 et 1815, relevée par Louis-Philippe au lendemain des journées de juillet 1830, perdue de nouveau par la révolution de 1848, la monarchie avait couru sa dernière chance sur les ruines d'un empire engagé, selon sa nature, dans l'aventure militaire. Le dernier échec de 1873 tourne la page : l'avenir français est républicain.

Mais de cette longue histoire subsistent la force des souvenirs et des légendes, les images pieuses des héros et des martyrs, un système de fidélités dans lequel s'entrelacent la mémoire historique, l'héritage familial, le patrimoine régional... La Contre-Révolution fut un échec militaire et politique ; elle n'en fut pas moins fondatrice d'une tradition puissante. La poésie et la sensibilité y contribuèrent, mais, plus que tout, deux autres facteurs de continuité : la fécondité doctrinale de ses écrivains et la foi catholique, dernier carré de résistance à l'esprit révolutionnaire et moderne.

Une école de pensée

Les tentatives armées de la Contre-Révolution et, *a fortiori*, les révoltes antirévolutionnaires spontanées n'étaient pas inspirées par un corps de doctrine solide. Celui-ci, élaboré loin de l'action, fut vraiment connu et assumé au lendemain de la restauration de 1814. La défaite de Waterloo consacre la victoire de l'Europe contre-révolutionnaire — cette Europe du congrès de Vienne qui tente de disposer les contre-feux autour des États dynastiques contre des retours de flamme de la Révolution. C'est dans ce contexte que s'est épanouie la pensée contre-révolutionnaire, en même temps qu'un romantisme catholique qui s'adressait davantage à la sensibilité tout en partageant avec les écrits des penseurs les thèmes favoris de la chute et de l'impossibilité d'un bonheur terrestre dont l'esprit des Lumières avait nourri l'illusion de 1789[7].

La doctrine contre-révolutionnaire, malgré les retards de sa diffusion en France même, a néanmoins commencé à être élaborée dès les débuts de l'Assemblée constituante. Il est notable que les premiers auteurs à exercer leur verve contre la loi nouvelle ont été formés pour la plupart à la même école de la philosophie du XVIIIe siècle que leurs adversaires. L'événement bouleversant leur laisse entrevoir une destruction là ils souhaitaient de simples réformes. Il est significatif que la religion catholique, appelée à constituer le noyau dur de la doctrine contre-révolutionnaire, soit considérée par bien des alliés de la monarchie et des princes — et souvent par les princes eux-mêmes — pour sa valeur instrumentale. Ainsi, Rivarol affirme : « Il ne s'agit pas de savoir si la religion est vraie ou fausse mais si elle est nécessaire » — nécessaire à la « subordination » du grand nombre, c'est-à-dire à la cohésion sociale. La même idée se retrouve dans les *Carnets* d'un Joseph Joubert, qui fut comme tant d'autres d'abord favorable à la Révolution : « Il suffit que la religion soit la religion. Il n'est pas nécessaire qu'elle soit vérité. Il y a des choses qui ne sont bonnes que lorsqu'elles sont vraies. Il y en a d'autres qui, pour être bonnes, n'ont besoin que d'être pensées. »

7. « Du Consulat à la Restauration, un long mouvement de pensée conservatrice exalte la poésie pour en faire l'appui de la religion, la réparatrice salutaire de la subversion philosophique » (Paul Bénichou, *Le Sacre de l'écrivain. 1750-1830*, Paris, Librairie José Corti, 1985, p. 133).

Nous verrons plus loin que les grands auteurs de la tradition contre-révolutionnaire se sont plus réclamés de la Providence que de ce réalisme politique fleurant encore le cynisme voltairien. Mais nous retrouverons dans la démarche de Charles Maurras et de l'Action française un même type de rapport pragmatique entre la religion et la politique. C'est que la foi catholique, vraie ou fausse, fait partie du patrimoine, génétique pourrait-on dire, de la société française ; elle est, au même titre que la monarchie héréditaire, intimement liée à celle-ci, un des repères de certitude faute desquels l'homme social est coupé, séparé, exclu des autres hommes, redevenu loup parmi les loups. Une société ne peut se fonder, comme dit Rivarol encore, sur des « abstractions métaphysiques » ; elle n'existe que par la somme et la force des préjugés hérités.

C'est l'idée principale que développe Edmund Burke dans ses *Réflexions sur la Révolution française* dès 1790. Député *whig* à la Chambre des communes, Burke s'est ému de l'enthousiasme provoqué en Angleterre par les grandes heures du 1789 français. Il entend démontrer à ses compatriotes la perversité de cette Révolution qui est tout le contraire de la *Glorious Revolution* de 1688. Celle-ci entendait restaurer les coutumes anglaises contre l'arbitraire royal ; celle-là a voulu faire table rase, en proie à la haine du passé et du réel. Or une civilisation est un long travail de sédimentation, tout le contraire d'un arasement : respecter l'héritage légué par nos ancêtres est le premier impératif de la société, et quand réformer s'impose l'expérience doit rester première conseillère. Les Français, méprisant l'œuvre cumulative des générations, ont voulu rédiger une Constitution comme si elle devait s'appliquer à un « peuple datant d'hier ».

La pensée contre-révolutionnaire pose ici une de ses plus solides fondations. Elle revendique le concret, le réel, le continu, contre la fiction abstraite des constructions *ex nihilo*. On saisit ici l'origine de l'anti-intellectualisme de l'extrême droite. Cette faute de la Constituante, Burke en donne une explication sociologique : ses élus étaient en majorité des hommes de loi de bas niveau, « obscurs avocats de province » ou « procureurs de village » — comme si « une éducation inférieure, une vue étroite et rassenée des choses, une profession sordide et mercenaire [offraient] [...] de meilleurs titres à exercer le commandement ».

L'égalité est antinaturelle : voilà ce qui a été nié par les Lumières. Il n'y a pas de société sans élite ; la représentation de l'État doit reposer sur un équilibre entre le talent et la propriété — une propriété héréditaire dont le principe « perpétue la société elle-même ». D'où s'ensuit cette défense de l'aristocratie que la Révolution égalitaire veut annihiler : « Une certaine prééminence raisonnable et bien réglée, une certaine préférence (je ne dis pas un privilège exclusif) accordée à la naissance n'ont rien d'antinaturel, d'injuste ni d'impolitique. » Au lieu de quoi, « cinq cents procureurs de village ou vicaires obscurs » se sont mis en tête « de ne plus considérer leur pays que comme une carte blanche, sur quoi ils sont libres de griffonner ce qui leur plaît ».

Parti en guerre contre l'*abstraction*, au nom de la *nature*, Burke fustige la Déclaration des droits de l'homme et du citoyen — car cet homme-là est non pas l'homme social mais l'homme abstrait des philosophes. L'homme concret est tributaire d'un temps et d'un lieu par définition variables : on ne peut constituer un État *a priori*. Une société n'est soudée que par la force des habitudes et des croyances communes.

Dans le lot des héritages, Burke insiste sur la religion, base de toute société, propre à inspirer une « crainte salutaire ». En procédant à la confiscation des biens de l'Église, les Constituants français subordonnent celle-ci à l'État et préparent du même élan la « destruction de la religion chrétienne ».

Nous voici dans le vif du sujet : consciente ou non dans l'esprit des hommes nouveaux, l'hostilité à la religion traditionnelle inspire la démarche révolutionnaire. « Considérations *religieuses* sur la France » devait être le titre de l'ouvrage de Joseph de Maistre, finalement réduit à *Considérations sur la France*. L'adjectif abandonné indiquait la source d'inspiration d'un des plus éclatants doctrinaires de la Contre-Révolution. Burke, dont l'ouvrage eut un succès durable à travers l'Europe, s'était maintenu sur le terrain de l'empirisme politique. Joseph de Maistre, profondément marqué, de son propre aveu, par l'ouvrage de Burke, et tout en reprenant les idées principales de l'Anglais, centre sa réflexion sur le problème religieux. Ses *Considérations*, publiées à Neuchâtel en 1796, puis à Londres en 1797, sont d'abord une diatribe contre la Constitution de l'an III, qui est le fruit même des abstractions dénoncées par Burke : « La Constitution de 1795, tout comme ses aînées, est faite pour l'*homme*. Or il n'y a point d'*homme* dans le monde. J'ai vu, dans ma vie, des Français, des Italiens, des Russes, etc. ; je sais même, grâce à Montesquieu, qu'*on peut être Persan* : mais quant à l'*homme*, je déclare ne l'avoir rencontré de ma vie ; s'il existe, c'est bien à mon insu. »

Cependant, l'originalité de Joseph de Maistre est ailleurs : dans l'interprétation théologique et grandiose de la Révolution. Pour lui, la Révolution est une « punition ». Elle a été voulue par Dieu, châtiant une France indigne de sa vocation chrétienne : le régicide fut le crime national auquel a abouti son impiété. Le peuple français a méconnu cette vérité première que tout pouvoir vient de Dieu. L'idée de souveraineté vient d'En Haut, de l'extérieur de la société. « L'homme, écrit Joseph de Maistre, obéit de même qu'il a la foi : parce que le pouvoir, comme Dieu, est absurde. »

Comme tous les grands écrivains français de la Contre-Révolution, Joseph de Maistre est pénétré de l'idée augustinienne du péché originel et de la chute : la raison humaine s'en est trouvée mutilée. En conséquence, les hommes doivent se soumettre humblement à l'expérience, à la coutume, à l'ordre ancien voulu par Dieu. Toutefois, la Révolution est aussi un instrument de la Providence : elle porte en elle une chance de rédemption par le sang versé des martyrs. Selon le « dogme universel de la réversibilité des douleurs de l'innocence au profit des coupables », Joseph de Maistre développe les termes d'une dialectique théologique, finalement favorable à la restauration : « Tous les monstres que la Révolution a enfantés n'ont travaillé que... pour la Royauté. »

C'est ainsi qu'il voit dans les coups portés à l'Église par les révolutionnaires — la confiscation des propriétés, le serment constitutionnel, la persécution des prêtres réfractaires — la chance d'une régénération. La Révolution assume une « fonction providentielle[8] » : punir pour faire renaître, tel est son sens profond.

Dans un autre ouvrage, *Réflexions sur le protestantisme dans ses rapports avec la souveraineté*, Joseph de Maistre complète les imprécations de son providentialisme catholique en jetant le blâme sur le protestantisme — appelé à une longue carrière. Là où le catholicisme unifie, la religion protestante, fondée sur le libre examen de chaque individu, dissout : « Le plus grand ennemi de l'Europe qu'il importe d'étouffer par tous les moyens qui ne sont pas des crimes, écrit-il, l'ulcère funeste qui s'attache à toutes les souverainetés et qui les ronge sans relâche, le fils de l'orgueil, le père de l'anarchie, le dissolvant universel, c'est le protestantisme. » Le censeur de la Révolution avait le pressentiment des liens de causalité, sur lesquels d'autres reviendront après lui, entre la religion réformée et le libéralisme, parlementaire et économique.

La pensée visionnaire de Joseph de Maistre, exprimée dans l'éloquence sacrée, avec un concours d'hyperboles dont Cioran a pu admirer les « rares complicités avec le bon sens[9] », a été une source d'inspiration continue des résistances à l'esprit révolutionnaire. Son providentialisme était peu propice à l'action. Spectateur employé au dévoilement de la volonté divine, le contre-révolutionnaire à la Joseph de Maistre *attend* plus qu'il ne *veut*. Il ne se réclame d'aucun programme. Cette droite qu'il incarne, nous dit Stéphane Rials, « est la pure négation du politique, le refus du volontarisme, de l'idée que la volonté et la raison de l'homme — et être *déchu* — puisse *constituer* la société.

8. Stéphane Rials, *Révolution et Contre-Révolution au XIXe siècle*, Paris, DUC/Albatros, 1987, p. 31. On lira en outre avec profit le dossier « Figures et légendes de la Contre-Révolution » (F. Furet, M. Ozouf, M. Boffa, G. Gengembre et B. Baczko), dans *Le Débat*, n° 39, mars-mai 1986.

9. Cioran, *Exercices d'admiration*, Paris, Gallimard, 1986, p. 12.

Elle est renvoi brutal de l'homme à une *modestie* absolue[10] ».

Louis de Bonald, autre théoricien majeur de la Contre-Révolution, repousse encore d'un cran l'anti-humanisme maistrien. Pour lui aussi, l'autorité ne saurait être la conclusion d'un contrat entre des individus, comme le professent les philosophes ; elle vient en dernière analyse de Dieu : « La religion est la raison de toute société puisque hors d'elle on ne peut trouver la raison d'aucun pouvoir, ni d'aucun devoir. La religion est donc la constitution fondamentale de tout état de société. »

La primauté du religieux a pour conséquence la primauté du social : l'homme n'existe que par la société ; il ne peut lui être ni antérieur ni extérieur. Cette prépondérance du social sur l'individuel est démontrée par l'existence de la parole : d'où serait venue la langue sinon de Dieu ?

« Un fait absolument primitif, absolument général, absolument évident, absolument perpétuel dans ses effets, un fait commun et même usuel, qui peut servir de base à nos connaissances, de principe à nos raisonnements, de point fixe de départ, de *criterium*, enfin de vérité. Ce fait [...] ne peut se trouver dans l'homme intérieur, je veux dire dans l'individualité morale ou physique de l'homme ; il faut donc le chercher dans l'homme extérieur ou social, c'est-à-dire dans la société. Ce fait est ou me paraît être le don primitif et nécessaire du *langage* fait au genre humain[11]. »

Si le langage est le propre de l'homme, on ne peut concevoir celui-ci que dans sa dépendance à la société, laquelle implique une soumission. Or la monarchie est précisément fondée sur une conception de l'homme social ; la République, elle, en défendant les droits d'un individu isolé, s'affirme contre nature. Bonald professe ainsi une des idées maîtresses du traditionalisme : un anti-individualisme radical et son corollaire, la conception holiste de l'humanité. La société n'est pas une somme d'individualités

10. Stéphane Rials, *op. cit.*, p. 48.

11. Voir Louis de Bonald, *Législation primitive*, 5e éd. 1857, Préliminaire, p. 19 *sq*.

plus ou moins bien unies les unes aux autres ; elle est une entité supérieure à laquelle chaque individu a pour devoir de se soumettre, à moins de bouleverser l'ordre naturel du Créateur. La Révolution, nouvelle faute d'orgueil humain et nouvelle chute, a contesté l'état naturel en séparant le politique du religieux.

Cependant, afin de préserver les formes anciennes de l'autorité publique, Bonald en arrive à refuser toute l'évolution économique et sociale qui les détruit. Dans ses *Réflexions sur la révolution de juillet 1830*, on le saisit dans une multiple condamnation de l'économie de marché, de la circulation monétaire, de l'industrialisation, de l'urbanisation, bref, de toutes les figures de la mobilité qui se confondent avec une modernité insupportable, vécue comme la dernière punition d'une humanité condamnée. Aux prétentions humanistes de la Révolution, Bonald ajoute dans une même réprobation les conséquences de la révolution industrielle, sans trouver d'issue. A ce stade, la pensée contre-révolutionnaire confine au prophétisme apocalyptique, à la séparation d'avec le réel, et à l'aspiration aux foudres du *Dies irae*. Le contre-révolutionnaire devient un « désespéré » — ne proposant aucune solution politique : « J'attends les Cosaques et le Saint-Esprit », écrira Léon Bloy. Bonald lui-même, dès 1917, écrivait à Joseph de Maistre : « ce que je vois de plus clair dans tout ceci [...] est l'Apocalypse [12] ».

Le même rejet d'un monde moderne tournant si orgueilleusement le dos à la volonté divine va susciter ou renouveler la dénonciation de la *décadence*, orchestrée par une littérature de la *nostalgie*. Le passé hérité dignifie, l'avenir construit corrompt. La perfection est du côté des siècles anciens, du moyen âge particulièrement, siècles lumineux de référence qui contrastent, dans leur simplicité et dans leur foi, avec les siècles de fer, qui procèdent de l'orgueil moderniste de l'homme.

La Contre-Révolution renouvelle ainsi ses thèmes dans la critique de la société industrielle, destructrice des bases sociales

12. Cité par Gérard Gengembre, *op. cit.*, p. 209.

d'une humanité soumise aux volontés divines : destruction de la famille, de l'harmonie villageoise, des hiérarchies nécessaires et traditionnelles, au bénéfice d'un ordre bourgeois dont le fondement ploutocratique et productiviste transforme le pauvre en prolétaire, en déraciné livré à ses seuls intérêts matériels.

D'autres auteurs suivront Joseph de Maistre et Louis-Ambroise de Bonald, reprenant leurs leçons, complétant leurs vindictes contre le libéralisme et son enfant prodigue le socialisme, deux créations monstrueuses du monde moderne. Blanc de Saint-Bonnet, leur cadet (il est né en 1815), rappellera en termes comminatoires la condition d'une *Restauration française* : « Ou la Foi ou tout rentre dans les ténèbres. » Dans *Politique réelle*, il réaffirme la présence du mal qui est « au sein de l'homme » : « Il faut le préserver des suites et lui rendre le bien, ainsi que la vérité perdue. Il faut, à l'aide du secours divin, que l'homme remonte à l'état de justice et d'innocence, où il avait été placé, enfin à l'état de vertu et de charité, qu'il aurait dû primitivement atteindre [13]. »

Un Frédéric Le Play, qui fera œuvre de sociologue, donnera à l'école contre-révolutionnaire les éléments d'une doctrine sociale, sur la quadruple base de la religion, de la propriété, de la famille et du travail. Il professe ainsi le *patronage*, qui doit introduire l'esprit de famille dans la fabrique — solution paternaliste que Le Play étaie par un travail d'enquête, au demeurant d'une grande valeur d'observation, sur les ouvriers européens [14]. On lui doit une formule, que reprendra René de La Tour du Pin et qui s'imposera aux traditionalistes : la démocratie dans la commune, l'aristocratie dans la province, la monarchie dans l'État. Bien des légitimistes de la Troisième République en défendront le schéma : Armand de Melun, Louis de Kergolay, Benoist d'Azy, Augustin Cochin...

13. Antoine Blanc de Saint-Bonnet, *Politique réelle*, rééd. Stanislas Rey, 1955, p. 39.
14. Frédéric Le Play, *Les Ouvriers européens*, Paris, 1855.

Un catholicisme social en est l'aboutissement, dont Albert de Mun, fondateur des Cercles ouvriers avec La Tour du Pin, fut un des acteurs influents. Contestataires de la société libérale et du capitalisme autant que du socialisme montant, les catholiques sociaux, les yeux tournés vers l'ancienne France, tenteront d'appliquer les idées d'une « réforme sociale » que Le Play et La Tour du Pin avaient exposées. A leurs yeux, les ravages de la société industrielle confirmaient la fausseté des dogmes révolutionnaires entés sur l'illusion de la perfection originelle de l'homme. Le corps social, tombé sous la foudre de cette orgueilleuse prétention, s'est disloqué. Chacun poursuivant sa quête du bonheur et s'adonnant au profit, les hiérarchies ont été sapées, et les solidarités coutumières avec elles. La « question sociale » ne trouvera finalement sa solution que dans le retour à la foi catholique, ciment de la famille.

Cette intuition devint un leitmotiv dans les rangs de la droite. Au lendemain de la Commune et de la Semaine sanglante, Martial Delpit, rapporteur de la commission d'enquête parlementaire sur l'insurrection du 18 mars, tout en acceptant le « progrès de la démocratie, qui semble être la loi de l'avenir », n'en affirme pas moins : « Les souvenirs de la Révolution, les fautes qu'elle a commises, les crimes dont elle a souillé nos annales, fautes et crimes que ses adeptes sont toujours prêts à recommencer (nous venons de le voir), entravent le progrès au lieu de le seconder. C'est à d'autres puissances qu'il faut nous adresser. Après les croyances religieuses, l'esprit de famille, l'empire des mœurs et des traditions domestiques est une de celles que nous invoquerons avec le plus de succès. Efforçons-nous de rendre aux classes ouvrières des villes ce bienfait de la famille qui leur manque de plus en plus et qui fait la sécurité et la force des populations rurales. La famille a été le modèle comme le premier élément de la société, elle en sera le dernier rempart. C'est la meilleure école de sacrifice et de dévouement. En se dévouant aux siens, le père apprend à se dévouer à son pays ; en pratiquant au foyer paternel la loi du respect, l'enfant apprend à respecter les lois et l'autorité de l'État. Ranimer l'esprit de famille, c'est donc faire de la vraie et saine politique[15]. »

Du corps doctrinal de la Contre-Révolution, retenons les éléments constitutifs d'une vision du monde et de l'histoire. La Contre-Révolution s'est pensée essentiellement religieuse contre la prétention orgueilleuse des philosophes à fonder l'homme en individu libre et égal aux autres individus. A faire de la société le produit d'un contrat, c'est-à-dire d'une adhésion volontaire et réciproque de ces mêmes individus. La Révolution a décidé d'oublier l'alpha et l'oméga de la nature humaine, à jamais déchue par le péché originel. Forte de ses abstractions, elle a voulu constituer la société sans tenir compte des hiérarchies et des liens qui en faisaient jusque-là l'unité. Elle a réduit la religion à un acte privé, quand elle n'a pas voulu carrément l'éradiquer; elle a brisé les groupes sociaux tutélaires que sont la noblesse et le clergé ; elle s'est attaquée à la famille en instituant le divorce et en supprimant le droit d'aînesse. Elle a atomisé la société en détruisant les corps intermédiaires, laissant en définitive l'homme face à un État impersonnel et bureaucratique.

Dans sa passion de l'unité à retrouver, la pensée contre-révolutionnaire mise moins sur des stratégies politiques, dont elle se défie, que sur le renouveau providentiel (après quelles nouvelles épreuves et quels nouveaux châtiments divins ?) des composantes de l'ancienne cohésion : après la religion catholique, la pierre angulaire, le renouveau de la famille sur le modèle patriarcal de l'économie rurale; un système éducatif à base religieuse; la formation des élites sur les principes de l'anti-individualisme et de l'anti-humanisme; les différents aspects d'un corporatisme appliqué à solidariser les classes ouvrières et les patrons ; les « libertés locales » pour la commune et l'autorité d'un seul au sommet de l'État.

En définitive, la défense du catholicisme — d'un certain catholicisme antilibéral, mais c'est bien le catholicisme officiel du

15. *Enquête parlementaire sur l'insurrection du 18 mars*, t. I, Assemblée nationale, 1872, p. 265.

XIXe siècle — s'est imposée à la pensée contre-révolutionnaire comme son dédit le plus clair de la Révolution. Ce n'est pas par hasard. A l'origine de la modernité politique en France — 1789 —, deux principes s'affrontent, souvent à l'insu des protagonistes, et dont les fondements sont métaphysiques. Pour les uns, appelés à former les rangs de la Contre-Révolution, l'homme qui est dans la main de Dieu ne saurait *constituer* la société. Celle-ci est le résultat providentiel d'une tradition, dont le roi est la figure emblématique autant que le tuteur. Son autorité, indiscutable, vient de Dieu ; il n'appartient pas à ses sujets de remettre en cause ce qu'a voulu le Créateur de toute chose. Mutilé par la chute originelle, l'esprit humain est dans l'incapacité de maîtriser son avenir. Il doit, pour vivre au mieux avec ses semblables, s'appuyer sur l'héritage des générations qui précèdent et qui ont formé, avec l'aide divine, un ordre humain à peu près élaboré, que caractérisent un ensemble de coutumes et de pratiques ayant fait leurs preuves. Dans cette vision, soutenue par une anthropologie morale pessimiste que nourrit une théologie du péché originel, ils ne peuvent que rejeter l'ambition révolutionnaire représentée par la volonté constituante.

Pour les autres, la grandeur de l'humanité passe par l'affirmation de son autonomie, laquelle induit une philosophie de la liberté. Celle-ci implique la substitution de la souveraineté populaire (ou nationale) au droit divin. A leurs yeux, la Révolution est le moment d'une maturation fondatrice, le passage d'une humanité enfant à une humanité adulte. Les hommes ne doivent plus être soumis à l'arbitraire des coutumes accumulées, dont beaucoup ont pris la forme de privilèges résiduels, non plus qu'au bon plaisir d'un monarque ; ils doivent se gouverner eux-mêmes. Le sujet-citoyen doit prendre la place du sujet assujetti. Cette perspective est fondée sur un optimisme philosophique, où un catholique peut dénoncer la reproduction de la faute d'orgueil initiale qui dressa l'homme contre Dieu. De fait, de manière itérative, le catholicisme s'est affiché contre-révolutionnaire, malgré sa minorité libérale : la Déclaration des droits de l'homme et du citoyen avait été condamnée par Pie VI ;

en 1864, Pie IX rappelle dans le *Syllabus* l'antinomie entre la religion catholique et le monde libéral et humaniste issu des Lumières et de la Révolution.

Cette ligne de démarcation initiale entre Révolution et Contre-Révolution fut la première à trancher entre la gauche et la droite. Dans sa pureté initiale, la droite se confond avec la Contre-Révolution. Cette droite-là a survécu, non sans métamorphoses et non sans divisions internes, tout au long du XIXe siècle — au moins jusqu'à la mort du comte de Chambord, dernier espoir d'une restauration légitimiste, en 1883.

Cependant, une partie du monde catholique refusa de se laisser enfermer dans la nostalgie de l'âge d'or ou de désespérer dans l'attente de l'Apocalypse. Un catholicisme libéral, dont les premiers jalons sont posés dès les premiers temps de la Révolution elle-même, entend réconcilier l'Église et le monde nouveau. Incarné par de fortes personnalités, de Lacordaire à Marc Sangnier, ce catholicisme ouvert et bientôt démocrate se refuse à diaboliser l'œuvre révolutionnaire et tente d'offrir plusieurs formules de compromis. C'est contre cette tendance, minoritaire au siècle dernier mais finalement victorieuse au concile de Vatican II, achevé en 1965, que s'affirment un mouvement et une pensée promis à devenir les réceptacles de l'enseignement contre-révolutionnaire — et qu'on appelle l'intégrisme.

De l'ultracisme à l'intégrisme

Que le courant contre-révolutionnaire fût voué à l'opposition, la Restauration en apporta la démonstration. Le paradoxe était que ces champions de l'homme concret fussent si peu enclins à connaître la réalité de leur temps. Anciens émigrés, anciens exilés de province, mais permanents ignorants des nécessités de l'heure, ils jugent du monde à l'aune de leurs idéaux, de leur royalisme mystique, de leurs principes immuables, sans voir ce qui s'est passé depuis un quart de siècle — et qui n'est point réversible. Dans une atmosphère de Terreur blanche, ils voudraient abolir la parenthèse nocturne des temps révolutionnaires et impériaux ; renouer avec l'histoire d'*avant*. Aux élections de 1815, au suffrage restreint, ils composent l'écrasante majorité de ce que le roi appela sa « Chambre introuvable ». Immédiatement, par la voix d'un Villèle ou d'un La Bourdonnaye, ils font entendre leur protestation contre Louis XVIII, qui a concédé à l'esprit révolutionnaire la charte de 1814. Il ne leur suffit pas d'être royalistes, ils sont plus royalistes que le roi : ultra-royalistes. Ces ultras n'acceptent pas le compromis ; l'ultracisme est une politique de vainqueurs dépités. « Politique » est du reste douteux, car le sens politique est sans doute ce qui leur fait le plus défaut. Puisqu'il faut prêter serment à la charte, les députés ultras s'y résignent, non sans états d'âme et protestations. Un Jules de Polignac, dans l'entourage du comte d'Artois, rompt néanmoins des lances contre l'article 6 qui reconnaît la liberté des cultes. Il n'y a qu'une vérité : toute concession à l'erreur outrage la religion et menace le lien social. Les ultras sont la « droite intégrale » ; leur extrémisme ne recule pas devant la politique du pire [16].

Au-delà de la conjoncture particulière, l'esprit ultra se perpétuera dans ces attitudes d'intransigeance absolue qui sont au fond du tempérament extrémiste. Figés dans leurs certitudes, cabrés dans leurs convictions, aveuglés par leur foi, les ultras s'illusionnent sur la société dans laquelle ils vivent — à moins que, brusquement désenchantés par la résistance des faits, ils ne se réfugient dans le mépris hautain de leurs contemporains. Hommes du « tout ou rien », ils veulent tout au lendemain de leurs victoires et finissent par n'avoir plus rien. C'est toute leur histoire de 1815 à 1830.

16. Voir René Rémond, *Les Droites en France*, Aubier, 1982, où l'on trouvera les analyses devenues classiques de l'ultracisme et du légitimisme.

L'ultracisme, dont la tentative au pouvoir sous le règne de Charles X n'a pas duré plus de six ans, n'a plus de moyens politiques après la révolution de Juillet. Ses hommes sont écartés des places ou refusent de prêter serment à la charte révisée. Ils reprennent le chemin de l'exil derrière leur roi déchu ou se réinstallent dans leurs propriétés provinciales. Commence alors l'histoire du légitimisme, ce parti de la fidélité à la branche aînée des Bourbons, dont la pratique la plus évidente est l'abstentionnisme. A Paris, leurs journaux, *La Gazette de France* ou *La Quotidienne*, témoignent encore de leur influence, mais sans portée sur les événements, et la chute de Louis-Philippe ne leur devra rien. En province, ils s'emploient à donner le ton, maintenir des usages, préserver un ascendant sur la société rurale. En deux occasions, les légitimistes se rappellent au bon souvenir de leurs compatriotes : après la révolution de 1848 et après la chute de Napoléon III en 1870. Mais leur défaite, définitive, provoque un transfert du politique au religieux. Il appartiendra à Charles Maurras et à son école de rétablir un primat de la politique dans la Contre-Révolution. En attendant, les déceptions répétées depuis 1830 ont favorisé la canalisation de l'esprit contre-révolutionnaire dans un catholicisme intransigeant, ultramontain, et intégriste. Dans la conjoncture nouvelle marquée par l'achèvement de l'unité italienne au détriment du pouvoir temporel du pape et par la proclamation compensatrice du dogme de l'infaillibilité pontificale, le catholicisme français, au début des années 1870, porte les espoirs de « sauver Rome et la France au nom du Sacré-Cœur », comme le chantaient les pèlerins de La Sallette ou de Paray-le-Monial. La restauration se révélant impossible après l'« affaire du drapeau », la religion devint le recours le plus sûr des espérances contre-révolutionnaires, le refuge suprême. Une religion doloriste (« La France sera régénérée dans la douleur », comme disait Blanc de Saint-Bonnet), immuable, autoritaire, fidèle à l'antilibéralisme du *Syllabus*, et dont les lois de la Troisième République visant à la sécularisation de l'État et de la société — des lois scolaires de Ferry à la loi de séparation des Églises et de l'État, en passant par le rétablissement du divorce et l'interdiction des congrégations — renforçaient le caractère obsidional.

L'intégrisme proprement dit est né d'une crise interne à l'Église au début du XXe siècle, le modernisme. Le mot désignait les efforts de certains savants comme l'abbé Alfred Loisy, désireux de lire les Écritures à la lumière des disciplines profanes alors en plein épanouissement, comme l'archéologie et la philologie, entendant concilier la foi et la méthode scientifique, ce qui était sur un autre plan la tentative que les catholiques libéraux et les démocrates-chrétiens poursuivaient pour adapter le catholicisme aux défis du monde moderne. Rome s'en effaroucha, estimant que les fondements de la Révélation étaient menacés : en décembre 1903, cinq livres de Loisy étaient condamnés par un décret du Saint-Office ; plusieurs ouvrages du père Laberthonnière étaient mis à l'Index en 1906, ainsi que d'autres publications l'année suivante, avant que, en juillet 1907, soient promulgués le décret *Lamentabili sane exitu*, puis l'encyclique *Pascendi* condamnant l'ensemble des thèses modernistes.

C'est donc d'abord contre le modernisme que s'affirme sous Pie X un « catholicisme intégral », jaloux de défendre la vérité dogmatique contre les erreurs et les prétentions de l'exégèse moderne. Au-delà, les intégristes s'en prennent à toutes les tendances visant à décourager l'Église de fulminer contre l'esprit du mal.

« Il est urgent de lutter contre le mal, écrit l'un d'eux. Impossible de lui découvrir un remède efficace en dehors d'un retour à la tradition ecclésiastique et à une entière union avec l'autorité. La tradition ecclésiastique a pour nous toute son expression dans la doctrine, la volonté et la vie de l'Église, et cette autorité est personnifiée par le pape [...]. [Les catholiques] apprécient toutes les questions religieuses, qu'elles soient théologiques, juridiques, morales, sociales ou politiques, du point de vue de l'Église. L'intégrité de sa foi, la sauvegarde de son honneur, la conservation de ses droits et la défense de ses intérêts passent avant tout. Ces biens sont d'ordre supérieur. On ne peut en aucun cas les subordonner aux intérêts correspondants des individus[17]. »

L'intégrisme agissait par un réseau international, dont monseigneur Benigni, prélat de la secrétairerie d'État, était l'âme et le bras actif. Celui-ci avait fondé l'Agence internationale de Rome, par le bulletin de laquelle il était en liaison avec maintes publications[18]. En France, plusieurs revues diffusaient cette pensée intégriste, notamment *La Critique du libéralisme*, bimensuel de l'abbé Barbier, depuis octobre 1907. On lisait ainsi dans la livraison du 15 octobre 1913 : « Nous considérons comme des plaies cancéreuses au côté humain de l'Église et à la société tout entière l'esprit et les actes de ce qu'on appelle le *libéralisme* catholique et du démocratisme qui en découle [...].

« L'Eglise a deux ennemis principaux, et nous leur déclarons la guerre sans merci : la *Loge*, qui veut l'anéantir extérieurement par la force et la ruse, et le *modernisme*, qui veut l'anéantir intérieurement par d'innombrables mensonges, intrigues ou tromperies. »

La pensée contre-révolutionnaire avait eu ses prophètes comme Joseph de Maistre et ses philosophes comme Bonald; elle avait aussi compté parmi ses zélateurs plus communs les fervents de l'histoire-conspiration. Dès 1790, le comte Ferrand avait publié *Les Conspirateurs démasqués*, où il tendait à démontrer que la Révolution était le fruit d'une conjuration dirigée par La Fayette et le duc d'Orléans. L'explication par le complot a la vertu de rendre raison de l'impensable : comment une société globalement harmonieuse pouvait devenir la proie d'une totale subversion. L'abbé Barruel avait créé le plus grand succès du genre avec ses *Mémoires pour servir à l'histoire du jacobinisme*, en 1797, dans lesquels il faisait de la franc-maçonnerie l'artisan occulte de la guerre antichrétienne et

17. Dom Besse, « Catholicisme intégral », *L'Univers*, 10 octobre 1913.
18. Sur l'histoire de l'intégrisme, voir Émile Poulat, *Intégrisme et Catholicisme intégral...*, Tournai, Casterman, 1969.

antimonarchique, inaugurant l'un des chapitres les plus fameux de la « causalité diabolique » (Poliakov), bientôt enrichi du complot juif — Juifs et maçons se trouvant associés dans une même machination « judéo-maçonne » acharnée à la déchristianisation de la France et du monde.

A la fin du XIXe siècle, la « judéo-maçonnerie » devint une obsession pour les groupes intégristes. Au Vatican même, monseigneur Jouin, protonotaire apostolique, fit paraître *La Revue internationale des sociétés secrètes*, dont l'influence grandit de 1912 à 1932. La lutte contre les entreprises « judéo-maçonnes » y était menée notamment par monseigneur Benigni, le prélat intégriste déjà cité. Dénonçant avec une égale vigueur le « péril maçonnique » et le « péril juif », monseigneur Jouin publia dans sa revue une traduction des *Protocoles des Sages de Sion*, et sur l'objection qu'on lui faisait que ceux-ci étaient un faux il rétorquait : « Peu importe que les *Protocoles* soient authentiques : il suffit qu'ils soient vrais ; les choses vues ne se prouvent pas, la véracité des *Protocoles* nous dispense de tout autre argument touchant leur authenticité, elle en est l'irréfragable témoin [19]. »

Le ressassement antimaçonnique et antijudaïque a longtemps nourri le discours des catholiques antirépublicains. *Les Cahiers de l'ordre*, dans le premier numéro de leur nouvelle série, paru en mai 1927, détaillent sous forme de manifeste les différents éléments d'un complot mondial contre la religion chrétienne : « La vérité est que la Franc-Maçonnerie, les Internationales, la Finance Juive, qui ne poursuivent pas toujours un but identique et se querellent parfois, les uns ne visant que l'établissement d'une contre-Église anticatholique universelle, les autres préparant le communisme mondial, ont au moins un programme minimum commun.

« Ce programme est la destruction des peuples celtes, latins et slaves, des peuples attachés soit par conviction, soit par tradi-

19. Cité par Pierre Pierrard, *Juifs et Catholiques français*, Paris, Fayard, 1970, p. 243.

tion, soit par hérédité, à la religion catholique ou à la religion orthodoxe.

« De tous ces pays, le plus anciennement et le plus particulièrement désigné est la France, parce qu'elle a été pendant des siècles la gardienne de l'ordre, des traditions chrétiennes et de la mesure en Europe continentale, et qu'elle a joué autrefois, dans le développement du catholicisme, un rôle qui lui a valu le nom de “ Fille aînée de l'Église ”. »

Ces officines et ces revues ont mené un combat durable contre tous les aspects de la sécularisation républicaine. En même temps, elles faisaient assaut d'accusations et de délations contre tout ce que le catholicisme français pouvait compter d'esprits libéraux et démocrates. Cependant, après le pontificat de Pie X, qui fut son âge d'or, l'intégrisme fut réduit à des positions défensives, du moment que les souverains pontifes résolurent d'adapter leur enseignement aux poussées libérales et démocratiques dans le monde.

Deux textes pontificaux suffisent à montrer l'évolution des attitudes romaines face à la démocratie. Dans sa lettre à l'épiscopat français, « Notre charge apostolique », du 25 août 1910, Pie X, condamnant le Sillon de Marc Sangnier, affirme : « les vrais amis du peuple ne sont ni révolutionnaires, ni novateurs, mais traditionalistes ». Un tiers de siècle plus tard, Pie XII développe son message de Noël du 24 décembre 1944 « Sur la démocratie », dont le principe est réhabilité : « la forme démocratique de gouvernement apparaît à beaucoup comme un postulat naturel, imposé par la raison elle-même ». Pie XII, certes, rappelait l'enseignement ancien de l'Église qui « ne réprouve aucune des formes variées de gouvernement, pourvu qu'elles soient aptes en elles-mêmes à procurer le bien des citoyens », mais tout son radio-message, diffusé lors du sixième Noël de guerre, prenait la tonalité d'une adhésion à la démocratie. Une ère nouvelle commençait, dont le pape devait tenir compte pour éviter le risque d'un nouvel isolement. Les démocrates-chrétiens cessaient d'être des minorités suspectes, ils représentaient désormais la majorité des fidèles et des électeurs catholiques. Sur leur gauche, surgissaient les partisans d'une démocratie plus avancée ou du socialisme : les grandes heures du catholicisme de gauche et du progressisme commençaient. Les intégristes comptaient, eux, parmi les vaincus de la Libération.

L'intégrisme n'est pas mort pour autant. Affaibli par la victoire des démocraties occidentales en 1944-1945, subissant l'hégémonie dans l'Église du catholicisme « démocratique », il s'enferma dans ses certitudes et ses rancunes, toujours assuré de détenir la vérité malgré les tempêtes de l'heure, prêt à saisir l'occasion d'exercer de nouveau son magistère sur les clercs désorientés par la déchristianisation ou sur les officiers affrontant les revendications anticolonialistes, assimilées au dernier avatar du Malin. Plus tard, le concile de Vatican II, sous les pontificats de Jean XXIII et de Paul VI, considéré par eux comme une victoire de la Révolution sur la Tradition, provoqua un renouveau de catholicisme intégral, dont une partie, sous la conduite de monseigneur Lefebvre, finit schismatique.

Dépositaire de la pensée contre-révolutionnaire dans le domaine religieux, l'intégrisme formulait aussi les principes d'une éthique politique, fondée sur la représentation de l'ordre transcendantal : religion et politique sont liées par une logique de réciprocité. Étienne Borne a en ainsi résumé le schéma : « La religion de l'intégrisme est foncièrement autoritaire et pessimiste ; elle met l'accent sur les aspects dogmatiques, hiérarchiques, disciplinaires, du catholicisme et en particulier sur l'absolu d'une vérité auquel ne sont pas opposables les droits de l'homme ; cette religion cherchera dans une théologie du péché originel des raisons de refuser les idées modernes de démocratie et de progrès ; la cité la meilleure sera alors celle où l'individu est voué du dehors, et d'en haut, au service du bien commun par des légitimités et des contraintes puissamment établies[20]. »

L'histoire de l'intégrisme est l'histoire d'une minorité rési-

20. Étienne Borne, « Le catholicisme », in *Forces religieuses et Attitudes politiques*, Cahiers de la Fondation nationale des sciences politiques, Armand Colin, 1965, p.14.

duelle de croyants que l'évolution du monde a effrayés. Douloureusement nostalgiques d'une unité perdue, d'une société organique où chacun était à sa place, d'une correspondance entre la Cité de Dieu et la Cité des hommes, ils se posent avant tout comme les gardiens d'une Vérité trahie par les pasteurs eux-mêmes de leur Église. Le pluralisme du monde moderne leur fait horreur, et ce qui en découle : le concours des opinions, la relativisation des idées, la reconnaissance des autres cultes, la fin des hiérarchies — à commencer par la perte de l'autorité paternelle. Un mot pourrait le résumer : la peur de la liberté.

Cependant, la pensée contre-révolutionnaire ne s'est pas épuisée dans le courant intégriste. Elle a connu un véritable renouveau en se démarquant précisément des présupposés théologiques de celui-ci : au primat du religieux, Charles Maurras, fondateur du néo-royalisme à l'aube du XXe siècle, lança un mot d'ordre sans équivoque : « Politique d'abord ! », qui brisait net avec les postulats de la Contre-Révolution maistrienne ou bonaldienne. C'est qu'entre-temps une nouvelle source d'extrême droite était apparue, dans les années 1880, d'où sortirait le nationalisme. La première pensée contre-révolutionnaire était étrangère au culte de la nation, d'origine démocratique, tel qu'il était pratiqué depuis la grande fête du 14 juillet 1790. La rencontre du nationalisme et de la Contre-Révolution, c'est toute l'histoire de l'Action française, dont il sera question plus loin.

Toutefois, l'Action française et l'intégrisme devinrent des alliés de fait. Des relations inextricables et complexes continueront de tisser les mailles de la tapisserie contre-révolutionnaire entre le catholicisme intégriste, le nationalisme populiste d'expression antisémite issu des années 1880, les journalistes et les écrivains maurrassiens... Le patrimone d'idées hérité depuis le début du XIXe siècle, enrichi de nouvelles œuvres, compose un référentiel intellectuel d'une assez grande cohérence. Idées puissantes des bons auteurs, sophismes des petites feuilles, maximes répétées *ad nauseam*, formules ciselées des éditorialistes, tout ce dépôt d'éloquence récriminatoire, où le sacré le dispute à l'injure, a constitué une des idéologies les plus durables de notre univers politique. Il faut ajouter, pour comprendre la pénétration de ces idées au long de deux siècles, la formation d'une sensibilité contre-révolutionnaire, où l'émotion prend le dessus sur toute forme de raisonnement. Une culture du refus, transmise souvent par la famille, est à l'origine de comportements politiques, souvent impensés, qui relèvent d'un système de fidélités enraciné.

En définitive, l'héritage contre-révolutionnaire a été assumé d'une double façon. Il est vécu par les uns de manière passive et s'exprime par un désespoir ontologique qui conseille l'abstention, une certaine forme d'anarchisme de droite, le refuge dans la dévotion ou dans un esthétisme de la distinction. Ces contre-révolutionnaires ont définitivement renoncé à revoir le monde marcher sur ses pieds ; ils n'en sont plus, en somme ; ils sont d'avant, et cultivent à travers leurs lectures et leurs relations leur goût du passé.

Pour les autres, de tempérament activiste, la Contre-Révolution reste un avenir. L'événement leur en donne parfois l'illusion. A défaut d'un ordre monarchique restauré, ils acceptent ou préconisent une dictature de substitution qui réponde à leurs exigences de civilisation : 1) la défense de la famille, c'est-à-dire l'autorité paternelle, l'indissolubilité du mariage, l'interdiction des moyens contraceptifs et la criminalisation de l'avortement ; 2) la protection contre la « diffusion de l'erreur », autrement dit le contrôle des informations et la censure ; 3) une éducation et une instruction intégralement catholiques ; 4) la « justice sociale », sous la forme d'un ordre corporatif qui interdit la lutte des classes et reconnaît les hiérarchies et les responsabilités ; 5) le catholicisme reconnu comme seule religion dont le culte soit entièrement libre, l'Église et l'État étant liés par des rapports de services réciproques.

Salazar, Franco, Pétain, Pinochet... ont été au XXe siècle les objets les plus marquants de leur admiration.

Michel Winock

2

Les années 1880 : au temps du boulangisme

A l'aube des années 1880 la République met fin, et pour longtemps, à la valse hésitation révolution-conservation aux rythmes si savamment alternés. Elle fixe les rapports de force autour d'un accord constitutionnel que les aménagements ultérieurs ne bousculeront jamais tout à fait. Ce retour au calme a une conséquence inévitable : il libère des énergies nouvelles que fabrique un siècle en cours de formation. Des foules aux masses, le nombre fait son entrée tumultueuse sur la scène politique. A gauche, le socialisme reprend lentement vigueur, non sans quelque confusion. A droite, la pensée contre-révolutionnaire doit prendre en compte de nouvelles données sociales et politiques. A moins que tout son comportement ne puisse se réduire à l'histoire d'un long refus face à l'outrage que l'âge moderne fait subir aux « valeurs ».

Ce que les théories nées de l'opposition à la Révolution avaient inventé tout au long du XIXe siècle ne fut pas rejeté. Ces constructions doctrinales demeurèrent à la base d'une sensibilité appuyée sur des traditions sociales et culturelles. Elles durent pourtant accepter un rafraîchissement, une mise au goût du jour, qu'exigeaient les transformations de la société française. Si la droite, qui devint bientôt une droite extrême avant de s'afficher comme extrême droite, voulait prétendre être autre chose que le dernier carré d'une aristocratie nostalgique en mal d'Ancien Régime, elle se devait d'intégrer d'autres catégories sociales, celles dont accouchait la modernité. Elle aurait alors à élargir son message, à l'enrichir de thèmes inédits, quitte à frôler le genre canaille que lui donna le discours populiste qu'elle adopta parfois. Il fallait bien faire avec ce que l'on trouvait, et les déçus de la République n'avaient pas toujours les aspirations élevées que l'on aurait aimé cultiver.

La République inachevée

La rapidité avec laquelle les républicains prirent les commandes du pouvoir compose toujours l'un des chapitres les plus attendus de toute histoire de la Troisième République. En février 1871, les Français élisent une écrasante majorité de députés monarchistes. Quatre ans plus tard, des lois constitutionnelles étaient votées, non sans de lourdes ambiguïtés, répondant à une conception de la République au pouvoir exécutif fort. Certains allèrent jusqu'à dire que l'on ménageait ainsi un retour éventuel à la monarchie. Le terme même de « République » n'entra pas sans grandes contorsions dans le vocabulaire constitutionnel français. Or, après avoir obtenu la majorité à la Chambre (en 1876 et 1877) puis au Sénat en 1879, après avoir raflé la même année la présidence de la République, les forces républicaines s'arrogèrent 50,50 % des voix aux élections législatives de 1881 et s'assurèrent 451 sièges contre 90 aux « conservateurs ». Ce miracle politique a trouvé ses interprètes qui ont su faire jouer les instances économiques, sociales ou politiques. Il n'en demeure pas moins vrai que la célérité avec laquelle la République s'est installée au niveau de la représentation nationale et de l'appareil d'État ne laisse pas d'étonner et conduit à s'interroger sur la vigueur et la profondeur de cet enracinement.

Si les républicains remportèrent ces victoires politiques, ni les valeurs ni même le fonctionnement de la République n'étaient encore bien établis. Les références anciennes prévalaient encore. L'histoire a vu se reproduire ces décalages entre l'avènement de forces politiques et l'état idéologique des sociétés dont elles font la conquête presque par malentendu. Elles profitent de l'usure des pouvoirs qui les précédaient ou d'une lassitude ressassée. La droite monarchiste, devenue conservatrice par sens de l'opportunité politique, ainsi que ses valeurs d'ordre inégalitaire et de hiérarchie naturelle ne pouvaient pas être écartées d'un jeu politique qu'elles avaient longtemps dominé ou inspiré. L'Église continuait de soutenir sa vision du monde au tréfonds du corps social. Les élections d'octobre 1885 révélèrent qu'en aucun cas cette droite qui masquait à peine son antirépublicanisme (les mots cachent mal les formes intimes de la pensée) ne souffrait trop de discrédit. Elle bénéficia au premier tour d'un vote protestataire qui affaiblit les républicains au pouvoir. Que ces élections n'aient pas eu le sens antirépublicain qu'on leur confère parfois n'ôte rien au profit qu'en tirèrent les réactionnaires.

A peine installée, la République paraissait s'assoupir. Le personnel républicain, soucieux de modération, prudent à l'extrême, se tenait sur la ligne de l'« abstention républicaine ». Le président Jules Grévy incarnait à merveille cette politique qui mettait à l'écart toutes les grandes gueules, tous les excès, tous ceux qui prétendaient faire vivre la République en entretenant quelques mythes vivants. Jules Ferry, lui-même, préférait s'engager dans une politique ambitieuse mais sans clinquant, que la postérité saura saluer à juste titre, mais qui ne lui valut rien d'autre qu'une impopularité à l'origine des deux attentats dont il fut la victime en 1883 et 1887. Pour nombre d'opportunistes des années 1880, « être libéral signifiait gouverner le moins possible [1] ». Ils furent ainsi à l'origine d'un blocage de la vie politique, repoussant aux extrêmes certains thèmes politiques vivifiants et aggravant la distance qui séparait les représentés de leurs représentants. Ils laissaient la porte ouverte à tout mouvement qui saurait redynamiser la vie publique en articulant quelques mots d'ordre un tant soit peu novateurs. La présence d'un fort groupe radical, à partir de 1885, accentua cet enlisement en interdisant toute espèce d'alliance durable.

1. Odile Rudelle, *La République absolue. Aux origines de l'instabilité constitutionnelle de la France républicaine, 1870-1889*, Paris, Publications de la Sorbonne, 1982, p. 68.

L'heure du socialisme n'avait pas encore sonné. Le mouvement ouvrier était encore trop faible et restait désarçonné par la répression qui avait fait suite à la Commune. La droite d'une part, d'autre part l'extrême gauche radicale, emmenée par Clemenceau, s'engouffrèrent dans ce qui fut, bien plus qu'une proposition politique, une idée — une *idée-force*, aurait peut-être reconnu Alfred Fouillée —, susceptible de fédérer des aspirations confuses et contradictoires : la révision constitutionnelle. La « révision » tout court, disait-on, comme si ce mot enchanteur permettait d'établir le Ciel sur la Terre. Aussi, jusqu'en 1885, la révision fut-elle toute la théorie de la gauche radicale qui aspirait à la suppression du Sénat et de la présidence de la République. Dans les années qui suivirent, la droite rallia le thème tout en lui attribuant un autre contenu (un exécutif fort). Dès janvier 1882, Gambetta, président du Conseil, présenta à la Chambre un projet de révision. Jules Ferry le reprit et le modifia à peine. La montagne accoucha d'une souris. La révision adoptée par le Congrès le 14 août 1884 laissait toute la question pendante. Les congressistes ne s'étaient livrés qu'à un simple toilettage : ils supprimaient les prières publiques à l'ouverture de la session parlementaire ; décidaient que les sénateurs inamovibles seraient remplacés après leur décès par des sénateurs élus ; amélioraient la représentation des villes au Sénat. La réforme de l'État restait à l'ordre du jour. Des crises ultérieures eurent l'occasion de lui redonner toute son actualité[2]. Il était dès lors bien clair que la revendication d'une révision constitutionnelle deviendrait le mode d'expression privilégié par les forces politiques, de l'extrême droite à l'extrême gauche, qui se sentaient exclues de la République des républicains.

Les opportunistes au pouvoir répondaient en outre fort mal aux conséquences d'une crise économique venue s'inscrire dans un long cycle de dépression amorcé en 1873. Les républicains

2. Voir Nicolas Roussellier, « La contestation du modèle républicain dans les années 30 : la réforme de l'État », *in* Serge Berstein et Odile Rudelle (dir.), *Le Modèle républicain*, Paris, PUF, coll. « Politique d'aujourd'hui », 1992, p. 319-335.

étaient arrivés au pouvoir au plus mauvais moment. A un contexte idéologique défavorable se surimposaient de très sérieuses difficultés économiques et sociales. Les trois années heureuses qui avaient accompagné le plan Freycinet butèrent sur la grave crise financière de 1882. Conjuguant le politique et l'économique, la faillite, en janvier, de l'Union générale, banque fondée par Eugène Bontoux, soutenu par la droite légitimiste et les milieux catholiques, devint bientôt tout un symbole et le point d'accroche de la propagande des droites extrêmes[3]. Le marasme s'étendit à l'ensemble du système bancaire et toucha également plusieurs secteurs de la vie économique. Métallurgie, industrie textile, bâtiment furent les premières victimes de la récession. La France amorçait un long repli, qui, de seconde puissance industrielle mondiale qu'elle était jusqu'alors, la rétrograda au quatrième rang.

L'impact social de ces conflits fragilisa la position des républicains et rendit encore plus sensible tout ce qui séparait les élus de leurs électeurs. Le monde paysan, plus tardivement venu au républicanisme, et sur la base de convictions parfois moins fermes (à plusieurs exceptions près, il est vrai), subissait très durement les coups de la crise. Les ruraux (plus de 60 % de la population) entraient à reculons dans le monde moderne. L'exode rural est réellement le fils de la misère, et le déracinement qu'il engendre, grand thème fin de siècle, est toujours à la source des plus fortes déceptions. La vie de l'ouvrier urbain ne prête pas à l'espoir. On fuyait la campagne pour sombrer dans l'enfer d'une condition ouvrière, aussi diverse soit-elle, qui subissait peu à peu l'abaissement de son honneur. La mécanisation, le prestige croissant des savoirs abstraits et le déclin concomitant de la force physique, la division du travail contribuaient à la dévalorisation du travail ouvrier dès les années 1880[4]. D'autant plus que les journées de travail demeuraient

3. Jeannine Verdès-Leroux, *Scandale financier et Antisémitisme catholique. Le krach de l'Union générale*, Paris, Le Centurion, 1969.

4. Gérard Noiriel, *Les Ouvriers dans la société française, XIXe-XXe siècle*, Paris, Éd. du Seuil, coll. « Points Histoire », p. 97.

trop longues et que le chômage devenait de plus en plus fréquent. Les luttes syndicales, quant à elles, restaient proches de ces « émotions » d'Ancien Régime, répliques violentes (comme en 1886 aux mines de Decazeville) à des situations jugées insupportables. *Germinal*, que Zola publia en 1886, est l'un des tableaux de cette « jeunesse de la grève ». Le dernier pillage de boulangerie à Paris eut lieu en 1888 lors d'une importante grève des ouvriers boulangers qui suivait celles des terrassiers, des coiffeurs et des limonadiers. L'absence d'encadrement politique ou syndical sérieux jusqu'à la fin du XIXe siècle (le Parti ouvrier de Jules Guesde ne compte que 2 000 membres en 1889) laissait les classes ouvrières livrées à elles-mêmes. Mal intégrées, elles pouvaient être happées à tout instant par qui saurait formuler leur demande sociale en leur conférant une once de dignité. Le socialisme n'était pas seul à pouvoir, le moment venu, remplir cette fonction. Toute espèce de démagogie sociale, appuyée sur l'arc d'un mythe bien huilé, pourrait également s'assurer du succès.

Les républicains au pouvoir tentèrent de remédier au terrible désarroi rencontré par ces classes laborieuses. Insuffisamment sans doute. Ni Waldeck-Rousseau, auteur de la loi du 21 mars 1884 autorisant les syndicats, ni même Jules Ferry n'ignorèrent la gravité des maux engendrés par la crise ou ce qu'ils désignaient comme les abus du libéralisme économique. Ferry, auquel on reprocha vivement les carences d'une politique sociale, attribuait à l'État une « haute mission à remplir » : « Il est chargé, dans la limite des libertés, de faire disparaître, d'égaliser peu à peu les inégalités naturelles qui pèsent sur la classe laborieuse, et la plus pauvre[5]. » Les proclamations de cette encre, les projets sociaux les plus élaborés, les indignations les plus manifestes ne manquèrent pas. D'actes, en revanche, susceptibles d'être aisément perçus par l'opinion, il y en eut beaucoup moins. La grande œuvre sociale de la Troisième République — la scolarisation de

5. François Ewald, « La politique sociale des opportunistes », *in* Serge Berstein et Odile Rudelle (dir.), *op. cit.*, p. 181.

masse —, de laquelle les gouvernants attendaient les bienfaits d'une intégration par la diffusion des valeurs, ne porterait ses fruits que lentement et sans éclat. La politique opportuniste souffrit d'un déficit chronique de mythes à vendre. « On ne transforme pas une société, elle se modifie lentement, graduellement. On ne traite pas les hommes comme on le ferait d'une monnaie démodée qu'on met au creuset pour la frapper en masse à une effigie nouvelle », affirmait Waldeck-Rousseau[6]. Nourri d'un positivisme réduit à l'état d'un réalisme gestionnaire, dénué de toute illusion sur la capacité des hommes à changer l'ordre des choses, l'opportunisme fut gris terne. Ne fit-il pas ainsi, à son corps défendant, le lit d'idéologies plus colorées ?

Car, pour tons vifs, l'opportunisme n'eut que ceux du scandale. Nul n'est sans savoir que le pouvoir corrompt jusqu'aux plus vertueux. L'opinion, elle, fait mine de l'ignorer, plaçant haut le respect de la morale. La République, qui naquit dans ses draps, souffrit d'autant plus de ce tapage. En quelques années, l'affairisme, cette odieuse maladie qui ronge les démocraties parlementaires, contamina la partie la plus saine de l'appareil d'État. Ceux qui font de cette République naissante son âge d'or dans l'ordre de l'éthique ont tort. Le pouvoir et l'argent ne résistèrent pas longtemps l'un à l'autre. Les ennemis de la République eurent beau jeu de souligner qu'il n'était pas de démocratie bourgeoise, assurant naturellement la promotion des médiocres aux dépens des élites traditionnelles, qui puisse échapper à ces dévoiements. La prétendue intégrité de M. Grévy, cet austère républicain, vétéran de la vénérable République de 1848, ancien opposant à la présidence de la République (mais il faut savoir vivre avec son temps !), n'échappa guère à la tentation. Les frasques de son gendre, Daniel Wilson, richissime homme d'affaires et député radical, agioteur et trafiquant de décorations, ne le dédouanent pas du profit personnel qu'il tira de son honorable fonction. Jules Grévy s'enrichit très notablement durant sa présidence. En 1881,

6. *Ibid.*, p. 181.

lorsqu'il maria sa fille à Wilson, il ne pouvait encore allouer à celle-ci qu'une fraction de l'indemnité présidentielle. A sa mort, en septembre 1891, il laissa à ses descendants une succession de 7 millions, ce qui revient à placer Grévy « parmi les Français les plus riches de son temps, ce qui n'est pas, en règle générale, le propos des républicains les plus austères[7] ».

Il y a plus grave. Le président de la République usa et abusa de pratiques népotistes, constitua et renforça un authentique clan Grévy. Le frère cadet, Paul, devint sénateur du Jura en 1880, grâce à des pressions exercées sur les maires et les conseillers généraux. Le puîné, Albert, connut lui aussi une ascension fulgurante : vice-président de la Chambre en 1879, il fut nommé, en mars, gouverneur général de l'Algérie à titre provisoire, ainsi qu'il en avait lui-même fait la demande, non par égard pour le général Chanzy auquel il succédait, mais afin de pouvoir cumuler les deux traitements de sa nouvelle et de son ancienne fonction. « Monsieur Frère », comme la presse affectait de le désigner, fut nommé dès l'année suivante sénateur inamovible (9000 francs annuels) et gouverneur général de l'Algérie à titre définitif (110000 francs annuels). Le clan Grévy colonisait la République et y puisait les sources de son enrichissement[8]. Le scandale était ici. L'affaire de 1887, qui contraignit Grévy à la démission, n'est finalement que l'un des aspects, plutôt comique, d'un rapport au pouvoir qui n'allait pas manquer de faire les affaires des ennemis du régime.

Tous les ingrédients nécessaires à l'entretien d'une atmosphère politique malsaine étaient présents bien avant que n'éclate le scandale de Panamá. Des faillites à répétition, de celle du Comptoir d'escompte de Paris au krach des cuivres dénoncé par Drumont dans *La Fin d'un monde*, ne trahissaient pas seulement les turbulences économiques de la période. Des hommes politiques jouaient de leur influence en intervenant dans les marchés financiers. Le cousin d'un prestigieux soldat de la dernière

7. Jean-Yves Mollier, *Le Scandale de Panamá*, Paris, Fayard, 1991, p. 247.
8. *Ibid.*, p. 250.

guerre, Denfert-Rochereau, se suicida en 1889. Tout cela n'était pas bon pour le régime. La classe politique, victime de ceux — rares il est vrai — qui mêlaient en un cocktail explosif l'argent, le pouvoir et le sexe, creusait elle-même l'abîme qui la séparait de ses mandants et alimentait tous les discours enflammés par l'idée de décadence. La France semblait s'engluer dans un désastre moral et une catastrophe économique. Ainsi les fins de siècle sont-elles souvent construites, en conformité à ce modèle.

Régénérer

Dans les années 1880, la décadence fait recette. Le terme est vague, traduisant un pessimisme diffus, une esthétique floue, voire un projet scientifique à l'origine des sciences sociales. En 1887, l'année même où éclata le scandale des décorations, Anatole Baju publia une manière de manifeste littéraire : *L'École décadente*. Le symbolisme et le « dérèglement » des sens auquel avait appelé Rimbaud cultivaient la même veine. Aux yeux des ennemis du régime, ces évolutions esthétiques étaient à l'origine d'une corruption généralisée. La République opportuniste était à la source de la pornographie, de l'immoralisme, du galimatias et des barbouillages déments qui prétendaient succéder à la noble tradition de l'art français. En entretenant la confusion des valeurs, en avançant des conceptions fausses de l'égalité et des droits de l'homme, en défendant des hiérarchies erronées, elle avait établi le règne du n'importe quoi. Plus grave, elle avait *dévitalisé* le corps social.

Ce sentiment n'est d'ailleurs pas tout à fait nouveau. Il traverse tout le XIXe siècle. Maistre et Bonald s'étaient faits les prophètes d'un déclin, produit naturel de la Révolution. Les libéraux, vainqueurs des journées de juillet 1830, avaient manifesté leur crainte d'une décadence. Dans les années qui suivirent immédiatement la défaite de 1870, cette hantise devint une obsession et occupa le centre des plus fortes pensées qui irriguèrent le temps : Taine et Renan. Ce que les années 1880 proposent de plus nouveau, en France comme en d'autres nations de la vieille Europe, est la place et la fonction désormais assignées à la décadence. Celle-ci n'orne plus seulement quelques grands textes sacrés. Elle est au cœur de tout un système idéologique, articule avec cohérence un ensemble de réactions et arme toute une stratégie politique. Franchissant les limites de quelques cercles intellectuels, aussi influents fussent-ils, la décadence devint désormais un thème de mobilisation militante, le signe d'un enrôlement de masse contre un régime perverti. Plus lyrique qu'analytique, le thème de la décadence moderne s'adaptait aux exigences de la politique contemporaine au moment même où les droites monarchistes et contre-révolutionnaires, désemparées par leurs divisions ou par la mort de leurs princes, se trouvaient à la recherche d'une stratégie de rechange et connaissaient un incontestable renouveau doctrinal. Victor Nguyen a fort pertinemment résumé cette nouvelle version de la décadence : « si la *décadence* devient à la fin du dernier siècle un mythe majeur de la société française, c'est que la réaction à l'héritage révolutionnaire a atteint ses plus hautes eaux et que désormais les conflits politiques ou sociaux, dissimulant de plus en plus une identité en crise, vont se légitimer selon des affrontements culturels [9] ».

La clé de l'hostilité au régime réside bien dans le désaccord flagrant que les droites extrêmes entretiennent avec le monde moderne. « Il nous semble que nous sommes exilés chez nos contemporains », écrivaient déjà les Goncourt. Le thème est littéraire et marque de son empreinte les œuvres de tous ceux qui ont fait fortune dans la culture d'un nihilisme fin de siècle, de Barrès à Bourget, de Maupassant à Bloy. Tous ont en horreur ce qui leur paraît définir leur temps : le règne détestable de l'argent chez Bloy, la maladie, l'énervement, le détraquement chez

9. Victor Nguyen, *Aux origines de l'Action française. Intelligence et politique à l'aube du XXe siècle*, Paris, Fayard, coll. « Pour une histoire du XXe siècle », 1991, p. 106.

Maurras, le déracinement et les nouvelles hiérarchies chez Barrès ou Bourget, finalement la démocratie parlementaire chez tous. Dans *Bel-Ami*, Maupassant ne décrivait-il pas le député Laroche-Mathieu sous les traits d'« une sorte de jésuite républicain et de champignon libéral de nature douteuse, comme il en pousse par centaines sur le fumier populaire du suffrage universel » ? Car, pour ces hommes d'un autre siècle, la démocratie n'avait fait que sanctionner le pouvoir des foules dans la société moderne. Cette aristocratie de l'esprit relaie à merveille les valeurs de l'ancien monde dans lequel les élites naturelles gouvernaient. La barbarie, cette plèbe faite d'individus écervelés par les valeurs démocratiques, campait aux portes de la civilisation...

Pour le jeune Maurras, parfait reflet de la régénération doctrinale des droites, il n'était point contestable que les civilisations fussent l'œuvre des seules aristocraties. Les démocraties pouvaient, elles, n'engendrer que l'anarchie. Cet intellectuel surdoué fut l'un des premiers à réaliser la synthèse politique d'aspirations aux fondements religieux ou esthétiques. Sa pensée, qui dès la seconde moitié des années 1880 fut comme l'épure du système réactionnaire, s'enracinait sans doute dans des prédispositions psychologiques toutes faites de pessimisme et de hantise de la mort. Sa collaboration à la revue catholique *L'Observateur français*, à partir de décembre 1887, poussa Maurras à ne s'en tenir ni à la littérature ni à la spéculation philosophique. Il est ainsi à l'origine de l'un des aspects majeurs des pensées d'extrême droite : la projection des catastrophes personnelles dans la raison politique. Cette rencontre de la psychologie et de la politique se traduit également par un style de formulation doctrinale ou militante unique. Intransigeance et raideur manifestent la quête obstinée d'un monde parfait — « partout la crainte, nulle part la sérénité, partout l'antagonisme, nulle part l'harmonie[10] » —, c'est-à-dire savamment ordonné

10. Charles Maurras (article de *L'Observateur français*) cité par Victor Nguyen, *ibid.*, p. 291.

selon les principes hérités de la tradition. Que celle-ci fût catholique, au fond, n'importe guère. On sait que Maurras se détacha de la foi pour se rapprocher de la religion. Ce qui est à la base de l'attachement au catholicisme, chez les métaphysiciens de l'ordre des années 1880, est son antiquité et les valeurs de soumission collective qu'il est susceptible d'imprimer à toute une société. Il est une réponse à l'« anarchie » instaurée par l'individualisme républicain, tout droit sorti des cervelles maçonnes et huguenotes.

Cette critique, qui s'en prenait explicitement aux valeurs réputées léguées par la Révolution française, trouva son terrain de prédilection lors du centenaire de 1889. « La Révolution fut une révolte, une œuvre négative et destructive », écrit Charles Maurras en 1889[11]. On oublie trop souvent que la célébration des événements révolutionnaires se place à un moment où la République connaissait ses premiers signes d'essoufflement et n'incarnait plus le grand espoir qu'elle avait pu représenter au cours des premières années. Les cérémonies de 1889 peuvent passer pour une tentative de renouer un pacte ébréché par quelques mauvais coups. Elles furent aussi l'occasion pour ceux qui n'aimaient pas la République — même s'il devenait de plus en plus malaisé de l'affirmer ouvertement — de préciser leurs intentions. Les assemblées provinciales contre-révolutionnaires et les « cahiers généraux des vœux de 1889 » ne réclamaient pas tant un retour à l'Ancien Régime qu'une République « antidémocratique[12] ».

On aurait tort de penser que la dénonciation de l'avènement du règne de la bourgeoisie au détriment d'une morale assise sur les vieilles valeurs aristocratiques fut le propre de quelques intellectuels à l'audience réduite. La presse faisait large écho aux scandales qui assuraient le succès des analyses antirépublicaines

11. *Ibid.*, p.363.

12. Pascal Ory, « Le centenaire de la Révolution française. La preuve par 89 », *in* Pierre Nora (dir.), *Les Lieux de mémoire*, t. I, *La République*, Paris, Gallimard, coll. « Bibliothèque illustrée des histoires », 1984, p. 526.

dans l'opinion publique. La toute-puissance de l'argent et son rôle pervers dans la vie politique inspirent les meilleurs articles. Les journaux proches des milieux monarchistes et conservateurs expliquèrent la défaite des candidats de droite au deuxième tour des élections législatives de 1885 par d'occultes flux financiers. L'organe catholique *Le Monde* affirmait dans son édition du 28 octobre 1886 que Cornélius Herz, qui devait bientôt être mêlé au scandale de Panamá, avait déboursé 4 millions pour le compte des candidats opportunistes[13]. Aux yeux de l'extrême droite, on ne pouvait trouver meilleur exemple pour illustrer l'état de décrépitude morale dans lequel était en train de sombrer la République parlementaire.

Or, derrière la République, il y avait la nation. Ils étaient nombreux à considérer que ce qui déshonorait la première affaiblissait la seconde. Parmi les hommes qui relevèrent la droite, quelques-uns venaient des horizons républicains et proposèrent un contre-modèle qui facilita, sur la base d'une commune hostilité à l'ordre démocratico-libéral et d'un attachement farouche à la valeur nationale, l'intégration de la *Weltanschaung* monarchiste à l'univers républicain. Ne suffisait-il pas de s'accorder sur la nature de l'exécutif (qui se devait d'être fort) et de renoncer aux discussions oiseuses portant sur l'origine de la souveraineté ? Déroulède était en passe d'inventer la « République plébiscitaire », astucieux programme qui tentait de concilier des cultures politiques antagonistes.

La Ligue des patriotes fut ainsi fondée le 18 mai 1882, portée sur les fonts baptismaux par les plus purs produits républicains, même tardivement ralliés, comme Victor Hugo. L'historien Henri Martin, disciple de Michelet, Félix Faure, Alfred Mézières, Ferdinand Buisson et Léon Gambetta se rassemblèrent sur le nom de la patrie. Paul Déroulède, son chantre, ne lui vouait qu'une mission à laquelle l'hebdomadaire de la ligue, *Le Drapeau*, pouvait travailler : éduquer, initier la jeunesse des écoles aux nouvelles valeurs du jour et conforter ainsi l'unité

13. Jean-Yves Mollier, *op. cit.*, p. 332.

nationale par-delà les différences sociales et culturelles. Déroulède ne partageait en rien les valeurs de l'anti-intellectualisme que cultiva l'extrême droite à partir de l'affaire Dreyfus. Le poète national s'avouait plus confiant dans les mérites de l'instituteur que dans la force du soldat. La devise de la Ligue de l'enseignement, bonne républicaine, était même, en quelque sorte, plus militariste : « Pour la patrie, par le livre et par l'épée », et, en 1882, Jules Ferry fit distribuer dans les écoles 20 000 exemplaires des *Chants du soldat*[14].

Il n'en demeure pas moins que l'on sent Déroulède plus national que républicain. Son souci d'unité nationale tourne parfois à l'obsession et son désir d'effacer les clivages du passé sonne étrangement. Ne prétendait-il pas réconcilier la France qui croyait au Ciel et celle qui n'y croyait pas ? N'aspirait-t-il pas à voir main dans la main les fils de régicides et ceux des émigrés ? Ne faisait-il pas plus usage du vieux mot de « patrie » que de celui de « République » ? Il est clair qu'à bien y regarder Déroulède n'éprouve nulle affection pour la République qu'il voit vivre sous ses yeux. Le parlementarisme — comment le nier ? — est à l'origine de divisions et la « politique », son mode d'expression le plus naturel, est devenue le « plus grand dissolvant » du corps social, lance-t-il dans un discours de novembre 1885[15]. Déroulède était beaucoup trop « culotte-de-peau » pour attribuer la moindre vertu aux bavardages parlementaires. C'est ainsi que, progressivement, ce républicain à l'âme belliqueuse et revancharde, grand lecteur de Taine et de Renan, se détacha de la République opportuniste qui entendait autrement certains termes fondamentaux. Le tournant pris par la Ligue des patriotes en 1886 en fut la traduction la plus nette.

Ainsi la nation, longtemps ancrée à gauche car ornée des qualités d'universalisme que lui avait conférées la Révolution,

14. Zeev Sternhell, *La Droite révolutionnaire, 1885-1914. Les origines françaises du fascisme*, Paris, Éd. du Seuil, coll. « L'univers historique », 1978, p. 80.

15. *Ibid.*, p. 81.

prit-elle d'autres teintes. Non encore celle du sang, comme on définissait outre-Rhin la nationalité, en référence parfois au Français Gobineau, car l'Alsace-Lorraine, marquée par la présence de la « race germanique », n'aurait pu revenir, sur cette base théorique, dans le giron français. Le nationalisme français changeait pourtant de camp, s'imprégnait des premiers résultats des sciences sociales et se polarisait sur son double : le nationalisme allemand. Déroulède en fit beaucoup plus qu'une doctrine politique ; il lui attribua les mérites d'une thérapeutique régénératrice. Le nationalisme a été un remède à la déliquescence nationale. Il devait revitaliser le corps social défait par la politique libérale avec laquelle Déroulède rompit définitivement dès 1885. Cette évolution, selon lui, ne signifiait nullement un éloignement de la République : « Vouloir arracher la République au joug des parlementaires, ce n'est pas vouloir la renverser », lança-t-il, bien des années plus tard, dans l'un de ses discours de 1910, c'est vouloir tout au contraire instaurer la « démocratie véritable ». Jeu sur les mots ? Opportunisme politique ? Cynisme ? On en doutera. Les références constantes de Déroulède restèrent Montesquieu, Rousseau, Mirabeau, Danton, Saint-Just ou Gambetta[16]. Ce mixte idéologique, qui combine la démocratie et l'autorité, les droits de l'homme et la nation, l'appel à la justice et la pratique de la violence, demeure à la base des mouvements qui portent l'expression d'aspirations populaires confuses sans faire le départ entre la raison et la passion. Une combinaison qui rend également compte du succès électoral que rencontrent parfois de tels mouvements.

La Ligue des patriotes est d'abord urbaine. Son implantation la meilleure est à Paris, Lyon et Marseille. Elle est également bien représentée dans plusieurs départements : Corrèze, Loire-Inférieure, Vosges et Meuse. En 1887, la ligue revendiquait 200 000 adhérents, mais la préfecture de police ne lui en accordait que 50 000. Il est certain en tout cas qu'elle parvint à mobiliser aisément ses militants et à leur faire occuper la rue avec

16. *Ibid.*, p. 93.

efficacité. Les boulangistes surent fort bien l'utiliser. C'est elle qui encadra la manifestation de la gare de Lyon, le 8 juillet 1887, venue s'opposer au départ de Boulanger, muté d'office au 13e corps d'armée de Clermont-Ferrand. C'est elle encore qui anima les journées agitées de novembre 1887 entourant la démission de Grévy, ainsi que l'émeute du 2 décembre 1887 organisée contre l'élection de Ferry à la présidence de la République. La ligue était devenue une véritable organisation de combat, qu'un décret du 16 mars 1889 vint finalement interdire. La tactique de l'agitation de rue ne lui était pas propre. L'extrême gauche y recourait aussi. La Ligue des patriotes innova pourtant en conjuguant l'attachement idéologique de ses chefs à l'ordre militaire avec un comportement militant de terrain qui en était le reflet. Les uniformes manquaient mais la discipline réglait les démonstrations avec une savante application.

Il convient de remarquer la remuante entrée de la force physique dans un type de régime qui, en principe, devait en faire l'économie. Le discours d'assemblée canalisait la violence inhérente à tout conflit. L'une des caractéristiques du nouveau nationalisme a été de la réintroduire comme l'un des éléments de la vie démocratique. L'appel direct au peuple semblait l'avoir pour corollaire. La Ligue des patriotes ne s'était pas associée pour rien à l'entreprise des sociétés de gymnastique mise en place par les républicains. Elle encourageait au même titre la création des sociétés de natation. Un jour, il faudrait bien franchir le Rhin... Puisqu'il s'agissait du relèvement de la race, les activités sportives avaient du bon. L'Allemagne, ce modèle honni mais admiré, n'avait-elle pas connu sa renaissance après Iéna en partie grâce à l'œuvre de Friedrich Ludwig Jahn, qui avait décrété le salut de sa patrie par la généralisation du sport ? Maurras — qui fut, en 1896, reporter sportif aux Jeux olympiques d'Athènes recréés par Pierre de Coubertin — estimait quant à lui que l'éducation complète de l'homme passait par son instruction sportive. Le nationalisme, c'était la santé morale et physique ; la condamnation si fréquente de la « pornographie » (volontiers associée au mouvement d'émancipation féminine) répondait à ce double souci : préserver à la fois les corps et les âmes. Cette insertion du physique dans la politique, prolongement logique d'une conception du monde « virile » et « saine » et d'un projet social qui appelait les Français à recouvrer la santé que la République parlementaire leur aurait ôtée, connut ses développements les plus troublants dans l'antisémitisme. Car le Juif se reconnaît d'abord à l'état de son corps.

La capacité de ce nouveau nationalisme à rassembler une opinion publique généralement sujette à la division s'explique aussi par les événements internationaux des années 1880 et, plus particulièrement, par l'état des relations franco-allemandes. On n'a cessé de souligner, non sans raison, la pérennité de la « crise allemande de la pensée française » et d'évoquer les multiples incidents diplomatiques qui échauffèrent les esprits de part et d'autre de la frontière. La fibre nationale était alors on ne peut plus sensible... En 1886, la guerre menaça à plusieurs reprises et, au mois d'avril 1887, l'arrestation du commissaire aux Frontières français Schnaebelé par les autorités allemandes, qui permit au général Boulanger quelques trémolos revanchards, fut à deux doigts de mettre le feu aux poudres.

Les nationalistes jouaient sur du velours. Ils profitaient également de sentiments encore plus profonds. Depuis la défaite de Sedan, la conscience nationale était blessée. Les effets les plus graves du 2 septembre ne portaient pas tant sur l'orgueil d'un peuple qui avait eu sa grandeur que sur le cœur même de son identité. Le repli sur le passé national qu'opérait le nationalisme moderne n'était rien d'autre qu'une réponse au sentiment de décadence. Que signifiait « être français » si la France changeait à ce point ? Qu'allait devenir une nation qui avait bâti tout son être sur la grandeur dont l'histoire avait su la parer ? Plus radicalement encore, qu'était-ce désormais qu'une nation ? De Renan à Maurras, jamais les intellectuels ne s'étaient autant posé la question. Et le plus jeune ne fut pas le moins profond ni — le contraire eût étonné — le moins audacieux : « La nation n'est pas l'universalité ou la majorité des individus adultes qui, à un moment donné, se trouvent dans le pays. La nation, c'est le peuple organisé en familles, en corporations, en communes, en provinces, unies conformément aux coutumes traditionnelles et se solidarisant avec les générations passées et les générations futures de façon à créer la nationalité et la patrie[17]. » Où se croisent les influences de Renan, Le Play et Mistral pour donner naissance à une nouvelle version du nationalisme français.

La flambée antisémite des années 1880 est l'un des résultats produits par le trouble de la conscience nationale. Le Juif est, par excellence, l'étranger imaginaire. L'immigration provoquée par les pogroms tsaristes à partir de 1881 ne changea rien. Avec environ 80 000 personnes, présentes surtout dans les grandes villes (Paris, Marseille, Bordeaux, Nancy et Lyon), les Juifs français ne représentaient avant 1914 que 0,2 % de la population (contre 2 % pour les protestants). Il n'empêche : la chasse aux Juifs fut ouverte. Même si la violence fut toute symbolique et ne déboucha sur aucune exclusion réelle, la croissance des écrits antisémites a de quoi troubler, tant elle livre de curieux fantasmes et lâche la bonde de passions anciennes mal refoulées. La politique anticléricale et le laïcisme n'étaient pas parvenus à éradiquer la singularité du rapport au Juif dans une vieille société chrétienne. Les pamphlets antisémites, dont, après 1886, plusieurs dizaines furent publiées chaque année, trouvaient des lecteurs bien au-delà de quelques écrivains aux vagues prétentions théoriques. L'éditeur Savine, qui s'en était fait comme une spécialité, savait qu'en vendant les livres à scandale de sa « Bibliothèque antisémitique » il ferait fortune.

Édouard Drumont fut ainsi l'auteur en 1886 d'un best-seller : *La France juive*. En août 1889, l'ouvrage en était déjà à sa soixante-cinquième édition, ce qui venait quelque peu démentir les cris d'orfraie de l'auteur ne cessant de dénoncer la conspiration du silence dont, affirmait-il, son œuvre était la victime. Il est vrai que, pris à son propre piège, Drumont fut en butte à une rumeur laissant entendre que lui-même était juif, et contraint de

17. Citation de Maurras *in* Victor Nguyen, *op. cit.*, p. 303.

publier son arbre généalogique ! En quelques années, ce journaliste obscur, né en 1844, médiocre romancier à ses heures, auteur du *Dernier des Trémolins* en 1878, acquit la réputation d'un solide penseur et d'un sociologue. Ce succès n'a pas d'autre explication que le talent de fédérateur idéologique de Drumont. Percevant justement la sensibilité de son temps, il sut la traduire dans une série de livres, à l'écriture coulante, et établir un savant système d'équivalence dont le terme final était le Juif. Nul biologisme chez cet auteur catholique. Drumont prétend s'appliquer à des études « psychologiques et sociales » même si, à l'occasion, il s'aventure, presque en amateur, sur le terrain du corps juif. Le Juif, c'est d'abord « une certaine destinée historique[18] » qui lui permet d'être placé au bout de la chaîne d'une modernité exécrée : cosmopolitisme, argent — « L'argent ! c'est lui qui a toujours le dernier mot à notre époque[19] » —, pornographie, industrialisation. L'Exposition universelle fut une aubaine. Elle concentrait en quelques hectares toutes les valeurs juives, autrement dit toutes les valeurs du monde moderne : « Une vraie fête juive que cette Exposition [...] le Juif l'a faite à l'image même de ses pensées ; c'est un bazar gigantesque, une tente plus magnifique qu'un palais ; c'est le Nomadisme ruisselant de l'or et couvert de pourpre ; c'est le dernier mot du Modernisme avec la tour qui rappelle l'origine et la Babel de Mésopotamie ; c'est la magie basse avec ses fausses lueurs [...][20]. » On retrouve sous la plume de Maurras et de quelques autres la même haine du monde urbain, qui éclaire les premières pages de *La Dernière Bataille,* au cours desquelles

18. Marc Angenot, *Ce que l'on dit des Juifs en 1889. Antisémitisme et discours social*, Saint-Denis, Presses universitaires de Vincennes, coll. « Culture et société », 1989, p. 29. Voir Michel Winock, *Édouard Drumont et Cie. Antisémitisme et fascisme en France*, Paris, Éd. du Seuil, 1982.

19. Édouard Drumont, *Le Testament d'un antisémite*, Paris, 1891, rééd. Éditions du Trident/La Librairie française, 1988, p. 91.

20. Édouard Drumont, *La Dernière Bataille. Nouvelle étude psychologique et sociale*, Paris, 1890, rééd. Éditions du Trident/La Librairie française, 1985, p. 92-93.

Drumont se livre à d'étonnantes descriptions champêtres tout emplies d'émotion à l'écoute du chant des oiseaux. Le monde rural est cet univers perdu qui échappe à la fange de l'âge moderne.

L'antisémitisme a une autre vertu que celle de fournir une explication simple de la décadence. Il assure l'unité nationale contre l'étranger. Il efface les différences sociales. Lors d'un grand meeting antisémite organisé à Neuilly en janvier 1890, Drumont s'émerveilla de voir « fraternellement mêlés aux ouvriers, rapprochés des travailleurs par un élan de patriotisme et de justice, des gentilshommes dont le nom évoque les plus belles pages de notre histoire[21] ». Le peuple et les aristocrates donc, beaucoup plus que le peuple et les bourgeois, trop enjuivés, ayant confisqué à leur profit la grande Révolution. Car Drumont se piquait de socialisme. Il n'était pas sans faire l'éloge de Guesde ou de Brousse et allait même jusqu'à éprouver une vague sympathie pour Marx et Lassalle. Quelques socialistes étaient bien devenus antisémites, officiellement par haine du capital. Auguste Chirac, auteur d'un brûlot antisémite publié en 1883, *Les Rois de la République*, était cité avec déférence par la *Revue socialiste*. Le disciple de Fourier, Alphonse Toussenel, ou le blanquiste Gustave Tridon, qui l'un et l'autre avaient élaboré une subtile distinction entre Juifs (les mauvais) et Israélites (les bons), étaient des théoriciens antisémites en vue. Antoine, marquis de Morès, qui se lança à partir de l'été 1889 dans une version musclée de l'antisémitisme, se disait « gentilhomme socialiste ». Encore faut-il préciser que l'adjectif reste vague et sert à désigner de multiples marginalités idéologiques. L'antisémitisme de gauche comme celui de droite se retrouvaient pour dénoncer ce qui séparait chaque jour davantage les représentants des représentés. Dans *Juifs et Opportunistes*, Georges Corneilhan, l'un de ces innombrables écrivains antisémites, enrichit le tableau des équivalences d'une nouvelle équation : opportunistes = Juifs.

21. *Ibid.*, p. 38-39.

Il ne faudrait cependant pas limiter l'antisémitisme français des années 1880 à des propositions échangées entre quelques publicistes de second ordre. Drumont, certes, disposa d'une audience formidable, mais les journaux qui relayèrent ses thèses ou utilisèrent le terrain de l'antisémitisme ordinaire, demeuré jusqu'alors un simple réflexe ancestral, articulèrent également ce qui prenait la stature d'une pensée politique à part entière. En dépit de la littérature et, plus encore, du théâtre (*Shylock*, d'Edmond Haraucourt, fut en 1889 un immense succès), qui dispensaient de très nombreux stéréotypes juifs, toute la France n'était pourtant pas en train de devenir antisémite. La presse républicaine essayait d'ignorer la « question juive » et l'on ne peut relever que fort peu d'allusions aux Juifs dans les professions de foi des députés élus en 1889.

Plus nettement encore, le racisme antisémitique de Vacher de Lapouge, aux consonances biologiques les plus fortes, n'eut aucun écho dans l'ensemble de la production émanant des publicistes. Les auteurs sont le plus souvent des gens de lettres, des idéologues éloignés de tout savoir « positif » et ne se livrant qu'aux voluptés de la « littérature d'idées »[22]. Le terme « Juif » est de l'ordre de la désignation sociale, et d'ailleurs de nature parfaitement identique à celui de « franc-maçon », qu'il lui arrive de remplacer. Quelques années encore, et « intellectuel », « Juif », « franc-maçon » deviendront interchangeables.

Le cas de la presse catholique ne contredit pas cette analyse de l'antisémitisme. *Le Lillois*, *Le Monde*, *L'Univers*, qui reprenait nombre d'articles venus du cléricalisme autrichien, *Le Correspondant* ou *La Revue du monde catholique* publiaient régulièrement des articles antisémites. Parce que le Juif détient une place singulière dans la spiritualité chrétienne, celle-ci est un terrain favorable à l'antisémitisme. Ce qui ne signifie nullement que le catholicisme l'engendre en toutes circonstances. Il sut aussi se doter d'efficaces garde-fous. Jusqu'en 1884, le groupe de presse catholique La Bonne Presse, aux mains des Assomptionnistes,

22. Marc Angenot, *op. cit.*, p. 65-69 et 141.

manifesta plutôt une condescendance distraite à l'égard d'Israël : le Juif y est toujours affublé de qualités ou de défauts particuliers[23]. En juin 1881, *La Croix*, revue créée l'année précédente et qui devint quotidienne en 1883, constatait laconiquement : « On n'aime pas les Juifs en France : leurs ruses hypocrites ont le talent de fâcher. » La faillite de l'Union générale provoqua quelques remous d'où l'antisémitisme n'était pas tout à fait absent, mais les Juifs passaient davantage pour les instruments de la justice céleste s'abattant sur un peuple infidèle à sa foi. Ne vaut-il pas mieux servir la volonté de Dieu, même s'il s'agit de son courroux, que d'avoir la réputation d'être le valet de Satan ?

Cette ligne de conduite fut sensiblement infléchie après la mort du comte de Chambord, qui désempara ces milieux naturellement proches de la droite monarchiste. A partir de 1884, on revint sur la faillite de l'Union générale et Eugène Bontoux y gagna un statut de héros victime de la « bande noire » que composaient Juifs et francs-maçons. De juillet à décembre 1886, *La Croix* accueillit, pour la première fois, une série d'articles antisémites dont l'auteur, l'amiral Gicquel des Touches, un ancien ministre du duc de Broglie retiré après le 16 mai, prudent, signait « Un abonné ». Cette campagne n'eut pas l'aval de toute la rédaction. Le rédacteur en chef lui-même, le père Vincent de Paul Bailly, publia en janvier 1887 une mise au point sur les Juifs qui sonnait parfois comme un véritable démenti des analyses de Gicquel. Bailly, qui avait été formé par le père d'Alzon, fondateur de l'ordre des Assomptionnistes, dont l'univers mental faisait peu de place à la question juive, s'en tenait encore à la position traditionnelle : les Juifs n'étaient que l'instrument de la colère céleste.

Les catastrophes financières de 1889 (liquidation de la Compagnie du canal de Panamá, effondrement du Comptoir des métaux, chute du Comptoir d'escompte) imprimèrent un nou-

23. Pierre Sorlin, *« La Croix » et les Juifs (1880-1899). Contribution à l'histoire de l'antisémitisme contemporain*, Paris, Grasset, 1967, p. 74. Les développements qui suivent s'appuient sur cet ouvrage.

veau caractère à l'antisémitisme des Assomptionnistes. L'hostilité aux Juifs, assimilés aux Allemands, devint manifeste et presque quotidienne. Une pratique de délation individuelle se mit en place : les journalistes au « nom juif » furent dénoncés. Les scandales étaient observés à la loupe pour y déceler la main d'Israël. Des exemples de crimes rituels venaient illustrer la haine implacable dont le peuple déicide aurait accablé l'Église. En septembre 1890, *La Croix* put finalement se proclamer « le journal le plus antijuif de France, celui qui porte le Christ, signe d'horreur aux Juifs ». On le constate : cet antisémitisme est à fondement religieux. La question juive n'est pas d'essence raciale et les thèses de Drumont elles-mêmes étaient assez confusément reçues. Il convient en outre de noter que l'essor de cet antisémitisme vigoureux correspond au moment où le journal du père Bailly était en passe de devenir un journal de masse. Ne tirant encore qu'à 60 000 exemplaires en 1888, il avait atteint les 130 000 à la fin de l'année 1889[24]. Incontestablement, le thème était devenu porteur, et il ne faudrait pas nier toute la part de pragmatisme commercial qu'il y eut dans le durcissement antisémite des bons Pères. Dépassant les limites de leur antisémitisme religieux, ceux-ci acceptèrent de répondre à la demande de leurs lecteurs et l'entretinrent en reprenant les thèmes les plus éculés de l'antisémitisme des années 1880.

La synthèse boulangiste

Les définitions du boulangisme ne manquent pas. Bonapartisme, pré-fascisme, populisme ou césarisme, toutes ont essayé de livrer le secret d'un mouvement dont il faut d'emblée rappeler l'échec patent et la brièveté. De l'élection partielle du 23 mai 1887, où 12 % des électeurs se prononcèrent en faveur de Boulanger, d'ailleurs ni candidat ni éligible, au soir de l'élection

24. *Ibid.*, p. 42.

du 27 janvier 1889 qui permit au général de rassembler 43 % des voix, vingt mois seulement s'écoulèrent. La force de ce mouvement, qui devint vite une faiblesse, a précisément été son indéfinition. L'arsenal de concepts que nous livre la science politique n'y peut rien changer. Boulanger échappe à tout enfermement dogmatique. Il est en revanche le produit synthétique de valeurs confuses ayant acquis pignon sur rue au cours des années 1880.

Le génie de Boulanger est à la mesure de celui de Drumont, l'ambition en plus — encore celle-ci fut-elle assez médiocre puisqu'il semble bien qu'elle n'ait jamais dépassé l'horizon de la rue Saint-Dominique. Les deux hommes ont senti un air du temps et ont su s'y accorder. Tous deux furent de talentueux médiateurs, l'un par ce qu'il est convenu d'appeler son charisme, autrement dit la façon astucieuse avec laquelle il sut mettre en scène et en image son propre corps dans l'action politique, l'autre par ses qualités de polémiste. Ces deux démagogues ont joué sur l'émotionnel, quitte à s'enliser dans les plus belles contradictions, au détriment de la raison politique que cultivaient les hommes au pouvoir. Ils ont osé, quand la frilosité ou la prudence régnaient sur la « Constitution Grévy » (« On ne se révolte pas contre ce qui est », disait Jules Ferry[25]). Ils ont rendu plus simple et plus lisible une vie politique terne en la colorant de chansons, de propos égrillards, de mots d'ordre bien rythmés (« Dissolution, Révision, Constituante ») et de haines faciles à assimiler. La gouaille, voire la vulgarité des protagonistes ne sont pas des attributs indifférents. Elles marquent une culture politique et entretiennent un fond de violence qui est l'âme du mouvement. Que le terme « manifestation » ait pris son sens moderne avec le boulangisme le traduit sans fard[26].

Le portrait de Boulanger peint par Jules Ferry à son frère reste encore l'une des meilleures analyses du personnage et de son

25. Pierre Barral, *Les Fondateurs de la Troisième République*, Paris, Armand Colin, 1968, p. 247.
26. Odile Rudelle, *op. cit.*, p. 253.

fonctionnement : « Les Républicains doués de quelque bon sens assistent avec stupeur aux cabrioles de ce général à la bolivienne, démagogue audacieux, orateur séduisant, politicien infatué, comédien dangereux qui parcourt la France en triomphateur en haranguant les évêques, les gymnastes et les maires, compromettant ses épaulettes dans tous les ruisseaux d'intransigeance, se faisant appeler citoyen-ministre par les pires communards[27]. » Les « traits bien gaulois[28] » de Boulanger, l'apprentissage qu'il fit des lois de la politique moderne aux États-Unis où il se rendit en 1881 pour diriger la mission militaire française aux cérémonies du centenaire de la bataille de Yorktown, son entourage journalistique surdoué (Rochefort et son journal *L'Intransigeant* furent des armes redoutables), son passé de vieux soldat ayant fréquenté les colonies tunisiennes où il prit des allures de Rodomont sont des éléments qui éclairent les mécanismes de la fièvre.

La personnalité, haute en couleur, du général Boulanger n'épuise pas tout le boulangisme. Ses choix politiques ont somme toute assez peu d'importance puisqu'il fut davantage manœuvrier qu'idéologue. Qu'il ait assez régulièrement manifesté son attachement à la République, dont il avait été un ministre agité, ne l'empêcha nullement de bénéficier de soutiens monarchistes ou bonapartistes. Qu'il n'ait jamais appuyé sa propagande sur l'antisémitisme ne fit pas obstacle au ralliement d'antisémites notoires à sa cause. Le mouvement qu'il incarna le dépassa largement. Adrien Dansette en avait naguère distingué plusieurs formes : boulangismes jacobin, revanchard, antiparlementaire, populaire, boulangismes d'état-major et de royalistes. On pourrait encore y adjoindre ceux de socialistes et de bonapartistes[29]. Autant dire que tenter d'extirper une cohérence idéologique de

27. Lettre de Jules Ferry à Charles Ferry du 2 juillet 1886, citée in *ibid.*, p. 168.

28. Michel Winock, *La Fièvre hexagonale. Les grandes crises politiques, 1871-1968*, Paris, Calmann-Lévy, 1986 ; rééd. Éd. du Seuil, coll. « Points Histoire », 1987, p. 114.

29. Philippe Levillain, *Boulanger, fossoyeur de la monarchie*, Paris, Flammarion, 1982, p. 13.

ce bric-à-brac doctrinal relève de l'imposture. Le boulangisme présente tous les aspects d'un caméléon politique, s'adaptant à la demande locale. Boulanger ne méprisait aucune alliance. Son parti fut une auberge espagnole où tous les exclus du système républicain espérèrent trouver de quoi servir leur salut politique. Il s'engouffra dans la faille offerte par le système de représentation existant en opposant habilement l'assise démocratique du régime et son mode de gouvernement parlementaire. Quelques socialistes s'y égarèrent, croyant reconnaître en Boulanger l'« homme du peuple par opposition à Ferry, à Clemenceau et aux parlementaires[30] ». La plupart se ressaisirent assez vite. Clemenceau et la majorité des radicaux avaient, quant à eux, lâché le général, qui avait pu un temps passer pour leur créature, après avoir assisté à la manifestation de la gare de Lyon. Le 8 juillet 1887, *La Justice* affirmait que cet événement était la « négation de la doctrine républicaine » et que le premier devoir des républicains était « de ne jamais exalter à ce point un individu ».

Il en alla très différemment des droites extrêmes, qui profitèrent du boulangisme pour étendre l'audience de leur message antirépublicain. Elles y mirent leur hostilité constitutionnelle au régime et leur antiparlementarisme en réclamant une révision radicale au profit d'un exécutif fort. Elles y déployèrent aussi leur nationalisme revanchard. Au lendemain des résultats électoraux du 27 janvier 1889, *L'Observateur français* se réjouissait : « Les succès de M. le général Boulanger nous apparaissent comme la défaite des influences jacobines et maçonniques [...][31]. » A la recherche d'une stratégie de rechange depuis 1887, la droite fit le pari Boulanger en espérant maîtriser, on ne savait trop comment, le mouvement enclenché. Les monarchistes renversèrent leur tactique en découvrant des vertus au coup d'État et en se convertissant à la théorie de l'appel

30. Lettre de Paul Lafargue à Friedrich Engels citée par Michel Winock, *La Fièvre hexagonale*, *op. cit.*, p. 123.
31. Victor Nguyen, *op. cit.*, p. 308.

au peuple. Véritable chassé-croisé puisqu'au même moment les bonapartistes se convainquaient des mérites de la conquête électorale[32]. Le boulangisme périt également de ces désaccords.

Il fut plus difficile d'associer l'antisémitisme au nouveau mouvement. Drumont, qui s'était rallié au général, heureux de trouver enfin un Hercule décidé à nettoyer les écuries républicaines, ne parvint jamais à faire entrer dans le programme officiel du comité national le moindre volet antisémite. L'antisémitisme ne fut pourtant pas absent de plusieurs campagnes locales. Pour les élections législatives de 1889, Barrès à Nancy ou le peintre Willette à Montmartre furent parmi ces candidats qui orientèrent toute leur campagne sur ce thème. Le second se présenta purement et simplement comme « candidat antisémite ». Le texte de l'affiche, qu'il avait lui-même dessinée, était particulièrement éloquent : « Les Juifs ne sont grands que parce que nous sommes à genoux ! [...] Levons-nous ! Ils sont cinquante mille à bénéficier seuls du travail acharné et sans espérance de trente millions de Français devenus leurs esclaves tremblants[33]. » L'antisémitisme se présente aussi comme l'agression perpétrée par des dominés (sociaux, politiques, intellectuels) contre un *groupe reconstitué* d'individus auxquels sont assignés les caractères de la domination. Francis Laur, de son côté, ne se fit pas non plus faute d'avertir son électorat. Sur ses affiches, il le mettait bien en garde : « Ne votez pas pour Antoine, candidat de la juiverie financière et de Constans. Antoine, candidat des Juifs et de Constans[34]. » L'organe boulangiste *Le Petit Caporal*, dans son édition du 26 janvier 1889, présenta le général Boulanger comme le défenseur de « la cause du peuple, non comme les *Modérés* qui n'ont jamais pris parti que pour les Juifs et les millionnaires, mais en démocrate convaincu qui ne connaît d'autre maître que la Nation entière ». Après la victoire du général à Paris, *La Croix* du 29 janvier 1889

32. Odile Rudelle, *op. cit.*, p. 196.
33. Musée d'histoire contemporaine-BDIC.
34. Marc Angenot, *op. cit.*, p. 57.

livrait ce commentaire à ses lecteurs : « La franc-maçonnerie doublée de la juiverie vient de subir en plein Paris un laminage de première classe. » Si les deux tiers environ de la presse boulangiste se tinrent toujours éloignés d'un antisémitisme systématique, la dénonciation des Rothschild ou celle de Joseph Reinach, véritable tête de Turc, étaient extrêmement fréquentes. Était-il utile d'en dire plus contre les Juifs ? Quelques organes le pensèrent. *Le Pilori* était tout « empli de rage antisémite » tandis que *La Cocarde*, lancée en mars 1888 par Séverine et Georges de Labruyère, rivalisait avec *L'Intransigeant*, né le 14 juillet 1880, dans ce qui fut une véritable escalade d'antisémitisme[35].

L'idée qui prévaut souvent et fait du boulangisme une vague électorale irrésistible favorisée par le mode de scrutin est sérieusement à revoir. Entre 1887 et 1889, il arriva que, ici ou là, le mouvement essuyât de fâcheuses défaites. Le sens politique de ses résultats est en outre toujours pluriel. D'autant plus qu'il dépend aussi des configurations électorales locales : le boulangisme profite toujours de l'absence de candidats républicains ou conservateurs[36]. Voici le cas des élections partielles du 28 février 1888 : sept départements étaient concernés (Hautes-Alpes, Côte-d'Or, Loire, Loiret, Maine-et-Loire, Marne et Haute-Marne). Sur l'ensemble des circonscriptions, Boulanger obtint près de 12 % des voix, score modeste qui ne correspondait qu'à 7,5 % des inscrits. Les succès du boulangisme étaient directement liés au niveau de participation des électeurs : plus les abstentions étaient nombreuses, plus ses résultats étaient satisfaisants[37]. Ce scrutin peut donner lieu à plusieurs interprétations. Les voix boulangistes ont été la manifestation d'un mouvement protestataire et l'expression « de ceux qui voudraient que " cela change " même s'ils sont très incertains sur la direction du mouvement souhaité[38] ». Naquet, l'un des adjoints les plus vifs

35. *Ibid.*, p. 99-100.
36. Odile Rudelle, *op. cit.*, p. 269.
37. *Ibid.*, p. 199-200.
38. *Ibid.*, p. 199.

du général, ne se trompa pas en créant le 16 mars 1888 un Comité de protestation nationale, chargé d'articuler une stratégie. Encore faut-il remarquer que le vote boulangiste paraît marqué à droite en Côte-d'Or et dans la Marne et à gauche dans le Maine-et-Loire et dans la Loire, où les socialistes de Benoît Malon avaient fait campagne en faveur de Boulanger. Cette confusion est un trait d'époque. La vie politique souffre encore du faible encadrement et de la médiocre information des électeurs. Cette insuffisante structuration profite à ceux qui mettent de la clarté là où les enjeux ne paraissent pas clairs à des électeurs souvent dépassés par les subtilités opposant les radicaux aux opportunistes. Les scrutins ultérieurs confirment ces analyses. En avril 1888, Boulanger obtint, en partie grâce à un faible taux de participation, 40 % des voix en Dordogne et près de 48 % dans le Nord, où il profita de la conjonction des votes ouvriers et conservateurs, comme ce fut également le cas dans l'élection partielle de la Seine en janvier 1889.

La montée électorale du boulangisme, fondée sur une tactique proposée et mise en place par Eugène Thiébaud, un journaliste bonapartiste, fut parfois entaillée par quelques coups d'arrêt. En avril 1888, Boulanger ne put rassembler qu'à peine 9 % des voix dans l'Aude, moins de 3 % dans l'Isère et 1 % en Haute-Savoie. De toute évidence, le boulangisme ne bénéficiait pas encore d'un électorat à l'échelle nationale. Son implantation, encore fragile en province où la presse lui était d'ailleurs plus hostile qu'à Paris, était à parfaire. Il est vrai que, en août, il parvint à franchir les 48 % dans la Somme, son meilleur score. Il n'en demeure pas moins que son électorat était caractérisé par une très grande fluidité qui rend compte de la liquidation politique rapide du boulangisme. Quelques coups de poing sur la table, quelques rumeurs habilement répandues par un ministre de l'Intérieur à poigne, puis une modification du mode de scrutin suffirent à transformer en une petite vague le raz de marée que l'on redoutait. Aux élections législatives de septembre-octobre 1889, il n'y eut que 48 députés boulangistes élus contre 350 républicains et 162 conservateurs. Il est clair que le temps avait manqué au mouvement pour mûrir. Les républicains de gouvernement l'avaient brisé à temps.

« Le boulangisme est composite : outil de protestation, de revanche ou d'espérance, ceux qui veulent l'utiliser n'ont peut-être en commun qu'un adversaire, cette République « ferryste », qui rebute autant les terrassiers de Paris que les avoués de Périgueux, les électeurs radicaux que les fidèles du bonapartisme, les athées du blanquisme que les abonnés à *La Croix*[39]. » Au mélange des projets politiques s'ajoute donc un entrelacs d'aspirations sociales : aristocrates déroutés par les valeurs démocratiques d'un nouvel âge, petits boutiquiers menacés par le capitalisme commercial (Zola avait publié *Au Bonheur des Dames* en 1883), ouvriers déçus par la République opportuniste. Bien des syndicats ne restèrent pas insensibles aux sirènes du révisionnisme. A Marseille et à Bordeaux, les dockers, en butte à la concurrence des travailleurs étrangers, rallièrent le boulangisme. Dans les Vosges, l'un des principaux lieutenants de Boulanger aida à la constitution d'un syndicat dans le bâtiment. Les exemples pourraient être multipliés[40]. En janvier 1889, l'ancien ministre de la Guerre remporta des succès à Saint-Denis comme à Sceaux, dans les quartiers chics des VIIe et VIIIe arrondissements de Paris comme dans ceux, plus populaires, du XVe. A la Goutte-d'Or, à Javel ou à Necker, le général fut élu dès le premier tour. Dans la Seine, les boulangistes eurent 18 élus contre 24 aux gouvernementaux. Ce qu'il restait de patriotard et de révolté dans l'esprit communard trouvait une résonance dans la jactance provocatrice des propagandistes de Boulanger.

Au-delà de ce caractère interclassiste, le mouvement présentait des caractères sociaux communs. Essentiellement urbain (en dépit de quelques départements ruraux comme la Dordogne), il touchait d'abord un « électorat en quête d'identité[41] » dont les

39. Michel Winock, *La Fièvre hexagonale*, *op. cit.*, p. 93.

40. Michelle Perrot, *Jeunesse de la grève. France 1871-1890*, Paris, Éd. du Seuil, coll. « L'univers historique », 1984, p. 55.

41. Odile Rudelle, *op. cit.*, p. 272.

repères habituels s'étaient dilués dans le grand maelström de la modernité. De ce point de vue, le boulangisme a le caractère d'un mouvement réactionnaire et incarne assez bien les valeurs mises en place par les droites traditionnelles au cours des années 1880. Il s'enracine dans tous les milieux déstructurés et résiste mal face à l'opposition de cadres associatifs, politiques et syndicaux, encore assez rares il est vrai, ou religieux. Là où l'Église était forte, le boulangisme reculait. La hiérarchie catholique et quelques grandes figures, comme Albert de Mun, s'étaient en effet tenues à distance d'un mouvement qu'elles appréhendaient mal. Il sera difficile de s'aventurer davantage dans le jeu des interprétations. L'histoire nous apprend qu'il n'est jamais de forces politiques chimiquement pures. Toutes sont composites et fédèrent, toujours provisoirement, des tempéraments et des visions du monde parfois très contraires. Il en est cependant de plus hétéroclites que d'autres et qui entretiennent, en fonction des circonstances, des rapports plus ou moins troubles avec les valeurs républicaines dominantes. Comment en dire plus sans s'égarer dans un dédale de définitions qui n'éclairent nullement les pulsions qui secouent périodiquement les sociétés contemporaines ?

La démocratie a donc son paradoxe : plus elle tolère de transparence, plus elle livre ses faiblesses et plus elle fait le lit de ses ennemis. La République des années 1880 est l'une des bonnes illustrations de cet axiome. Prise dans des difficultés de tous ordres, la République permit à une droite extrême, d'ailleurs hétérogène, de mettre en avant son système de valeurs : nationalisme, xénophobie, antisémitisme, conservatisme, autorité. La formulation politique en fut certes difficile, mais assura à ces thèmes une diffusion massive inconnue jusqu'à ce jour auprès de tous ceux qui faisaient de leur malaise une irrépressible aigreur. L'échec du boulangisme dans sa tentative d'accéder au pouvoir masque un réel succès : celui d'avoir contribué à la popularisation de réponses politiques simples et aisément identifiables. Le mouvement antidreyfusard put s'arc-bouter sans mal sur les références et les codes que les nouvelles droites des années 1880 avaient mis en place. Il leur donna en outre une nouvelle dimension, que les développements de l'Affaire autorisèrent.

Christophe Prochasson

3

Affaire Dreyfus, culture catholique et antisémitisme

Les deux années précédant l'entrée dans le XXe siècle sont celles de tous les dangers : à croire qu'elles constituent l'ultime chance de balayer cette République qui, à travers bien des déboires, parvient peu à peu à rendre légitime aux yeux de beaucoup son propre pouvoir. Cette dernière guerre franco-française du siècle passé qui éclate alors menace d'être la plus violente tant l'affrontement entre les deux France semble imminent, passant insensiblement de la virulente polémique à une possible lutte armée. Comme au temps de la Commune, les conditions sont réunies pour un embrasement total à travers lequel se jouerait moins une opposition entre des classes sociales qu'un conflit, peut-être encore plus essentiel, portant sur le contenu de l'identité nationale, sur ses valeurs : la société française accepte-t-elle de se reconnaître dans les valeurs positivistes et universalistes de la République, s'ouvrant ainsi sans discrimination à tous pour peu qu'ils respectent ses lois et agissent en citoyens loyaux, ou cherche-t-elle à revenir au pacte originel, au sacre de Reims, à son fondement catholique, quitte à exclure tous ses autres fils ? Plus que le boulangisme qui s'apaise à peine, ces années cruciales sont lourdes de menaces : il ne s'agit plus seulement de réviser la Constitution ou de contester encore la domination trop lourde des « nouvelles couches » qui s'y identifient en se lançant dans une mobilisation populiste en laquelle bien des acteurs sociaux, d'un bord politique ou d'un autre, peuvent se reconnaître. Ce dont il est question cette fois est autrement vital car, à travers l'affaire Dreyfus, c'est la question elle-même du fondement de la communauté politique qui se trouve posée.

L'enjeu est clair : il porte peut-être moins sur la réalisation d'un type de socialisme ou encore sur la mise en œuvre d'un autoritarisme sous ses formes les plus opposées, du bonapartisme traditionnel jusqu'au boulangisme, ou encore au fascisme futur. Il concerne évidemment encore moins la seule question du régime politique, bête noire du boulangisme et de ses alliés, d'où qu'ils viennent. Même si, à des degrés divers, ces questions conservent leur actualité, cette fois l'enjeu principal est autre : il s'agit de se battre pour établir aux yeux de tous la signification de l'exceptionnalisme de l'identité française, de définir maintenant et une fois pour toutes sa nature, soit en la tournant vers l'universalisme, soit au contraire en la réduisant à une culture appréhendée de manière quasi biologique – le temps des ligues en est l'expression. Et, dans ce sens, ce tournant du siècle préfigure peut-être moins les affrontements des années trente que ceux de l'époque contemporaine, concernant à nouveau avant tout le fondement de l'identité nationale. A une époque comme à une autre, même si les enjeux sociaux restent vivaces, suscitant parfois des alliances entre des populismes situés de part et d'autre de l'échiquier politique, ainsi que des rapprochements inattendus entre idéologies rivales, il s'agit donc de savoir avant tout qui, dans une société toujours ancrée dans le catholicisme, peut bénéficier, au sens plein du terme, de la qualité de citoyen ; dans ce sens, la société française tolère-t-elle ou non en son sein la constitution d'un espace public, d'un lieu du politique distinct et auquel tous, quelles que soient leurs croyances, peuvent avoir accès ? Après l'échec du boulangisme et aux lendemains d'un lent et prudent ralliement (1892) de certains catholiques à la République, rendant possible l'expérience stabilisatrice du long gouvernement Méline (1896-1898), les stratégies paraissent brutalement changées et tout semble redevenir possible.

Les premiers jours de 1898 illustrent d'emblée le désaccord profond quant à la réponse à apporter à ces questions cruciales. Le 10 janvier, Esterhazy ayant été déclaré non coupable –

décision motivée par la nécessité de maintenir intouchées les traditions propres à la société française —, le 13, c'est le coup de tonnerre du « J'accuse » de Zola; le lendemain est publié ce qu'on appelle le premier Manifeste des intellectuels, signé par Anatole France et une pléiade d'agrégés de l'Université, au nom du respect de la vérité, de la justice et de l'universalisme. Les événements se précipitent : en février, près de deux cents députés demandent au gouvernement de mettre un terme à la domination qu'exercent selon eux les Juifs dans diverses administrations de l'État; Jules Guérin, chef de la Ligue antisémitique française, invite quant à lui, au cours de ce même mois, les paysans français à s'inspirer des événements de Galicie où l'on n'hésite pas à brûler les Juifs vivants. Sur l'ensemble du territoire, de même qu'en Algérie, éclatent, en janvier et février, de véritables émeutes antisémites d'une extrême violence, telles que la France n'en a peut-être jamais autant connu dans son histoire, les ligues attisant partout le feu, poussant à la mobilisation par une activité locale incessante et une presse massivement distribuée. Au milieu de ces événements, Jules Guérin crée, en avril, un nouveau journal, *L'Anti-Juif*; les élections législatives de mai apportent aux droites radicales une première grande victoire qui permet, pour la première fois, la constitution à la Chambre des députés d'un groupe se réclamant officiellement du seul antisémitisme : la poussée des droites extrémistes atteint, par cette véritable consécration, son point culminant. En août, le lieutenant-colonel Henry, convaincu de faux, se suicide, et en octobre est déclenché le processus de révision du procès de Dreyfus. Pour clôturer cette année-tournant, le 29 décembre la reconstitution de la Ligue des patriotes se trouve déclarée tandis que le 31, en réponse au Manifeste des intellectuels, une pétition hostile au dreyfusisme, destinée à maintenir les « traditions de la Patrie française », donne naissance à la Ligue de la patrie française. En décembre encore, *La Libre Parole* lance la souscription dite « du monument Henry » et, ce même mois, Maurice Pujo appelle pour la première fois à une « action française » qui prendra véritablement forme en juin 1899. Dès lors, l'histoire paraît se répéter sur un mode cette fois tout aussi tragi-comique : à la tentative de coup d'État de février 1889 succède, en août 1899, un nouvel essai de renversement du pouvoir qui échoue tout aussi piteusement, l'armée refusant, lors des obsèques de Félix Faure, de prêter son concours aux factieux de Déroulède. Avec le cabinet Waldeck-Rousseau et l'action déterminée du préfet Lépine, la République parvient à imposer son autorité, emprisonne un grand nombre de dirigeants des ligues, réussit à réduire sans peine la résistance haute en couleur du fort Chabrol menée par Guérin, et limite pour un temps l'action déterminée des ligues. Dès lors, tout paraît joué.

On aurait pourtant tort de le croire : si le temps des ligues semble s'éloigner, leurs militants restent présents et participent à bien d'autres mobilisations, soutenues bientôt par l'organisation de l'Action française, certes encore réduite mais qui va prendre la place, peu à peu, des ligues elles-mêmes et poursuivre, de manière encore plus systématique, leur mobilisation hostile à la République. Pour l'heure, d'autres causes se font jour qui illustrent toujours la persistance cruciale d'un même enjeu, celui de la nature de l'identité française : les lois de séparation de l'Église et de l'État, par exemple, provoquent alors d'innombrables luttes nationales et locales sur lesquelles il importera de revenir, tant elles paraissent prolonger le conflit né de l'affaire Dreyfus en suscitant mobilisations et contre-mobilisations destinées toujours à donner un sens spécifique à l'identité française à travers la délimitation de son espace public. Dans ce sens, le « renouveau nationaliste [1] » ne se limite pas à l'action nationaliste des partis dorénavant dominants qui prendraient finalement à leur compte les valeurs propagées par les ligues : celles-ci sont toujours présentes, soit, de manière presque insaisissable, à travers leurs anciens militants, soit à travers l'Action française, à laquelle bien des anciens dirigeants des mouvements extrémistes

1. Eugen Weber, *The Nationalist Revival in France. 1905-1914*, Berkeley, University of California Press, 1968.

finissent par se rallier en demeurant fidèles à leurs idéaux et, en tout premier lieu, à l'antisémitisme. De manière symbolique, Déroulède, qui a animé aussi bien les mobilisations de 1888-1890 que celles de 1898-1899, meurt le 30 janvier 1914. Ainsi se clôt cette période agitée, d'autant que la guerre impose maintenant l'union sacrée des diverses familles de France : on appellera pourtant à d'autres mobilisations, une fois terminé ce conflit, qui prolongeront les combats engagés par ces ligues contre l'universalisme républicain.

Le temps des ligues

Quelles sont donc ces ligues qui prennent en charge l'action collective, comment sont-elles organisées pour se révéler soudain si efficaces, quels liens entretiennent-elles entre elles par-delà leur apparente spécificité idéologique ? La plupart d'entre elles, contrairement à la Ligue de la patrie française, sont nées avant 1898, dans la période intermédiaire entre la fin du boulangisme, l'effacement relatif de la Ligue des patriotes et le déclenchement de l'affaire Dreyfus : la lutte sitôt engagée, elles sont donc prêtes à passer à l'action. Ainsi, pour préparer activement les élections législatives de mai, l'Union nationale, dirigée par l'abbé Garnier et soutenue par le Vatican et un grand nombre d'évêques, applique à sa manière la stratégie du Ralliement, accentuant davantage encore son étroite collaboration avec la Ligue antisémitique française dirigée par Jules Guérin. A Roanne, la section locale de la Ligue antisémitique est ainsi créée par des membres de l'Union nationale ; à Grenoble, ces deux organisations fusionnent ; partout, elles agissent de concert. Dans le même sens, Édouard Dubuc, chef de la Jeunesse antisémite, appartient à l'Union nationale et ne cache pas ses liens avec la Ligue antisémitique française. Ces ligues, ainsi que toutes celles, fort nombreuses, qui leur sont directement affiliées, n'hésitent pas à travailler main dans la main avec d'autres organisations considérées comme plus modérées ou encore de bords politiques plus éloignés : ainsi, Déroulède préside, en octobre 1898, un banquet de l'Union nationale auquel viennent se joindre des membres de la Ligue des patriotes ; et, toujours en cette même année, des contacts très étroits sont par ailleurs noués tant avec les royalistes qu'avec les bonapartistes, ce rapprochement avec d'autres organisations extrémistes menant, un temps, ces différentes droites radicales vers une forme toute particulière de « ralliement » musclé et nationaliste qui trouve son commun dénominateur dans l'antisémitisme comme forme d'une future communauté imaginaire. Le catholicisme sert de drapeau à cette sainte alliance contre nature entre des organisations politiques aux origines idéologiques si diverses, alliance de fait consacrée officiellement par Maurice Barrès ou Jules Lemaître et, bientôt, Charles Maurras, soutenue quotidiennement avec zèle aussi bien par *La Libre Parole* que par *La Croix* et ses innombrables versions locales, et mise en œuvre par une véritable armée de militants dévoués, pour la première fois solidement organisée au niveau local.

Dans ce sens, l'Union nationale, bien plus que toute autre ligue, joue un rôle crucial de rapprochement des uns et des autres. Créée officiellement en 1893, cette organisation catholique nationaliste, dont la doctrine sociale est plus que conservatrice, accepte néanmoins la stratégie du Ralliement tout en faisant preuve sans cesse d'un antisémitisme virulent[2]. Son règlement général (1897) instaure un comité central situé à Paris ainsi que des comités régionaux, départementaux et locaux ; de structure souple, son organisation favorise l'action locale autonome des militants, dont les réunions hebdomadaires sont supposées nombreuses. Seuls les catholiques peuvent en devenir membres. Rapidement des comités locaux importants se constituent aussi bien à Lyon qu'à Rennes, Aix, Marseille, etc. En

2. Voir Stephen Wilson, « Catholic Populism in France at the Time of the Dreyfus Affair : The Union nationale », *Journal of Contemporary History*, vol. 10, n° 4, oct. 1975.

1898, de semblables comités existent dans trente-cinq départements et dans chaque arrondissement de Paris en dehors du VIe et du XVIe. A la fin des années 1890, la police estime ses membres actifs à 12500. Ouvertement républicaine, cette ligue entend pourtant défendre le « citoyen catholique » et se destine à la rechristianisation de la France : en 1898, quatre seulement des vingt-trois directeurs des comités régionaux ne sont pas ecclésiastiques. Un certain nombre d'organisations lui sont rattachées : la Jeunesse de l'Union nationale, l'Union nationale ouvrière, la Ligue de l'Évangile, le Cercle d'apologétique sociale, etc. Son journal, *Le Peuple français*, fondé en 1893 et soutenu par *La Croix*, finira par se fondre, en 1910, avec *La Libre Parole* de Drumont, dont on connaît la forte notoriété dans les milieux catholiques de province. Comme on l'a noté, l'Union nationale agit en commun avec de nombreuses ligues antisémites et met son organisation fort efficace à leur service : ainsi, lors des élections de 1898 ou de 1902, de même que pour les municipales de 1900, l'implication de ses comités locaux et régionaux se révèle décisive. Dès 1893, l'abbé Garnier se déclare ouvertement en complet accord avec Édouard Drumont, l'Union nationale faisant preuve d'emblée d'un antisémitisme systématique, condamnant la race juive au nom de considérations biologiques fondées sur le sang et souhaitant, du même coup, exclure les Juifs d'un espace public considéré comme devant être strictement chrétien. En 1896, l'abbé Garnier définit explicitement son organisation comme une « ligue antijuive ». Une pétition antimaçonnique est lancée en 1899 par l'Union nationale, réunissant 170000 signatures. « La France aux Français ! », « Mort aux Juifs ! », crie-t-on, en avril 1900, dans ses meetings tenus à Paris où l'on applaudit aussi Jules Guérin, le leader de la Ligue antisémitique française. Ce populisme proprement catholique joue donc sa partie dans le combat antidreyfusard généralisé, d'autant qu'il peut s'appuyer sur des formes d'action collective des plus diverses, telles celles menées spécifiquement par les femmes catholiques et organisées tant par l'Union nationaliste des femmes françaises que par le Cercle catholique des dames ou encore la Ligue patriotique des Françaises – organisations n'hésitant pas, les unes et les autres, à faire montre à cette occasion d'un antisémitisme déclaré[3].

Proche de l'Union nationale, la Ligue antisémitique française dirigée par Jules Guérin est fondée en février 1897 ; elle prend la suite de la Ligue antisémitique de France créée en 1889 par Édouard Drumont lui-même, dont on a aussi noté les liens étroits avec l'abbé Garnier. En avril 1899, la Ligue antisémitique française change de nom et devient le Grand Occident de France. Jules Guérin a été l'ami et le lieutenant du marquis de Morès, célèbre pour les actions violentes menées à l'aide de ses bouchers de La Villette : on sait qu'il se présentait comme « catholique avant tout » et que sa canne de sept livres à boule de bronze dont il se servait avec dextérité au cours de ses expéditions, entre 1890 et 1897, « était, dans les sacristies, vénérée à l'égal de Durandal ; il apparut aux catholiques comme un autre Bayard, une autre Jeanne d'Arc » (Pierre Pierrard) ; il meurt en 1896 et la messe en son souvenir est prononcée le 6 juin 1897, à la Madeleine, devant une foule immense[4]. Avant de s'éloigner de Drumont, pour des raisons personnelles dues à leur rivalité au sein du mouvement antisémite, et de fonder en août 1898 son propre journal, *L'Anti-Juif*, Guérin anime en mai à Alger sa campagne électorale, au terme de laquelle l'auteur du célèbre brûlot *La France juive* pense véritablement triompher en devenant pour la première fois député. D'après le témoignage du préfet Lépine lui-même, l'organisation dirigée par Guérin est la plus disciplinée de toutes les ligues, celle qui constitue la force de combat la plus redoutable que doive affronter la police. Même si l'on trouve parmi ses militants des socialistes et des blanquistes boulangistes, même si certains de ses mots d'ordre font référence

3. Sylvie Fayet-Scribe, *Associations féminines et Catholicisme*, Paris, Éditions ouvrières, 1990.

4. Sur le marquis de Morès et ses bandes antisémites, voir R.F. Byrnes, *Antisemitism in Modern France*, New Brunswick, Rutgers University Press, 1950; et Pierre Pierrard, *Juifs et Catholiques français*, Paris, Fayard, 1970, p. 138 *sq*.

au socialisme et aux luttes sociales, dénonçant les monopoles et les spéculateurs juifs, même si beaucoup de ses membres se réclament de l'anticléricalisme et refusent de s'appuyer sur le camp catholique afin de préserver une participation populaire nullement négligeable dans ses rangs, cette ligue agit en réalité main dans la main avec l'Union nationale et nombre de ses dirigeants sont des militants catholiques. En province, à Rennes par exemple, le siège local de la Ligue antisémitique de France se trouve dans les locaux de *La Croix*, et à Roanne, on l'a noté, sa section locale est mise sur pied par des militants de l'Union nationale. A Sainte-Foy-la-Grande, le correspondant local de la ligue est un abbé ; de même, à Saint-Étienne, à Toulouse ou à Nevers, la Ligue antisémitique s'appuie surtout sur des organisations catholiques locales. En 1901, l'abbé Duvaux succède à Guérin à la tête d'une ligue affaiblie[5]. Comme l'Union nationale, la Ligue antisémitique de France consacre une grande partie de ses forces à exclure les Juifs de l'espace public français. En juillet 1898, la police estime ses effectifs à 11 000 militants ; la ligue possède des sections dans presque tous les arrondissements de Paris, tout particulièrement dans le XIe, où la population juive est assez bien représentée. Ses militants exercent le plus souvent des activités liées au commerce et aux affaires ou encore appartiennent aux professions libérales ; nombre d'entre eux sont membres de l'Église. Parmi ses dirigeants, on trouve souvent des personnes de haut niveau social et parfois d'origine catholique. La ligue possède des sections dans cinquante-deux départements ; certaines sont très solidement constituées — à Nancy par exemple, où elles comptent 2 800 membres ; plusieurs de ses dirigeants provinciaux sont des catholiques actifs, comme à Poitiers, Toulouse ou encore Nevers. Son organisation

5. Voir Stephen Wilson, *Ideology and Experience, Antisemitism in France at the Time of the Dreyfus Affair*, Londres, Associated University Press, 1982, chap. 6. Sur ce point, voir aussi Zeev Sternhell, *La Droite révolutionnaire, 1885-1914. Les origines françaises du fascisme*, Paris, Éd. du Seuil, 1972, p. 226 *sq.*, et Michel Winock, *Nationalisme, Antisémitisme et Fascisme en France*, Paris, Éd. du Seuil, coll. « Points Essais », 1990, p. 316 *sq.*

demeure peu structurée et, en l'absence de tout comité exécutif, elle reste étroitement dépendante de la volonté de son chef. Les sections locales n'ont guère d'autonomie et les rencontres entre les militants demeurent irrégulières. Bénéficiant toutefois d'une importante aide financière, provenant par exemple, depuis août 1898, du mouvement royaliste, le siège de la rue Chabrol est particulièrement bien pourvu en moyens : il dispose, chose rare à l'époque, d'un circuit interne de téléphone, d'une imprimerie ultra-moderne ; ses dirigeants se rendent souvent en province à bord de divers véhicules motorisés. Ainsi organisés et particulièrement désireux d'en découdre, encadrés de façon quasi militaire, protégés par une recherche absolue du secret, les membres de cette ligue agissent de manière violente, recherchant l'affrontement, provoquant de manière systématique le désordre, manipulant les manifestations, les transformant chaque fois en de nouvelles luttes avec la police, attaquant enfin sans relâche, partout où ils le peuvent, les Juifs. La Ligue antisémitique de France, on y reviendra plus loin, va sans cesse se trouver à l'avant-garde du combat antidreyfusard, ses troupes rejoignant parfois celles des autres ligues pour tenter, par exemple avec Déroulède, lors des obsèques de Félix Faure, de marcher en compagnie de l'armée sur l'Élysée. Un peu plus tard, après l'agression aux courses d'Auteuil du président Loubet, Waldeck-Rousseau décidant de mettre un terme à l'action séditieuse des ligues, leurs dirigeants sont arrêtés : Jules Guérin quant à lui échappe aux policiers, s'enferme dans son fort Chabrol ; le siège se termine six semaines plus tard dans la dérision.

Proche de ces deux ligues, la Jeunesse antisémite et nationaliste s'est constituée en avril 1894, sous le double patronage de Drumont et du marquis de Morès. A l'automne 1896, Édouard Dubuc devient son chef : c'est lui qui, dès cette époque, et en accord avec les troupes de Guérin, organise les premiers meetings antidreyfusards. Créée à l'origine sous l'appellation de Jeunesse antisémitique, devenue Jeunesse antisémitique de France vers la fin 1897, elle prend ce nom de Jeunesse antisémite et nationaliste durant l'été 1899 pour se transformer enfin, en mai 1901, en Parti national antijuif[6]. De structure très souple, fortement décentralisée elle aussi, elle n'a qu'un programme : la guerre à outrance aux Juifs. Son chant de guerre est simple : « Chassons tous les Youpins / A grands coups de gourdin. » Regroupant environ 300 militants décidés à Paris, présente surtout dans les quartiers de l'Étoile, de la Bastille et du Louvre, cette ligue, qui édite le journal *Le Précurseur*, semble particulièrement active dans vingt-deux villes de province, notamment à Marseille, Lille, Rouen ou Saint-Étienne, mais également dans les milieux ruraux comme à Meaux, Issoudun, Elbeuf ou Langres. Les fédérations les plus solides sont celles de Normandie, du Midi, de Bourgogne ou d'Algérie. Proches de Guérin, ses membres sont également liés à l'Union nationale et certains de ses dirigeants appartiennent aussi à des organisations catholiques. Nombre de ses militants sont en même temps associés au mouvement royaliste et fréquentent la Jeunesse royaliste. A Caen, par exemple, le local utilisé par la Jeunesse antisémite et nationaliste est connu comme étant celui du Groupe d'action française. Les rapports avec l'Église sont là aussi loin d'être négligeables : ainsi, le fondateur du groupe de Caen est l'abbé Masselin, directeur de *La Croix du Calvados*. A Lille ou à Valenciennes, ce sont les Chevaliers de la Croix qui en sont l'élément le plus combatif, des étudiants de la « Catho » de Lille rejoignant également ce mouvement. Au Havre, l'un des dirigeants catholiques les plus en vue, Flavien Brenier, est un militant qui est en même temps secrétaire de la Jeunesse royaliste et du comité local de la Jeunesse antisémitique. Fondée essentiellement par des étudiants catholiques, cette ligue est ensuite rejointe surtout par des employés et des commerçants. Elle contrôle elle aussi plusieurs organisations satellites, tels le Cercle antisémitique d'études sociales, la Fédération antisémi-

6. Voir Bertrand Joly, « The Jeunesse antisémite et nationaliste. 1894-1904 », *in* Robert Tombs (dir.), *Nationhood and Nationalism in France. From Boulangism to the Great War. 1889-1918*, Londres, Harper & Collins, 1991. Voir aussi le très riche dossier AN F7 12459.

tique des lycées créée en juillet 1900, ou encore la Jeunesse républicaine nationaliste fondée en 1901. Bien que ses rapports avec la Ligue antisémitique de France dirigée par Jules Guérin soient également difficiles à cause de leur caractère compétitif, leur combat reste identique et leurs alliés sont souvent semblables : ces deux ligues, proches mais néanmoins rivales, trouvent en particulier un accueil très favorable auprès de la Ligue des patriotes. Ensemble, ces groupes s'engagent dans des actions violentes hostiles aux dreyfusards et propagent, en France comme en Algérie, l'antisémitisme. Dubuc ayant été élu, en mai 1900, au conseil municipal de Paris, la Jeunesse antisémite et nationaliste se transforme, à la veille des élections de 1902, en un Parti national antijuif, avant de décliner lentement. La formation de ce parti, sous les présidences d'honneur de Drumont, d'Henri Rochefort et de Firmin Faure, n'en est pas moins intéressante par le regroupement auquel celui-ci tente de donner naissance : à son congrès fondateur, 153 groupes sont ainsi représentés. Des incidents très violents éclatent et des affrontements brutaux se produisent avec les militants du Comité national antijuif de Drumont. La ligue de Dubuc cesse d'exister en 1904, ses militants rejoignant souvent la Ligue des patriotes. Après le retour de Déroulède, en 1905, Dubuc anime sa campagne électorale en Charente. Plus tard, il se rapproche de l'Action française. Préfiguration des Camelots du Roi, cette ligue qui se prétend républicaine et se réclame parfois, elle aussi, du socialisme trouve en réalité, comme d'autres, sa raison d'être dans l'antisémitisme.

Comme on l'a noté, Drumont anime, à des degrés divers mais sans en être directement responsable, ces différentes ligues. Lui-même a créé, en 1901, le Comité national antijuif qui se transforme, après l'échec aux élections de 1902, en une Fédération nationale antijuive (1903), laquelle tente, en vain, de regrouper l'ensemble des organisations antisémites. Ses statuts méritent d'être examinés de plus près : aux fins de construire une « grande mutualité française », « il est formé entre les Français non juifs une ligue qui prend le nom de Fédération nationale antijuive ». Elle se propose de « combattre les influences pernicieuses de l'Oligarchie judéo-financière au complot occulte » ; son comité exécutif comprend Édouard Drumont, Ed Archdeacon, Léon Daudet, Firmin Faure, Gaston Méry, etc. Les groupes locaux de douze adhérents constituent un bureau, les groupes locaux et régionaux étant contrôlés par le comité exécutif. Après avoir présenté ces statuts, le président s'exclame : « par la comédie infâme qui vient de se jouer au profit du traître Dreyfus, vous venez de voir une fois de plus que le Juif a la prétention d'être notre maître, qu'il n'y a pour le Juif ni loi ni justice... Marchons donc ensemble, la main dans la main contre le Juif. Il nous manque pour être victorieux une organisation solide, puissante et hardie. Créons-la[7] ».

Ce fourmillement presque infini de groupes antisémites rivaux capables de mobiliser des militants finalement assez peu nombreux, mais violents et décidés, paraît sans limites. Mentionnons encore l'existence à Poitiers d'une Ligue antisémitique du commerce poitevin (1896), à Rennes la création d'un Groupe antisémitique nationaliste rennais (1899), à Nantes la formation de la Ligue patriotique antisémite de Nantes, à Alger le rôle important de la Ligue antijuive (1892), ou encore, à Paris, l'action de la Ligue radicale antisémitique (1892), destinée à rapprocher les hommes de Drumont et les ex-boulangistes, ainsi que celle du Groupe des étudiants antisémites (1896) qui se propose de se « débarrasser du Juif qui joue dans le corps social le rôle du ténia dans le corps humain ». Celle encore des organisations qui se veulent très disciplinées mais n'en demeurent pas moins farfelues, comme l'Alliance antijuive dont sont seuls exclus « les Juifs, les renégats Juifs, les Judaïsants avérés, les Francs-maçons » ; structurée en groupes, sections et légions, cette ligue plus ou moins fantomatique se propose de détruire la « République Judéo-maçonnique » et diffuse parmi ses membres, pour faciliter leur propre auto-identification, un médaillon doré au mercure ou doublé or fin sur lequel figurent, au recto,

7. AN F7 12459.

« Édouard Drumont traitant le Juif comme il le mérite » ainsi que la devise de *La Libre Parole*, et, au verso, la devise de l'Alliance antijuive[8]. A la même époque se constituent également plusieurs ligues antimaçonniques et catholiques qui se joignent elles aussi à l'action antisémite : au tournant du siècle, entre 1897 et 1913, sont créés le Comité antimaçonnique de Paris, la Ligue française antimaçonnique, le Conseil antimaçonnique de France, le Franc catholique, la Ligue de défense nationale contre la franc-maçonnerie, autant d'organisations qui apportent leur aide aux mouvements nationalistes et dont les membres fréquentent également les ligues proprement antisémites. La plupart de ces ligues se posent elles aussi en défenseurs de l'identité catholique de la société française, plusieurs de leurs fondateurs ayant même été d'abord membres de divers ordres religieux[9].

En dehors de ces multiples ligues concurrentes mais demeurant en étroite symbiose, ensemble qui donne véritablement à cette période agitée sa couleur réelle tant elles diffusent par leurs écrits et leurs actions un antisémitisme destiné à cimenter, à travers tout le pays, une nouvelle communauté imaginaire, il faut encore indiquer la présence des groupes bonapartistes, dont l'action s'assimile, en ces années 1898-1899, à celle des ligues précédentes. Une véritable alliance est nouée à cette occasion : les bonapartistes et les membres de la Jeunesse antisémite et nationaliste, ou encore ceux de la Ligue antisémitique française, participent ensemble au congrès scellant la renaissance de la Ligue des patriotes. L'antisémitisme sert de point de convergence ; les Jeunesses plébiscitaires bonapartistes participent alors à la mobilisation nationaliste et peuvent à leur tour être assimilées à une véritable ligue. Même si le prince Victor, par souci d'unité nationale, rejette rapidement les excès antisémites de l'époque et s'éloigne de la stratégie commune aux nationa-

8. Voir Stephen Wilson, *op. cit.*, p. 197-199, ainsi que le dossier AN F7 12459.

9. Sur ces organisations antimaçonniques antérieures à 1914, voir le *Bulletin de la Société Augustin-Barruel*, n° 8, 1981.

listes, certains groupes bonapartistes persistent à s'engager aux côtés des mouvements nationalistes : ainsi, les Étudiants plébiscitaires joignent leur force à celle de la Fédération des jeunesses républicaines patriotes, et même à celle de l'Action française, lors des multiples affrontements de l'époque (affaires Thalamas, Bernstein, etc.) ou lors des défilés nationalistes devant la statue de Jeanne d'Arc [10]. De même, les royalistes rejoignent ce combat antisémite : après beaucoup d'hésitations, le duc d'Orléans lui-même en vient, dans ses déclarations, à faire écho aux doctrines de Drumont et de Barrès, mettant à son tour en lumière l'existence d'une question juive en France ; le camp royaliste tente de se rapprocher du républicain Déroulède puis de Jules Guérin, le chef de la Ligue antisémitique ; dans ce sens, sous l'influence du comte Édouard de Lur-Saluces, l'espoir de pouvoir utiliser la mobilisation nationaliste en faveur du rétablissement de la monarchie pousse à nouveau les royalistes, comme au temps de l'agitation boulangiste, dans le camp antidreyfusard, où ils rejoignent les ligues et s'associent parfois à leurs violentes actions. La Jeunesse royaliste intervient à leurs côtés. Au nom du roi, mais aussi de l'Église, on assiste alors à un ralliement tactique au nationalisme, à un rapprochement avec les autres ligues et, en particulier, avec la nouvelle Ligue des patriotes ou avec la Ligue de la patrie française. Là encore, c'est surtout la période postérieure au boulangisme qui préfigure l'entrée ouverte dans l'antisémitisme : en janvier 1890, par exemple, lors de la campagne électorale particulièrement violente menée par le boulangiste Francis Laur au nom d'un antisémitisme radical, Drumont, mais aussi le marquis de Morès, royaliste et populiste dont la vie est tout entière vouée à l'action antisémite, de même que nombre d'aristocrates amis intimes du duc d'Orléans ne cachant pas leur entière approbation [11]. Lors

10. Bernard Ménager, « Nationalists and Bonapartists », *in* Robert Tombs (dir.), *op. cit.*

11. William Irvine, *The Boulanger Affair Reconsidered. Royalism, Boulangism and the Origins of the Radical Right in France*, New York, Oxford University Press, 1989, chap. 6.

des élections de 1902, par exemple, en Meurthe-et-Moselle, les monarchistes constituent un comité conservateur qui s'engage dans une lutte commune contre la gauche aux côtés de la Ligue de la patrie française, de la Ligue antisémite et de l'Union catholique [12] ; cet exemple local est significatif car il montre amplement l'existence d'une stratégie commune aux diverses ligues qui, par-delà les divergences et les rivalités, impose finalement une action identique.

On a à plusieurs reprises remarqué que les militants des différentes ligues antisémites rejoignent fréquemment, au cours de leur carrière, le camp royaliste. Avec la formation de l'Action française, qui finira peu ou prou par prendre la place de toutes ces ligues désunies et mouvantes, le rapprochement entre républicains et royalistes se réalisera toujours plus au nom précisément de l'antisémitisme comme formule d'unification d'une nouvelle communauté française et catholique autrement trop divisée. L'Action française émerge elle aussi dans ce contexte de l'affaire Dreyfus : l'article de Maurras paru dans *La Gazette de France* du 6 septembre 1898, « Le premier sang de l'affaire Dreyfus », constitue une apologie du geste du colonel Henry et marque la naissance de ce mouvement. Comme le soulignent, quelque trois mois plus tard, dans cette même revue, les Jeunesses royalistes, la nation est dorénavant séparée en deux : « d'un côté, la vraie France et l'Armée, de l'autre, la République et les Juifs ». Le 19 décembre, Pujo appelle à une « action française » ; le premier comité de l'Action française surgit en avril 1899, Maurice Barrès s'y ralliant dès cette date. Cette nouvelle ligue voit vraiment le jour lors de la réunion publique du 20 juin 1899, la *Revue de l'Action française* étant créée en juillet de cette même année. La Ligue d'Action française se structure définitivement au début de 1905. L'Institut d'Action française, institution particulièrement novatrice dans les rangs nationalistes, se trouve quant à lui inauguré en février

12. William Serman, « The Nationalists of Meurthe-et-Moselle. 1888-1912 », *in* Robert Tombs (dir.), *op. cit.*, p. 130.

1906 : c'est là que se forment les futurs militants de la doctrine royaliste, qui y apprennent les théories nationalistes ou régionalistes, les diverses tendances du catholicisme, etc. Dom Besse, par exemple, y enseigne, attaquant violemment les Juifs, les francs-maçons et les protestants : en décembre 1911, devant 2000 personnes assistant au IVe congrès de l'Action française, il s'en prend aux Juifs et salue le clergé et l'Église dans son ensemble. Le quotidien sera fondé en 1908, année durant laquelle apparaissent au grand jour ceux qui vont tant faire parler d'eux jusque dans les années trente, les Camelots du Roi, militants qui se recrutent souvent parmi les étudiants de la Catho de Paris[13]. Entre 1899 et 1906, l'Action française s'affirme rapidement comme la force motrice du camp nationaliste décimé par les élections de 1902 et 1906 ; à ses yeux, il n'est pas question de se soumettre au suffrage universel.

Pour Charles Maurras, le théoricien du « nationalisme intégral », seule une action motivée par les intérêts de la France peut l'emporter dès 1899, en fonction de son identité catholique : on prévoit déjà de mettre un terme à la présence des protestants, des Juifs et des francs-maçons. La lutte contre les « quatre États confédérés » est rapidement engagée au nom du roi mais aussi, là encore, de la foi catholique. Charles Maurras voit d'ailleurs dans le catholicisme la « religion nationale » de la France. Dès août 1900, Henri Vaugeois, qui clame haut et fort sa foi catholique, exprime sa répulsion « quasi physique pour le Juif et sa peau ». Cet élément est crucial et renforce encore la spécificité de cette mobilisation nationaliste du tournant du siècle : comme Charles Maurras l'écrira dans l'*Action française* du 4 janvier 1911, « il sera temps, un de ces jours, de montrer combien c'est en fonction du programme antisémite que tout le reste du programme nationaliste et monarchiste pourra passer de la concep-

13. Voir surtout Eugen Weber, *L'Action française*, Paris, Stock, 1964. De même, Pierre Pierrard, *op. cit.*, p. 170 *sq.* ; Stephen Wilson, « L'Action française et le mouvement nationaliste français entre les années 1890 et 1900 », *Études maurrassiennes*, 1980, n° 4 ; et Victor Nguyen, *Aux origines de l'Action française*, Paris, Fayard, 1991.

tion à l'exécution ». Considérons, par exemple, la réunion organisée par l'Action française dès le 17 décembre 1899 : tenue sous la présidence d'Édouard Drumont assisté d'Henri Vaugeois, elle témoigne d'entrée de jeu de l'étroite connivence qui s'instaure entre l'équipe de Drumont, contrôlant plus ou moins l'ensemble des ligues antisémites, et le tout nouveau mouvement royaliste. Dans l'assistance figurent de nombreux membres de la Ligue antisémitique ainsi que des adhérents de la Jeunesse antisémite. Une ovation est faite à l'arrivée de Drumont et l'on crie : « Mort aux Juifs ! » Henri Vaugeois, le fondateur de l'Action française, félicite Drumont, « ce lutteur infatigable qui a su jeter un cri d'alarme contre le péril juif et le danger qu'il fait courir au pays [...]. Les sentiments français ont été réveillés et un grand mouvement français et nationaliste se produit ». Drumont souligne à son tour comment « l'affaire Dreyfus nous a montré le Juif dans toute son horreur ». « Vive Drumont, Vive Déroulède, Vive Guérin, Mort aux Juifs ! », s'écrie-t-on de toutes parts dans cette assemblée tout acquise aux idées de l'Action française, tandis que Copin-Albancelli fait « appel aux catholiques nationalistes, antisémites et monarchistes pour assurer le salut de la France ».

Une sorte de symbiose se manifeste partout entre les premiers groupes d'Action française et certaines ligues antisémites : à Caen, par exemple, on assiste à la création d'un groupe d'Action française de la jeunesse antisémite animé par plusieurs abbés. Dans le même sens, l'abbé Garnier ainsi que plusieurs prêtres participent à une autre réunion de l'Action française où Léon Daudet appelle à la défense de la religion catholique et à la guerre contre les Juifs, tandis qu'éclatent de toutes parts : « Vive le roi ! Vive l'empereur ! Mort aux Juifs ! » La présence de prêtres dans ces assemblées rassemblant souvent plusieurs milliers de personnes est d'ailleurs régulièrement signalée dans les rapports de police. De même, à une réunion organisée par le groupe des étudiants de l'Action française, le 22 janvier 1908, l'orateur principal fait un portrait dithyrambique de Drumont : « il a démasqué l'ennemi juif ; Drumont est un type entier ; il n'est pas catholique comme ci comme ça : il est catholique tout court. Aux feux de son amour pour l'Église maltraitée, son nationalisme s'est purifié ». A la fin de ces réunions publiques, l'assemblée reprend souvent en chœur le chant des Camelots du Roi, *La France bouge* :

Le Juif ayant tout pris,
Dit à la France :
Obéissance ! Tout le monde à genoux !
Non, non, la France bouge. Elle voit rouge
Non, non ! Assez de trahison...
Juif insolent, tais-toi,
Voici venir le Roi,
Et notre race
Court au-devant de lui :
Juif, à ta place !
Notre roi nous conduit !...
Oui, la France aux Français...
Un, deux, la France bouge
Elle voit rouge,
Un, deux,
Les Français sont chez eux [14] !

Cohérente avec elle-même, l'Action française, on le verra, jettera toutes ses forces dans la lutte violente contre les Juifs, agressant sans répit nombre d'entre eux, prônant de manière concrète leur boycottage économique, dressant inlassablement, de même que toutes les ligues antisémites, des listes nominales de Juifs devant être expulsés de la scène publique afin que celle-ci redevienne homogènement catholique. Son recrutement est fondamentalement catholique : comme l'a observé Eugen Weber, « si le recrutement d'Action française était socialement hétérogène, il était presque uniformément catholique ». Le

14. Voir les très riches dossiers sur l'Action française de cette époque, APP 1341, 1342, 1343.

mouvement bénéficie de l'appui de certains évêques, des Assomptionnistes et du clergé intégriste ; l'organisation militaire catholique Notre-Dame des armées est également supposée agir en sa faveur ; loin du grand public, une partie des théologiens français, il est vrai, ne cache pas une opposition croissante qui entraînera la condamnation ambiguë du pape Pie XI [15]. Mouvement squelettique à ses débuts, il s'élargit rapidement en voyant affluer aussi vers lui les anciens ligueurs d'autres mouvements qui trouvent en lui une organisation solidement structurée, dotée d'une idéologie nationaliste globale et systématique, celle du « nationalisme intégral » profondément contre-révolutionnaire, ayant abandonné ses velléités populistes, moins proche des foules mais davantage professionnalisée.

Les Camelots du Roi en sont à eux seuls le symbole : le 16 novembre 1908, de jeunes royalistes, surtout des étudiants (beaucoup proviennent d'un groupe du XVIIe arrondissement constitué pour vendre les journaux à la sortie des églises, et se joignent à eux des militants de milieux sociaux plus modestes), sont mobilisés pour vendre de manière très disciplinée le journal *Action française*. Ils participent à de nombreuses bagarres contre les policiers — par exemple lors de l'affaire Thalamas, ce professeur qui doit donner à la Sorbonne des conférences jugées blasphématoires sur Jeanne d'Arc —, molestent les professeurs juifs, pratiquent des actions musclées contre les étudiants républicains. En 1909, on estime que 65 sections de Camelots agissent à travers toute la France, 600 militants pouvant être mobilisés de façon quasi permanente à Paris. En 1910, on constitue en leur sein une sorte d'élite, les commissaires, qui, armés de cannes plombées et de gourdins, agissent de manière

15. O.L. Arnal, *Ambivalent Alliance. The Catholic Church and the Action française*, Pittsburgh, University of Pittsburgh Press, 1985. De manière plus générale, voir Gérard Cholvy et Yves-Marie Hilaire, *Histoire religieuse de la France contemporaine*, Toulouse, Privat, 1986, t. II, chap. 3 et 4. Ces auteurs mettent en lumière tout à la fois la « tentation extrémiste » de beaucoup de catholiques et l'opposition de certains d'entre eux, du Sillon aux libéraux, à la perspective « intransigeante ».

quasi militaire pour maintenir l'ordre, défendre les dirigeants, etc. On peut rapprocher cette organisation militaire de celle qui prévaut dorénavant à la Ligue des patriotes reconstituée où, depuis le tournant du siècle, les corps de commissaires sont composés de trois brigades de 150 à 500 membres, militants décidés à en découdre et capables d'agir en permanence avec détermination ; la Jeunesse républicaine plébiscitaire, composée d'environ 1 000 à 2 000 personnes, assure elle aussi l'encadrement et la protection des manifestations nationalistes [16]. L'emploi de la force devient donc la règle commune que respectent ardemment la petite troupe de ligueurs de l'Action française et leurs alliés se lançant, de même que tous ceux qui appartenaient aux ligues proprement antisémites maintenant pour la plupart disparues, dans de violentes actions collectives dirigées souvent contre les Juifs et l'ensemble du personnel politique républicain, accusé de complicité. Ces ligueurs d'élite ainsi que l'ensemble de l'organisation de l'Action française disposent aussi d'un service de renseignement dirigé par Marius Plateau ; des liens sont instaurés avec des groupes armés en province, dans le Jura et dans le Roussillon, de même qu'à Nancy, Montpellier, Rouen, Nantes, Roubaix, etc. En 1911, on compterait 182 sections et groupes répartis à travers toute la France ; plus de 200 en 1912 et plus de 300 en 1914. En mars 1914, 10 000 royalistes assistent au congrès de la Fédération d'Action française de Paris et banlieue tandis qu'en mai plus de 30 000 personnes de cette mouvance participent au défilé de la fête de Jeanne d'Arc qu'organise traditionnellement l'Action française.

C'est toujours en cette même année 1898 que naît le projet de créer une vaste ligue en réplique à la Ligue française pour la défense des droits de l'homme et du citoyen qui s'est constituée en juin et attire vers elle la « France intellectuelle ». A l'initiative de trois jeunes agrégés soucieux de démontrer que la France nationaliste hostile au capitaine Dreyfus est tout aussi riche en intellectuels et en maîtres à penser, des signatures sont recueil-

16. Voir Zeev Sternhell, *op. cit.*, chap. 2.

lies. Barrès propose de fonder une nouvelle ligue, imagine son nom ; l'appel est enfin publié, avec une première liste de signatures, le 31 décembre, comme en réponse au « J'accuse » datant des tout premiers jours de janvier. Cet appel à la création d'une Ligue de la patrie française est signé par vingt-deux académiciens, dont François Coppée, Albert Sorel, Ferdinand Brunetière, Paul Bourget, Jules Lemaître, J.-M. de Hérédia, Albert de Mun, des membres de l'Institut, des grands noms de l'Université, des arts, tels Degas, Renoir, Mistral, Pierre Louÿs, Forain, Jules Verne, etc. La ligue qui va en résulter joue un rôle considérable en cette fin de siècle dans l'animation nationaliste [17]. Se situant délibérément dans la mouvance républicaine, davantage soucieuse de respectabilité que les ligues antisémites, modérée, elle souhaite rassembler le plus grand nombre par souci d'efficacité. Pourtant, dès le 3 janvier 1899, un républicain comme Ferdinand Brunetière, maintenant rallié au catholicisme, en vient à écrire : « les antisémites et les partisans de M. Déroulède seront reçus parmi nous ». La « Ligue du sabre et du goupillon », telle que la nomment par dérision les dreyfusards, va rapidement occuper le terrain du nationalisme en maintenant des liens avec les autres ligues, davantage tournées vers la violence. A partir du 5 janvier, les adhésions rentrent au rythme de 2000 par jour : de très nombreux lycéens et étudiants se pressent dans ses rangs, de même que des adhérents des ligues patriotiques ou d'associations d'anciens combattants de 1870-1871, des patrons et leur personnel, des rédactions de journaux. La plupart de ces nouveaux ligueurs appartiennent aux professions juridiques (les avocats étant particulièrement nombreux), aux professions littéraires et artistiques, aux professions médicales, à l'enseignement, ou sont des étudiants des grandes écoles et des facultés.

Un comité de direction de vingt-huit membres est désigné où

17. On s'inspire ici surtout du livre de Jean-Pierre Rioux, *Nationalisme et Conservatisme. La Ligue de la patrie française. 1899-1904*, Paris, Beauchesne, 1977.

l'on trouve aussi bien Maurice Barrès que Ferdinand Brunetière, Cavaignac, François Coppée, Jules Lemaître, Forain, Vincent d'Indy, Mistral, Maurice Pujo, Gabriel Syveton et Henri Vaugeois. Le président d'honneur en est François Coppée, et le président Jules Lemaître, Maurice Barrès étant délégué, Syveton trésorier, et Vaugeois secrétaire adjoint. Dès février 1900, la ligue est particulièrement bien implantée dans une trentaine de départements, en particulier dans la région parisienne, les marches frontières, l'est de la France, le sud et l'est du Massif central, soit essentiellement des départements où une droite catholique demeure vivante sans pour autant avoir rejoint le camp royaliste, ou encore des départements qui passent de la gauche à la droite. C'est surtout dans la région parisienne que l'influence de la Ligue de la patrie française se révèle considérable ; elle représente une force active dans la plupart des arrondissements, en dehors du XIXe et du XXe. En février 1900, on estime qu'elle rassemble environ 500 000 adhérents, chiffre imposant quand on se souvient que la très militante Ligue des patriotes, au temps de sa splendeur, à la fin des années 1880, rassemblait seulement entre 50 000 et 100 000 militants et dispose, en 1899, de 45 000 à 60 000 adhérents. S'appuyant sur une presse capable d'atteindre plus de 2 millions de lecteurs chaque jour, la ligue parvient surtout à emporter, aux municipales de 1900, des circonscriptions de droite, qu'elles soient royalistes, bonapartistes ou encore conservatrices, se distinguant de ce point de vue du boulangisme, qui attirait également vers lui des voix d'extrême gauche[18]. Les éléments populaires s'éloignent d'elle. En 1901, les effectifs diminuent notablement et sont alors inférieurs à 200 000 adhérents, implantés surtout dans la région parisienne. Ce processus de déclin va se révéler irrésistible. En 1902, en dépit d'une campagne très vive, l'échec aux législatives est consommé au niveau national : reste surtout Paris où Syveton

18. Voir D.R. Watson, « The Nationalist Movement in Paris, 1900-1906 », *in* David Shapiro (dir.), *The Right in France, 1890-1919*, Londres, Chatto and Windus, 1962.

est élu dans le Ier arrondissement, Archdeacon dans le IIe ou Auffray dans le Ve. En octobre, doivent avoir lieu les obsèques de Zola : une trentaine de députés et de conseillers municipaux tentent la veille d'organiser, autour de Barrès, Rochefort, Coppée et Syveton, une contre-manifestation nationaliste ; devant la quasi-impossibilité de mettre au point rapidement cette mobilisation, Barrès en vient à constater les « obsèques du nationalisme ». Candidat un peu plus tard à une élection partielle, à Paris, le chantre du nationalisme est battu par un candidat du Bloc : « j'ai été, dit-il, du baptême du nationalisme, je suis de son enterrement [19] ». Les dissensions internes deviennent sans cesse plus patentes, des élus rejoignent Méline, d'autres se tournent vers Déroulède, Coppée démissionne provisoirement, Cavaignac quitte la ligue et, bientôt, Jules Lemaître ou Léon Daudet et bien d'autres encore vont rejoindre l'Action française, moins soucieuse de consensus et de respectabilité. De n'avoir pas pu choisir entre des stratégies contradictoires mobilisant des forces aux valeurs distinctes entraîne à son tour l'échec de la Ligue de la patrie française : entre 1905 et 1910, peu à peu ses activités disparaissent l'une après l'autre. A la différence de la Ligue des patriotes, qui avant sa dissolution en mars 1889 s'était sans cesse davantage radicalisée, elle se fond plutôt dans une droite modérée mais aussi nationaliste, soucieuse de préserver l'armée et l'ordre mais dépourvue cette fois de toute dimension populiste, les ligues antisémites déclinantes, mais aussi et surtout dorénavant l'Action française, maintenant quant à elles leur perspective radicalement subversive, celle qui fait l'originalité des véritables ligueurs de cette époque.

Cette différence s'illustre tout particulièrement dans la position que la Ligue de la patrie française adopte vis-à-vis de la question clé de l'antisémitisme. Sauf dérapage, dans les tout premiers moments, ses dirigeants entendent demeurer de ce point de vue plus que prudents : ses liens avec la Ligue

19. Voir Zeev Sternhell, *Maurice Barrès et le Nationalisme français*, Bruxelles, Complexe, 1985, p. 337.

antisémitique de Jules Guérin sont dépourvus de toute aménité, son conservatisme l'éloigne, dans un premier temps, aussi bien de l'antisémitisme populiste d'un Drumont que de l'antisémitisme catholique proprement dit. Soucieuse de rassembler tout en demeurant dans le cadre républicain, la ligue se détourne des actions subversives de rues et paraît vouloir rester étrangère à la mobilisation antisémite. Autant d'impasses rendant sa stratégie quasi impossible. Son refus de l'action illégale l'empêche de constituer un véritable parti nationaliste et l'incite peu à peu à consacrer ses forces à la seule lutte électorale, la transformant dès lors, selon le mot de Barrès, en un « banal parti antiministériel » ; mais en s'éloignant des stratégies favorites des autres ligues, en s'engageant dans les multiples opérations électorales, elle n'en vient pas moins à faire sien le langage antisémite ou anti-franc-maçon si virulent du côté des droites radicales. Comme si le glissement dans l'arène électorale pouvait être mieux couvert par une rhétorique dans l'air du temps. Déjà, en 1899, la campagne antimaçonnique est lancée par Jules Lemaître, qui invite à la création de comités de lutte contre les maçons : un peu plus tard, la Ligue antimaçonnique de Copin-Albancelli se transformera en une Union nationale antimaçonnique dont les *Annales de la patrie française* deviennent l'organe officiel. Sur l'initiative de Lemaître est également créé, en 1900, pour gérer les futures élections, un Comité central qui rassemble la Patrie française, la Ligue des patriotes, mais aussi les antisémites de Drumont et les socialistes français de Rochefort. Certes, les dissensions internes sont trop fortes et ce projet de centralisation échoue. Il n'empêche qu'au niveau idéologique ce rapprochement laisse des traces : la Ligue de la patrie française copie maintenant ses alliés d'un moment et dénonce à son tour l'emprise juive, son rôle destructeur de la communauté nationale ; en juin 1901, Jules Lemaître, qui parle en son nom, n'hésite pas à demander l'aide des troupes de Jules Guérin ; un peu plus tard, on le trouve sur une estrade électorale aux côtés de Drumont et de Rochefort, la Jeunesse antisémite et nationaliste d'Édouard Dubuc venant elle aussi en renfort. De même, à Lille, la section locale de la Ligue de la patrie française est fondée avec la participation de Dubuc et recrute parmi les étudiants de la Catho ainsi que parmi les élèves des écoles religieuses : cette section organise le 3 février 1902 une grande réunion en présence de 7 000 personnes invitées par des étudiants de la Catho — à ce meeting nationaliste et antisémite participent aussi bien Cavaignac que Lemaître et Syveton. Ce changement s'explique-t-il aussi par le renforcement des catholiques au sein de la Patrie française [20] ? Cette cléricalisation rampante provient-elle de l'influence croissante de ses alliés de l'Ouest et du Midi ? En tout cas, pour les dames de la ligue, les choses sont maintenant claires : « Il n'y a plus que deux partis en présence : celui du Christ, celui de Satan. » Même si les succès électoraux parisiens, en 1902, laissent présager la formation d'autres mouvements nationalistes radicaux capables de resurgir d'une semblable implantation urbaine, pour l'heure cette cléricalisation croissante rapproche la très républicaine Ligue de la patrie française des ligues subversives aux idéaux politiques les plus variés mais qui partagent avec elle le profond désir de renouer avec le fondement proprement catholique de l'identité française. Les diverses mobilisations antisémites qui se produisent en ce tournant du siècle en témoignent.

La mobilisation antisémite

En janvier et février 1898, dans cinquante-cinq villes de la France métropolitaine éclatent des désordres et des violences antisémites d'ampleurs variables se produisant en trois vagues distinctes : la première prend place durant la troisième semaine de janvier et concerne vingt-trois villes, la deuxième se déclenche la semaine suivante et se produit dans dix-neuf villes, la troisième survient durant la dernière semaine de février. Plusieurs émeutes

20. Voir Jean-Pierre Rioux, *op. cit.*, p. 81.

éclatent le même jour : ainsi, dans la seule journée du 23 janvier, on en décompte sept. Certaines d'entre elles apparaissant dans une même ville, on en compte au total soixante-neuf durant ces deux seuls mois, auxquelles s'ajoutent d'autres violences mineures. D'autres manifestations antisémites se déclenchent plus tard dans l'année, telle celle mobilisant une foule importante sur la place de la Concorde, le 25 octobre 1898. D'autres, d'une extrême violence, prennent également place en Algérie[21]. Les émeutes antisémites les plus graves ont lieu durant la première vague, Paris, Marseille, Nantes, Rouen, Lyon ou Nancy connaissant des violences entre le 14 et le 20 janvier ; le dimanche 23 janvier, des émeutes se produisent en même temps dans treize villes. La semaine suivante, ces violences concernent surtout l'est de la France, de Dijon à Saint-Dié, Épinal, Lunéville, etc. ; lors de la dernière vague, seules deux villes sont vraiment concernées, Bar-le-Duc et Dieppe. Dans ce sens, la mobilisation antisémite, partie des grands centres urbains, s'étend jusqu'à se faire jour ensuite dans des petites villes. Elle concerne souvent des lieux où les Juifs sont concentrés, comme dans l'est de la France, à Paris ou encore à Marseille. En Algérie, où se trouve également une population juive devenue française depuis le décret Crémieux, la violence débute, à Alger, le 18 janvier et va croissant dans les jours suivants, des troubles éclatant aussi à Oran, Constantine, Blida, Sétif, Mostaganem, etc. Les violences antisémites y sont monnaie courante, et en 1897, en mai tout particulièrement, de véritables émeutes dirigées contre les Juifs éclatent, animées par d'autres ligues antisémites d'origine plus populaire encore où se mêlent militants socialistes et fidèles locaux de Drumont. La Ligue radicale socialiste antijuive créée en 1892 devient, en 1897, la Ligue antijuive d'Alger, Max Régis, le futur maire d'Alger élu en novembre 1898, en étant le président. D'autres Ligues antijuives existent également à Constantine, Sétif, Mostaganem, etc. Étroitement liées à des réseaux d'associations qui facilitent la

21. Ces émeutes sont surtout décrites par Stephen Wilson, *op. cit.*, chap. 3.

mobilisation, celles-ci s'appuient sur une presse locale incendiaire : 2000 personnes manifestent en octobre 1897 à Alger ; pour le seul département d'Alger, on compte en janvier 1898 158 attentats contre des biens juifs, 17 contre des personnes (dont l'une décède). D'autres Juifs décéderont plus tard dans les mêmes circonstances. La mobilisation antisémite est telle qu'aux élections législatives de mai 1898 quatre dirigeants antisémites, dont Drumont, sont élus députés[22].

Partout, la population juive est véritablement terrorisée et sa mémoire s'en trouvera durablement marquée : si on ne peut comparer ces événements avec les pogroms se produisant à la même époque dans l'empire russe, des violences physiques avec blessures ont néanmoins lieu dans plus de trente villes : en Algérie, elles provoquent même mort d'hommes. Les destructions de magasins, de maisons ou de synagogues sont constantes et nombreuses. Des foules plus ou moins importantes participent à ces événements : 4000 personnes à Angers et Marseille, 3000 à Nantes, 2000 à Rouen, entre 1000 et 1500 à Saint-Dié, Bar-le-Duc et Saint-Malo, etc. Dans dix-sept endroits, ces émeutes durent pendant trois jours consécutifs ou encore davantage. Souvent l'armée se trouve impliquée : soit que des conscrits participent aux violences, des gradés en prenant même parfois l'initiative, soit que la mobilisation démarre dans des casernes ou des clubs militaires, soit enfin qu'elle se produise dans des régions frontalières, notamment à l'Est — dans ce sens, la dimension nationaliste de ces événements est très marquée. Les arrestations sont nombreuses, la police, aidée parfois de la troupe, devant intervenir dans des conditions difficiles pour rétablir l'ordre.

Si la publication du « J'accuse » de Zola suscite ainsi la naissance de manifestations antisémites d'une grande violence,

22. Voir Geneviève Dermenjian, *Juifs et Européens d'Algérie. L'antisémitisme oranais, 1892-1905*, Jérusalem, Institut Ben-Zvi, 1983 ; et Yves Déloye, *Citoyenneté et Sens civique dans l'Algérie coloniale : l'émancipation politique de la minorité juive au XXe siècle* (DEA), université Paris-I, 1987.

ces dernières ne paraissent guère spontanées : le plus souvent, elles se produisent après la diffusion de matériel de propagande par des organisations catholiques ; les rapports de police soulignent la grande implication des établissements scolaires catholiques comme celle de divers clubs catholiques dans la participation aux mobilisations antisémites : d'après ces rapports, la dimension proprement cléricale apparaît essentielle. En Normandie, on distribue à la sortie des églises la liste nominale des Juifs habitant la ville ; à Nantes, la librairie catholique expose tout un appareil de propagande antijuive et les catholiques forment le plus gros des 3000 personnes qui hurlent, le 28 août 1898, « A bas les Juifs ! », Jules Guérin lui-même et les militants de la Ligue antisémitique animant la manifestation ; à Saint-Brieuc, le 10 août 1898, une manifestation antijuive est organisée par les jeunes gens du cercle Saint-Pierre et de l'école Saint-Charles[23]. Les ligues antisémites ne sont pas elles-mêmes directement responsables de ces actions, sauf dans un très petit nombre de cas — par exemple, à Paris, Marseille ou Poitiers. Pourtant ces groupes, depuis un certain temps, sont très actifs dans presque toutes les villes où se produisent ces violences antisémites, diffusant du matériel de propagande, animant des réunions, etc. Leurs dirigeants, tel l'abbé Guérin, y prononcent fréquemment des conférences incendiaires. Comme on l'a noté, ces ligues antisémites sont bien implantées en province et leurs militants locaux participent à ces désordres, s'appuyant souvent sur de multiples associations catholiques ainsi que sur une presse locale antisémite fort vivace — en particulier, les innombrables adaptations locales de *La Croix*. A Nancy, par exemple, après les manifestations antisémites de janvier 1898, Guérin et d'autres dirigeants tiennent des réunions publiques ; une section locale de la Ligue antisémite voit le jour, regroupant très vite 2800 personnes (500 à Lunéville) qui vont jouer un rôle important dans la nouvelle agitation antisémite des deux derniers mois de l'année. Dans le même sens, en mars 1898, l'Union catholique organise,

23. Pierre Pierrard, *op. cit.*, p. 92 *sq.*

toujours à Nancy, de nombreuses réunions où l'on s'en prend durement aux Juifs. La mobilisation est si forte que, aux élections de mai, Maurice Barrès est battu par un candidat encore plus extrémiste soutenu par la Ligue antisémite. Celle-ci organise, par exemple à Nancy en 1900, de fréquents banquets antisémites auxquels participent des membres d'associations religieuses[24].

Cette présence catholique dans la mobilisation antisémite a été fortement soulignée par de nombreux historiens. Elle se manifeste également dans le monument Henry, souscription lancée le 14 décembre 1898 par *La Libre Parole* pour venir en aide à la veuve du lieutenant-colonel afin qu'elle puisse financer son procès contre Joseph Reinach. 400 membres du clergé et 200 membres déclarés de l'Église y souscrivent, invoquant chaque fois leur fidélité à une France catholique dont l'âme serait fondamentalement incompatible avec la présence juive : l'appel à une nouvelle Saint-Barthélemy revient souvent, incitant à d'autres violentes mobilisations. Bien d'autres souscripteurs sont des catholiques militants et d'autres encore ne cachent pas la motivation catholique qui les anime : 700 nobles sont dans cette situation, ainsi qu'un certain nombre de militaires ou encore d'hommes politiques connus comme catholiques (environ 200) — parmi ceux-ci, on retrouve aussi bien François Coppée qu'Albert de Mun ou encore Maurice Barrès. De nombreux professeurs des universités catholiques figurent aussi parmi les souscripteurs, de même que des étudiants de ces institutions ou encore des élèves de multiples institutions religieuses ; des groupes entiers envoient de l'argent : « trente catholiques du XIVe arrondissement », « vingt-huit membres d'un cercle catholique d'ouvriers de Paris », etc. Le monument Henry constitue, dans ce sens, « un moment de la conscience ou de l'inconscience catholique en France » éminemment favorable à l'entrée dans la mobilisation attisée par les ligues[25].

24. William Serman, art. cité, p. 127-130.

25. Pierre Pierrard, *op. cit.*, p. 102 *sq*. Stephen Wilson, *op. cit.*, chap. 4 (ce chapitre a été également publié par *Annales*, mars-avr. 1977).

Par-delà l'action des diverses ligues, il importe donc de prendre en considération les multiples formes de mobilisation qu'elles insufflent, directement ou indirectement. Leur influence est ainsi infiniment plus large et ne se cantonne en rien à leurs seuls militants. Cette époque est en France celle de la propagande politique et cette dernière pénètre les campagnes les plus reculées : c'est pourquoi l'influence des ligues y est également fort sensible. Si les ligues, comme on l'avance souvent, constituent avant tout un phénomène urbain, trouvant l'essentiel de leur électorat dans les grandes villes (et surtout à Paris), en réalité elles sont également présentes dans la France rurale, y suscitant des mobilisations antisémites souvent méconnues. Ainsi, dans la Creuse, en septembre 1899, le maire du village de Saint-Domet fait confectionner un mannequin au nez crochu supposé représenter le capitaine Dreyfus : hissé sur une charrette qui traverse le bourg, il est escorté par la population, fusillé et enfin brûlé dans la joie générale ; d'après *L'Écho de la Creuse*, « de dix kilomètres l'on pouvait voir, en illusion, hélas ! les derniers vestiges d'une race maudite s'élever vers le ciel qui lui est interdit comme le *Pater* aux ânes[26] ». Dans le Gers également, la mobilisation antisémite se donne libre cours à travers l'usage d'une rhétorique de haine là aussi adaptée au contexte local : aux élections de mai 1898, les cinq candidats élus en font tous un usage immodéré. C'est dire que la mobilisation antisémite électorale semble un autre aspect tout à fait essentiel de l'action collective suscitée directement ou indirectement par les ligues et la presse qui leur est tout acquise.

L'antisémitisme pénètre au plus profond des campagnes et n'apparaît nullement comme un phénomène urbain : dans le groupe antisémite qui se constitue à la Chambre des députés aux lendemains des élections de mai 1898, sur 22 élus, seuls 5 proviennent de circonscriptions urbaines ; le monde rural est

26. Daniel Dayen, « L'affaire Dreyfus dans la Creuse, 1898-1899 », *Mémoires de la Société des sciences naturelles et archéologique de la Creuse*, 1988, 2e fascicule, XLIII.

donc bien à l'origine de cette mobilisation antisémite et nationaliste durant laquelle triomphe la droite radicale. Et même lorsque les candidats nationalistes ou conservateurs y sont défaits, comme dans l'Allier, la mobilisation antisémite ne s'en exprime pas moins avec autant de vigueur, organisant parfois jusque dans le plus petit des villages, tel à Ronnet, des « journées antisémites » à travers des manifestations ayant une forte couleur locale dont les thèmes sont en harmonie avec les valeurs et les intérêts spécifiques du monde rural. La presse antisémite connaît alors une véritable explosion : sa diffusion massive lui permet d'atteindre les villages les plus reculés, d'autant qu'elle utilise dorénavant surtout le langage de la caricature. Ainsi, *Le Petit Journal*, qui raconte à longueur de numéros l'histoire de *La France juive*, vend chaque jour jusqu'à 80 % de ses 800 000 exemplaires en dehors de Paris. Il en est de même de *La Croix* et de ses versions locales innombrables, de *La Libre Parole*, etc., ainsi que, dans chaque département, d'une presse de province largement acquise aux thèses antisémites et qui connaît elle aussi, précisément à cette période, une très rapide expansion, utilisant à son tour les techniques récentes de la couleur pour donner un ton encore plus dramatique à ses caricatures et à ses dessins. L'idéologie antisémite se répand ainsi au niveau local bien plus qu'à travers les seuls écrits des grands pamphlétaires, souvent parisiens, de l'époque. D'autant qu'elle peut s'appuyer sur un matériel de propagande d'une diversité inimaginable, les enfants dégustant des chocolats vantant les qualités de l'identité catholique menacée par le Juif Dreyfus ou s'amusant à le pendre par le cou avec des jouets imaginés en ce sens, les hommes fumant des cigarettes dont le papier reconstitue les péripéties de l'Affaire en condamnant le capitaine, la population disposant de jeux de cartes où Drumont s'oppose à Dreyfus et correspondant dorénavant d'un bout à l'autre du territoire à l'aide de cartes postales férocement antisémites. L'imagination dans ce domaine est alors débordante et s'applique aussi bien aux kaléidoscopes qu'aux jeux de l'oie ou aux pipes, autant d'objets revêtus de dessins antisémites et utilisés dans le cadre d'une sociabilité qui en accroît la résonance. Le bouleversement nationaliste ainsi porté par tant d'éléments s'étend donc bien au-delà des grandes villes, et l'antisémitisme, durant ces élections, touche pratiquement toutes les campagnes de France, d'autant plus que la droite conservatrice de même, plus généralement, que les notables locaux solidement enracinés adoptent eux aussi fréquemment ce thème et légitiment du même coup cette mobilisation radicale, bien au-delà du cercle d'action propre des ligues : comme si l'entrée des droites modérées dans la politique de masse de cette fin de siècle passait elle aussi par la voie étroite de l'antisémitisme, formule politique magique d'une nouvelle communauté imaginaire, unifiée dans son opposition à Dreyfus-Judas-Satan. Par-delà les ligues elles-mêmes, on voit dès lors naître une nationalisation de la vie politique française nationaliste et quasi jacobine qui déborde les liens interpersonnels traditionnels, s'exprimant unanimement par le seul slogan infiniment répété : « La France aux Français[27] ! »

Cette communauté imaginaire trouve pour beaucoup, on l'a vu, son fondement dans le catholicisme. Dans les années qui suivront, il en sera de même. Une fois que l'affaire Dreyfus s'est un peu éloignée des esprits, que le temps des ligues comme force active et menaçante n'est plus, ou presque, qu'un souvenir, bien après la défaite de la droite radicale et la fin de la mobilisation nationaliste antisémite proprement dite, alors même que l'Action française n'a pas encore pu se constituer véritablement

27. Voir Michael Burns, « Qui ça Dreyfus? The Affair in Rural France », *Historical Reflections*, nº 5, 1978, et, du même, *Rural Society and French Politics : Boulangism and the Dreyfus Affair. 1886-1900*, Princeton (NJ), 1984. Voir, sur cette discussion fondamentale, Edward Berenson, « Politics and the French Peasantry : The Debate continues », *Social History*, mai 1987, et surtout l'article de Nancy Fitch, « Mass Culture, Mass Parliamentary Politics and Modern Anti-Semitism : The Dreyfus Affair in Rural France », *American Historical Review*, févr. 1992. Sur le rôle de la propagande antisémite, son utilisation des diverses formes artistiques, voir Norman Kleeblatt (dir.), *The Dreyfus Affair. Art, Truth and Justice,* Berkeley, University of California Press, 1987 ; de même que Paula Hyman, « The Dreyfus Affair : The Visual and the Historical », *Journal of Modern History*, mars 1989.

comme ligue susbstitutive capable, comme elle le sera plus tard, de donner naissance à une action collective de forte dimension, soit dans la période postérieure à 1904-1905, cette communauté tout à la fois catholique et nationaliste parvient en tant que telle à préserver son existence. L'expulsion des congrégations et la fermeture des écoles non autorisées ont suscité, dès 1902, de violentes manifestations catholiques, renforcées par l'action de la Ligue des femmes françaises, fondée en 1901, ou encore de la Ligue patriotique des Françaises ; en décembre 1903, un catholique est tué lors d'une échauffourée avec des libres penseurs[28]. Le choc des inventaires des églises prévus à la suite de la loi sur la séparation provoque rapidement une intense agitation au sein du monde catholique : à Paris, des églises barricadées sont prises d'assaut, en province, en Bretagne ou en Vendée, les paysans en armes protègent leur église, et à Boeschepe, en Flandres, lors d'un incident identique, c'est la première mort d'homme, qui dramatise encore davantage cette mobilisation catholique contre les mesures systématiques de la République[29]. La tension régnant durant ces années cruciales où s'affrontent les deux France est fort vive, l'anticléricalisme ayant lui aussi ses partisans acharnés qui recherchent l'affrontement. Pour garder les églises, la mobilisation catholique fait surgir de nombreux militants convaincus et ardents, et la Ligue d'Action française en coordonne l'action afin de marquer davantage son opposition farouche à l'égard de la République. Toujours prompts à reprendre du service, de nombreux dirigeants des ligues évoquées plus haut se font l'avocat de la cause catholique : comme le note, en septembre 1904, un commissaire de police : « A la Patrie française, Syveton propose un référendum sur la dénonciation du Concordat et la séparation de l'Église et de l'État. D'après lui, la majorité des électeurs se prononcerait contre. » Dans une autre réunion publique, Jules Lemaître proteste contre

28. Voir Gérard Cholvy et Yves-Marie Hilaire, *op. cit.*, p. 101 *sq.*
29. Jean-Marie Mayeur, « Géographie de la résistance aux Inventaires », *Annales ESC*, nov.-déc. 1968.

le gouvernement qui « persécute les religieux en fermant 125 écoles libres[30] ». Dans le même sens, durant cette première décennie du XXe siècle, les grands ténors des droites nationalistes (tels Ed Archdeacon, Jules Auffray, Louis Dausset, Firmin Faure ou, à nouveau, Gabriel Syveton lui-même) interviennent régulièrement à la Chambre des députés contre la laïcisation des écoles, la séparation de l'Église et de l'État, l'expulsion des congrégations, prenant chaque fois vigoureusement la défense des institutions catholiques, dénonçant le rôle des instituteurs, etc. Et Maurice Barrès, le chantre du nationalisme, d'écrire, en 1909 : « je sens depuis des mois que je glisse du nationalisme au catholicisme. C'est que le nationalisme manque d'infini » ; le spectacle des églises de France qui tombent parfois en ruine l'incite à se transformer en un défenseur absolu du catholicisme et à dénoncer à son tour l'anticléricalisme républicain.

Face aux nouvelles menaces de laïcisation des écoles, une mobilisation identitaire se fait également jour, avec l'aide non négligeable des quasi défuntes ligues qui trouvent dans cet enjeu matière à relancer leur action jusque dans la France rurale. Le 14 septembre 1909, les cardinaux, archevêques et évêques de France condamnent, par une lettre collective, la publication des manuels d'enseignement au nom de leur refus de la neutralité scolaire ; l'Église persiste à rejeter la constitution d'une morale distincte du catholicisme et que diffuserait l'école laïque. Après le vote de la séparation de l'Église et de l'État, qui conclut symboliquement l'affaire Dreyfus en renforçant l'autonomisation de l'espace public et le rejet du religieux désormais supposé coupé de la citoyenneté, l'Église adopte une attitude offensive pour inciter les parents d'élèves à participer aux commissions de surveillance de l'école publique, pour résister et refuser l'introduction de manuels « étrangers à toute notion religieuse ou supernaturelle ». A travers toute la France, les autorités catholiques entendent défendre l'enracinement religieux de la morale. L'Église intervient de manière croissante pour assurer son

30. APP Ba 1336 et F7 13230.

emprise sur le système scolaire, rejetant aussi bien tout enseignement antireligieux qu'a-religieux, tentant aussi de favoriser le développement des écoles privées catholiques. Incitant la population à boycotter une école publique dont les manuels s'en prennent au catholicisme, l'Église relance une mobilisation plus générale qui s'est essoufflée. Dans de nombreux départements, les curés prononcent des sermons en ce sens, s'adaptant là encore au contexte local, dénonçant la domination de la franc-maçonnerie. Après la résistance déclenchée face aux inventaires, cette nouvelle mobilisation provoque de violents incidents, en particulier dans les bastions traditionnels de la chrétienté comme le Massif armoricain, le Nord, la Lorraine et la Savoie[31]. Des organisations se créent, tel le mouvement des associations de pères de famille qui apparaît dans l'Ain et dont les statuts sont rédigés par un ancien rédacteur de *La France libre,* journal antisémite et démocrate-chrétien qui rêve d'une « République chrétienne » ; ce mouvement s'étend bientôt à la France entière, son fondateur trouvant un entier appui auprès de Maurice Barrès et d'Albert de Mun. L'abbé Garnier, toujours actif lui aussi, fonde un Comité d'initiative pour la défense des droits des pères de famille et multiplie, comme il en a depuis longtemps l'habitude, les conférences de propagande en province. Une Union générale des associations catholiques de chefs de famille rivale et plus confessionnelle voit le jour en 1911, appuyée davantage par l'Église. La Ligue des femmes françaises ainsi que le groupe qui s'en sépare l'année suivante, la Ligue patriotique des Françaises, que rejoint le comité des dames de la Ligue de la patrie française, entrent également dans la mobilisation qui s'engage à l'échelon national et va réussir à faire reculer, un temps, l'implantation des écoles publiques. Dans le seul diocèse de Cambrai, on compte 75 000 membres de la Ligue patriotique des Françaises, 18 000 dans la région de la Cornouaille et du

31. On s'inspire ici de la thèse d'Yves Déloye, *La Citoyenneté au miroir de l'école républicaine et de ses contestations : politique et religion en France, 19e-20e siècle,* t. II, université Paris-I, 1991.

Léon, près de 10 000 dans la Charente-Inférieure, etc. ; en 1914, cette ligue prétend regrouper plus de 500 000 adhérentes sous le seul slogan « Dieu protège la France ». Comme si le temps des ligues refaisait surface avec souvent des acteurs inchangés, de Maurice Barrès, qui prononce en mars 1907 une grande conférence pour la Ligue de la patrie française sur le thème des « mauvais instituteurs », à l'abbé Guérin, mais aussi à Paul Copin-Albancelli, qui dirige le comité féminin de la Ligue de la patrie française, maintenant proche lui aussi de l'Action française. Cette dernière participe également à cette nouvelle mobilisation antisémite, au nom de la défense de la France catholique victime des étrangers. Aux côtés de ces ligues, comme auparavant, on retrouve la grande artillerie de *La Croix* ou de *La Libre Parole*, dénonçant dans des termes toujours aussi vifs l'entreprise de laïcisation de la société française à laquelle se livrent les Juifs, les protestants et les francs-maçons.

Localement, les choses ne paraissent guère avoir profondément changé. A Nîmes, en décembre 1909, devant 3 000 personnes, le colonel Keller, président du Comité catholique de défense religieuse, déclare, en présence de monseigneur Béguinot : « Regardons l'adversaire en face. C'est une bande qui veut servir la patrie avec Dreyfus, la morale avec Ferrer et panthéoniser Zola ; nous autres, nous sommes la France. » A Caen, en avril 1911, l'Association catholique des pères et des mères de famille du Calvados invite le sénateur de la Manche, Adrien Gaudin de Vilaine, à prononcer une conférence en présence de l'évêque de Bayeux : « Autrefois, déclare-t-il, l'université n'était pas ce qu'elle est aujourd'hui, elle était libre, maintenant elle est livrée, pieds et poings liés, à quelques renégats juifs mal blanchis et protestants sectaires [...]. Je remarque et je dois à la vérité de dire que tous les directeurs de l'enseignement, lorsqu'ils ne sont pas juifs, sont protestants, aussi ne suis-je pas étonné du programme établi à l'heure actuelle. Au nom de la dignité française, je dois dire aussi que ces hommes ne sont pas français. » A ses yeux, de même que pour nombre de militants des ligues dans les années 1898-1899, seuls les catholiques peuvent être citoyens français et entrer dans l'espace public. Et, comme au temps de l'affaire Dreyfus, lorsque cette mobilisation fait face à un haut fonctionnaire juif appliquant la législation nationale portant, par exemple, sur le retrait des crucifix (ainsi, dans le Calvados, où Albert Hendlé est en poste de préfet), on assiste alors aux mêmes débordements s'étendant jusque dans les plus petites localités du monde rural, sous l'action tout aussi radicale de la Jeunesse catholique, de la Ligue des femmes françaises, etc.[32]. D'une époque à l'autre, les droites radicales associées aux droites modérées justifient ainsi de la même manière leur mobilisation contre la République.

Pour certains historiens, durant la période précédant la Première Guerre mondiale, on constate en France un « renouveau nationaliste » lié tant à la menace externe qu'à des considérations internes entraînant le triomphe tardif du nationalisme autrefois défait ; ce renouveau serait marqué par la réapparition des défilés militaires comme par la dissolution du syndicat des instituteurs, accusé de propagande antimilitariste, par les réactions françaises à l'incident d'Agadir, par l'élection de Raymond Poincaré à la présidence de la République, qui en appelle à une « renaissance nationale », par le vote de la loi des trois ans régissant le service militaire[33]. En réalité, ce renouveau du nationalisme, comme on vient de le voir, repose peut-être davantage encore à cette époque sur les mobilisations visant à assurer, comme dans les années 1898-1899, le triomphe d'une conception identitaire de la nation fondée sur le catholicisme en excluant dès lors, comme précédemment, les Juifs et les francs-

32. Voir Pierre Birnbaum, *Les Fous de la République. Histoire des Juifs d'État de Gambetta à Vichy*, Paris, Fayard, 1992, chap. 2.

33. Eugen Weber, *The Nationalist Revival in France*, *op. cit.* Du même, *Ma France*, Paris, Fayard, 1992, chap. 9. Weber écrit : « il y avait eu un parti nationaliste : battu en 1902, décimé en 1906, il cessa de compter. Pendant quelque temps, ses survivants disparurent. Puis, une double menace provoqua une réaction en leur faveur, ou tout du moins en faveur des idées qu'ils représentaient » (p. 268). Voir aussi David Sumler, « Domestic Influences on the Nationalist Revival in France, 1909-1914 », *French Historical Studies*, automne 1970.

maçons, mais aussi les protestants, d'un espace public communautaire hostile à cette République de citoyens tournés vers le progrès et la raison mais dépourvus dans leur for intérieur d'une fidélité sans faille aux valeurs de la France d'antan, fille aînée de l'Église. Et le « renouveau nationaliste » lui-même paraît souvent, comme à Marseille ou en Provence, s'appuyer directement lui aussi d'abord sur le monde catholique[34]. Dans ce sens, à des rythmes dissemblables, les mobilisations qui se succèdent durant toute cette période ne sont pas dépourvues d'une certaine unité qui les distingue peut-être des crises antérieures, que ce soit celles du boulangisme ou encore de Panamá. Aiguillonnées par des ligues militantes et combatives, organisées souvent à l'échelon national et décidées à utiliser autant que faire se peut la violence, ces mobilisations à fort contenu antisémite ont surtout pour vocation de recréer une communauté imaginaire de Français désormais unis, par-delà les querelles sociales internes et les dissensions sur le régime politique, contre leur ennemi commun, à savoir les Juifs. Les actions collectives produites par l'application des mesures de séparation de l'Église et de l'État, de même que celles liées cette fois à l'épanouissement d'un syndicalisme jaune, à son apogée en 1906, bénéficient de l'appui enthousiaste des ligues ainsi que des nombreuses organisations catholiques qui fréquemment s'y rattachent, les ténors habituels de l'antisémitisme se rangeant à nouveau sans hésiter à leurs côtés.

Les ligues trouvent en définitive dans la défense du catholicisme la justification à leur entrée soudaine et fracassante dans la vie politique française de cette époque : certes, une partie non négligeable du monde catholique ne cède pas à leurs démons et rejette leur stratégie d'exclusion et d'homogénéisation[35].

34. Pierre Guiral, « Le nationalisme à Marseille et en Provence de 1900 à 1914 », in *Opinion publique et Politique extérieure*, Collection de l'École française de Rome, 1981, p. 345.

35. Voir Pierre Pierrard, *op. cit.* Jean-Marie Mayeur, « Les catholiques dreyfusards », *Revue historique*, avr.-juin 1979.

L'explosion des ligues n'en reste pas moins liée avant tout à la défense du catholicisme contre les ennemis de l'intérieur, les Juifs surtout. Leur identité se trouve davantage façonnée par un refus d'un ordre politique universaliste que par des préoccupations socio-économiques partagées avec l'extrême gauche et productrices plus tard, dans l'entre-deux-guerres, d'organisations de combat au recrutement peut-être plus urbain, prêtes à en découdre elles aussi pour mettre en pratique les idéaux d'un nationalisme imprégné parfois dorénavant de valeurs spécifiquement fascistes mais demeurant assez indifférentes cette fois à l'identité culturelle propre de la nation. D'une période à l'autre, en allant du boulangisme au Parti populaire français, une certaine continuité se fait indéniablement jour : elle ne parvient pourtant pas à masquer les réelles ruptures[36]. Si les ligues annoncent, du point de vue organisationnel, les mouvements factieux des années trente, si elles partagent avec cette future droite radicale une volonté commune de transformation de l'ordre social en revenant sur l'atomisation croissante du corps social produite par la modernisation et en rejetant aussi toutes les formes de « cosmopolitisme » associées dans leur esprit à l'emprise juive, elles seules — et c'est là le point finalement décisif — visent avant tout, de même que la mobilisation lepéniste contemporaine, la défense nationaliste d'une culture ancrée dans les terroirs, celle du catholicisme, qui, en dépit de tout ralliement, demeure à leurs yeux toujours incompatible avec

36. Dans un article (« The Origins of the French Radical Right : A Historiographical Essay », *French Historical Studies*, automne 1987), Paul Mazgaj se prononce au contraire en faveur surtout des thèses de la continuité, passant entièrement sous silence le fondement essentiellement catholique de la mobilisation des ligues ; il présente à l'appui de sa démonstration l'ouvrage de Zeev Sternhell, *La Droite révolutionnaire, 1885-1914*, *op. cit.* ; celui de Peter Rutkoff, *Revanche and Revision : The Ligue des patriotes and the Origins of the Radical Right in France*, Athens (Ohio), 1981 ; celui de Patrick Hutton, *The Cult of the Revolutionnary Tradition : The Blanquists in French Politics, 1864-1893*, Berkeley, California University Press, 1981 ; et celui de Philip Nord, *Paris Shopkeepers and the Politics of Resentment,* Princeton, Princeton University Press, 1986.

la République des citoyens. L'antisémitisme est la formule enfin trouvée des ligues de cette France catholique arc-boutée sur son refus d'une République qu'elle croit désormais sans foi.

Pierre Birnbaum

4

L'Action française

C'est en avril 1898, en vue de la campagne électorale des législatives fixées en mai, et alors que l'affaire Dreyfus était entrée dans sa phase dramatique depuis le mois de janvier de la même année, que Maurice Pujo et Henri Vaugeois ont fondé un Comité d'Action française. Ces deux jeunes gens — ils ont respectivement 26 et 34 ans — se sentent tenus d'agir en faveur d'une France républicaine affaiblie par les « révisionnistes » qui, derrière Émile Zola, ont ébranlé l'autorité de l'armée. Ce comité, au même titre que tant d'autres, n'aurait certainement pas été promis à devenir le noyau d'un des plus importants mouvements de la droite française si un troisième compère, Charles Maurras, ne s'y était rallié l'année suivante.

Maurras avait alors 30 ans, et il est patent que la création de l'Action française a un caractère générationnel. L'affaire Dreyfus avait réveillé les ligues anciennes comme la Ligue des patriotes de Déroulède ou la Ligue antisémitique reprise en main par Jules Guérin ; elle avait suscité la naissance de la Ligue de la patrie française, riche d'académiciens, d'écrivains confirmés, de notables rassis. Les trois amis avaient participé aux travaux de celle-ci, mais ils voulaient plus, et avec plus d'ardeur. En juillet 1899, ils publient le premier *Bulletin* de leur mouvement, devenu bientôt *Revue de l'Action française.* Les hommes qui s'assemblent à ce moment-là autour de Pujo et de Vaugeois sont pour la plupart des patriotes, comme les deux fondateurs, hostiles à la démocratie parlementaire, sans doute, antisémites, à coup sûr, épris d'ordre et d'autorité, c'est certain, mais non royalistes.

Charles Maurras, lui, depuis plusieurs années, en était arrivé à la solution monarchiste. Il s'efforça de démontrer à ses compagnons que le nationalisme devait naturellement, logiquement, être conclu par le refus du régime républicain, par l'adhésion à la monarchie. En 1901, Vaugeois se ralliait, après Pujo, à la cause. L'Action française, dépourvue de liens avec les autres comités ou mouvements royalistes, commençait une longue carrière de combat en faveur d'une restauration nationale, désormais inséparable d'une restauration royale. Maurras, qui avait présidé à cette conversion, devait s'imposer comme le théoricien le plus écouté de l'extrême droite française, particulièrement de la Grande Guerre au régime de Vichy.

Charles Maurras et la xénophobie intégrale

Né en 1868, originaire d'une famille provençale, vrai fils du « Midi blanc », Charles Maurras a été élevé dans un milieu catholique et royaliste. Cependant, ce pur produit de l'enseignement confessionnel, atteint d'une surdité précoce, réfugié dans l'univers des livres, perd rapidement la foi. Cela ne l'empêche pas de faire une carrière de journaliste à Paris dans la presse cléricale, notamment à *L'Observateur français*, où il affirme très vite une fermeté de pensée qui attire l'attention. Agnostique, il n'en affirme pas moins une fidélité à l'Église, qu'il considère comme un des piliers de la civilisation française à la défense de laquelle il se voue avec brio. Son esprit est nourri de la réaction intellectuelle qui a pris corps au lendemain de la défaite et de la Commune de 1871.

A la lecture de ces maîtres qui s'appellent Renan, Taine, Bourget, un mot clé s'est imposé à son esprit : décadence. L'idée, séculaire, a pris force de loi intellectuelle au lendemain de l'« année terrible ». L'établissement de la République parlementaire a provoqué dans les esprits conservateurs un sentiment de décomposition sociale : l'unité française a été perdue. Maurras, qui en a très vite la conviction, tente d'en analyser les raisons, avant d'en proposer le remède. Tout a commencé, à ses yeux comme à ceux de ses auteurs préférés, avec la Révolution de 1789. Celle-ci s'est imposée sur une fausse certitude : la bonté naturelle des hommes, issue de la philosophie des Lumières, et tout particulièrement de Rousseau.

A partir de cette erreur originelle ont été instaurés la démocratie et ses corollaires, le parlementarisme et l'individualisme. Sans tarder, le jeune Maurras intente le procès du régime parlementaire qui, « par ses lenteurs et ses chinoiseries, [...] compromet la défense nationale » ; qui « ne peut procéder que par saccades et emballements » ; qui n'est habité par la raison que « par hasard et pour une nuit ». En démocratie, la « fonction électorale » domine tout ; les « intérêts d'élection » priment l'intérêt national.

A cette critique de la démocratie parlementaire, qu'il reprend notamment de l'auteur de la *Réforme intellectuelle et morale*, Maurras ajoute la critique de l'individualisme, pour laquelle il s'inspire d'Auguste Comte. Il peut paraître paradoxal que le fondateur du positivisme ait été un maître pour Maurras, quand on sait son influence sur les pères de la Troisième République, et notamment sur Jules Ferry. Cependant, Maurras avait trouvé chez Comte une philosophie de l'ordre, également sévère avec la démocratie et l'individualisme. Celui-ci est un agent délétère minant la société. Ses origines sont claires : « cette peste est venue de la Réforme et du libre examen ».

On ne saurait trop insister sur l'antiprotestantisme de Maurras. Pour lui, il s'agit d'une clé : la crise de la France moderne ne s'explique pas sans comprendre la ligne de continuité qui existe entre la Réforme, Rousseau et la Révolution. Ce qui amène Maurras à opposer le christianisme au catholicisme. Il existe, en effet, une doctrine évangélique, celle des réformés, celle des néo-chrétiens contemporains qui tentent de concilier leur foi avec la République — doctrine qui professe qu'« il vaut mieux obéir à Dieu, c'est-à-dire en un certain sens à la voix secrète des consciences, qu'aux hommes ». C'est ce rapport direct du croyant à Dieu, sans intermédiaire, qui est cause de libéralisme et d'anarchie (les deux mots pour Maurras sont synonymes). Le libre examen, prôné par la religion réformée, instaure la liberté individuelle face aux pouvoirs constitués ; il est facteur de désordre, de trouble et d'incohérence politique : « Tout ce qui est chrétien et n'est point catholique, écrit-il, tend aux idées individualistes et révolutionnaires, aux idées suisses [allusion à Calvin et à Jean-Jacques], comme on peut les appeler. Hors de l'Église catholique, et peut-être bien, quoique à un moindre degré, des Églises grecques et de l'Église anglicane où le dogme et la discipline ont aussi de fermes contours, l'esprit chrétien n'est, sous couleur de foi, d'espérance et de charité, qu'une effusion du pur sentiment personnel : l'âme, assurée de communiquer avec Dieu sans intermédiaire, s'y arroge tous les droits divins. La foi à Dieu peut subsister par une sorte d'habitude et de secret besoin : elles échafaudent une théologie de leur propre personne. »

L'esprit protestant, à l'origine de l'individualisme mortifère, procède lui-même de l'esprit juif (« monothéisme, prophétisme, anarchisme »). Très tôt encore, Maurras a été convaincu d'antisémitisme. Il avait 18 ans, faisait ses premières armes de journaliste, quand a été publiée *La France juive* de Drumont. Jusqu'à la fin de sa vie, Maurras dira son enthousiasme pour le prophète français de l'antisémitisme, qui fut un inspirateur majeur du nationalisme. Victor Nguyen, historien des origines de l'Action française, a montré à quel point cet antisémitisme maurrassien ne fut pas seulement œuvre de raison, comme le voulait le fondateur de l'Action française [1]. Cet antisémitisme se nourrit des fantasmes anciens de l'Europe chrétienne, et Maurras n'hésite pas à se prévaloir, dans ses démonstrations, des écrits d'un Rohling *(Le Juif selon le Talmud)* ou d'un abbé Desportes *(Le Mystère du sang chez les Juifs)*, qui sont, plus encore que

1. Victor Nguyen, *Aux origines de l'Action française. Intelligence et politique à l'aube du XXe siècle*, Paris, Fayard, 1991 (notamment p. 318). Les citations de Maurras sans référence sont tirées de ce travail très remarquable.

ceux de Drumont, de consternantes caricatures. Mais déjà, dans ces années 1890, Maurras envisage de tenir à vue ces agents du « cosmopolitisme » : « On ne persécutera pas les Juifs, mais on se garantira contre eux. On reprendra, une à une, toutes les libertés qu'ils nous ont dérobées. On réduira leur influence à la juste proportion qu'ils représentent. On les épluchera, on les surveillera et on se gardera d'eux comme des ennemis du dehors. »

L'enthousiasme que manifeste Maurras pour l'antisémitisme de Drumont ne tient pas seulement à la conviction qu'il s'est faite que les « israélites » sont un État dans l'État, un agent corrupteur, et la main de l'étranger dans tous les complots antinationaux. L'antisémitisme a une autre vertu, politique cette fois, qui est de fédérer toutes les forces du sursaut national contre la société révolutionnaire que les Juifs incarnent. L'antisémitisme permet de rallier les catholiques, les bourgeois victimes de la concurrence, les ouvriers victimes du Capital : vecteur d'un front « interclassiste » irremplaçable, et donc facteur d'unité, que Maurras vantera en 1911 en ces termes : « Tout paraît impossible, ou affreusement difficile, sans cette providence de l'antisémitisme. Par elle, tout s'arrange, s'aplanit et se simplifie. Si l'on n'était antisémite par volonté patriotique, on le deviendrait par simple sentiment de l'opportunité[2]. »

Finalement, la démocratie parlementaire — Maurras trouvera la formule dans *Mes idées politiques* — est le résultat d'une conjuration, celle des « quatre États confédérés » : le protestant et le Juif, auxquels il ajoute le franc-maçon et le « métèque ». Ce sont eux, ces étrangers de l'intérieur, qui ont déstabilisé l'ancienne royauté, en répandant leurs doctrines révolutionnaires, puis qui se sont emparés du pouvoir après la chute de l'Ancien Régime.

Maurras a eu le sentiment très vif d'une unité à retrouver, d'une société à refaire, d'un nouvel ordre à construire sur un modèle détruit par la Révolution. Il conçoit l'histoire de la

2. *L'Action française*, 28 mars 1911.

France depuis un siècle comme une fatale corruption de l'identité nationale. Comme un médecin au chevet d'un mourant, Maurras diagnostique que le mal est venu de l'étranger. Pour envisager de survivre, le Moi national doit s'affirmer comme une identité absolue, intolérante, protectionniste. Le nationalisme maurrassien est d'abord le refus farouche de toute altération de l'être français par ce qui lui est étranger. Qu'est-ce qu'« être français » ? Un composé de romanité, de catholicité, de clarté d'expression, qui fait un ordre – un classicisme. La décadence commence quand cet ordre classique est remis en cause : le libre examen protestant, l'individualisme des Lumières, le cosmopolitisme financier, l'anarchie révolutionnaire, le romantisme septentrional (qui avantage les « nerfs » contre la « raison ») se sont conjugués pour le détruire.

Chez Maurras, qui fut d'abord un homme de littérature, le nationalisme a été esthétique, enraciné dans une certaine vision du Sud (la Provence, la romanité, la Méditerranée) contre le Nord (le protestantisme, le capitalisme, le romantisme). La langue latine et ses langues filles, autant que l'Église catholique, ont été les matrices d'une civilisation, aujourd'hui menacée, qui rassemble les Français. Une longue lignée de sang royal a tenu le tout dans une admirable unité, jusqu'au moment où l'esprit individualiste d'importation l'a sapée. Le nationalisme, c'est la volonté de survivre. Il implique le combat de tout instant contre les forces de destruction. On pourrait dire que ce combat, aux yeux de Maurras, prend la forme d'un panxénophobisme, dans la mesure où l'Étranger (mot qu'il écrit avec une majuscule) travaille, dans tous les compartiments de la vie publique, à la perte de la substance nationale. « Il faut, clame-t-il, repousser les Barbares. » Et encore : « La France perd sa nationalité. Juifs, Américains, Autrichiens, Allemands, Suisses et Belges la gouvernent. Elle est la proie de la finance cosmopolite, de la littérature cosmopolite, de la pensée cosmopolite. »

Cette lutte s'accompagne d'une volonté de restauration : celle d'un ordre, c'est-à-dire d'une hiérarchie, contre les fumées de l'égalité révolutionnaire et le « venin » du *Magnificat*. Retrouver l'harmonie de l'ancienne France, Maurras en rêve comme du « paradis perdu » de son enfance à Martigues. Plusieurs années avant l'affaire Dreyfus, il en est convaincu : la monarchie est le seul régime qui soit garant de cette harmonie, en raison du principe de continuité qu'elle est seule à pouvoir imposer.

Cette monarchie sera, certes, un régime d'autorité. Tout le contraire du régime d'instabilité qu'est la République parlementaire. Mais l'autorité du pouvoir national s'accompagnera des libertés locales. Maurras reprend ici un des thèmes classiques de la Contre-Révolution : hostile à la Liberté, pure abstraction, il prône les libertés, dans le cadre de la commune et de la profession. Lorsque Barrès publie *Les Déracinés*, en 1897, Maurras, qui en fait plusieurs comptes rendus dithyrambiques, saisit l'occasion d'écrire une brochure de cent vingt pages sur la décentralisation. Celle-ci permettrait à la vie provinciale de renaître, mais en même temps d'alléger le pouvoir central de mille tâches qui l'encombrent au détriment de ses vrais devoirs. Restaurer les anciennes provinces, abolir le département, donner pleine vie à l'arrondissement et à la commune : Maurras n'en finira pas de répéter les leçons de Frédéric Le Play et des autres maîtres de la Contre-Révolution, attachés au rétablissement d'une aristocratie, d'une classe dirigeante héréditaire, dévouée à la chose publique et encadrant le peuple. Nationalisme et régionalisme, loin de s'exclure, doivent se compléter — alliance d'un État fort et des libertés décentralisées.

Le nationalisme de Maurras repose sur quelques certitudes, dont il ne se départira jamais. Cette conviction, d'abord, que l'individu n'est rien, que la société est tout. Pas n'importe quelle société, mais une patrie qui a été construite comme un patrimoine accumulé au long des générations, sur des siècles et des siècles. On ne peut braver la mort que par ce sentiment d'appartenance à une patrie qui a forgé les âmes, les habitudes, les préjugés. Rien n'est possible sans les « réserves capitalisées d'une race et d'une patrie ». La doctrine positiviste lui a permis de préciser le caractère organique de la nation, et le rôle majeur qu'y joue la religion. Auguste Comte avait couronné son édifice philosophique par la religion de l'humanité ; Maurras lui préfère la religion héritée de ses ancêtres. Non point celle des Évangiles écrits « par quatre Juifs obscurs », comme il le dit dans sa préface du *Chemin de Paradis*, mais celle d'une Église romaine qui a su filtrer la Bible (« D'intelligentes destinées ont fait que les peuples policés du Sud de l'Europe n'ont guère connu ces turbulentes écritures orientales que tronquées, refondues, transposées par l'Église dans la merveille du missel et de tout le bréviaire : ce fut un des honneurs philosophiques de l'Église, comme aussi d'avoir mis aux versets du *Magnificat* une musique qui en atténue le venin »).

De ces postulats, Maurras a tiré une leçon politique : le retour à la monarchie. Son nationalisme, éminemment conservateur, défensif, obsidional, imperméable, tautologique, avait pris force dans son esprit sur le constat de décadence. Celle-ci plongeait ses racines dans la Révolution ; Maurras sera donc contre-révolutionnaire. Mais s'il devait conclure politiquement au royalisme, ce n'était ni au nom d'une fidélité personnelle à une dynastie, ni au nom du droit divin. Maurras, catholique « en sociologie », antichrétien en philosophie, entendait démontrer le royalisme avec sa raison, positivement. C'est au nom des lois naturelles qu'il défendait un droit de survie contre les forces de mort. Celles-ci, sous ses yeux, lui parurent se déchaîner avec l'affaire Dreyfus. C'est alors que Maurras entra définitivement en politique : il fallait doter le « parti national », réveillé par la crise, d'une doctrine et d'une structure.

L'Action française jusqu'à la Grande Guerre

L'affaire Dreyfus ne fut pas pour Maurras une révélation, mais une confirmation. Il dira : une « vérification expérimentale ». Que le sort d'un homme, et d'un Juif de surcroît, pût mettre en péril toute la cohésion sociale démontrait à l'envi aussi bien la perversion des esprits que la fragilité des institutions républicaines. Les dreyfusards se prévalaient de la justice en faveur d'un prétendu innocent. Ils oubliaient que la pire des injustices était de menacer de mort la patrie ; or c'est ce qu'ils faisaient en remettant en cause les tribunaux militaires et, derrière eux, l'armée : « Nos officiers sont ce qu'ils sont. En tant qu'officiers ils représentent la direction, la discipline et l'unité de l'armée française. Qui attente à cette autorité morale ou professionnelle attente à la patrie. Voilà un principe insacrifiable. »

Dreyfus était-il innocent ou coupable, ce n'était pas la question. Maurras était persuadé de la culpabilité en quelque sorte naturelle du capitaine juif : on n'ouvre pas les rangs de l'armée aux étrangers impunément. L'important était ailleurs : dans la préservation d'une « armée disciplinée », d'un « commandement respecté », d'un service d'espionnage efficace. Or cela supposait qu'aucun citoyen ne remît en doute la sentence d'un conseil de guerre ; le contraire était un « véritable crime d'État », même si Dreyfus était innocent. Car la vie d'un individu compte pour rien, comparée à la catastrophe que serait une armée en déroute, la débâcle, la défaite, « faute de cohésion, de discipline et de foi dans le commandement ».

Maurras ne se pose pas la question de savoir si, du point de vue patriotique précisément, il ne serait pas préférable que l'armée, si elle s'est trompée dans un verdict de conseil de guerre, accepte de réviser un jugement inique, circonstanciel, amendable : la confiance entre elle et la nation n'en eût-elle pas été renforcée ? Telle était du moins la thèse des dreyfusards patriotes, celle notamment d'un Charles Péguy, qui ne se sent pas moins « national » que Charles Maurras. Mais celui-ci participe d'un état d'esprit répandu qui place l'armée au-dessus de tout soupçon, dans la mesure même où, en régime républicain, elle reste — avec l'Église — un des piliers vivants de la nation.

Le suicide du colonel Henry, accusé d'avoir forgé un faux pour nourrir le dossier de Dreyfus, le 31 août 1898, donne à Maurras l'occasion de s'imposer à 30 ans comme l'un des chefs du parti national. Dans *La Gazette de France* des 6 et 7 septembre, alors que le camp des antidreyfusards subit, assommé, l'aveu d'Henry et la nouvelle de sa mort, Maurras dénonce ce « premier sang » de l'Affaire, répandu par un brave seulement occupé de l'armée et de la patrie. Ce faux qu'Henry a fabriqué, Maurras en fait l'apologie au nom de la légitime défense, du réalisme politique, d'un machiavélisme bien compris, inséparable de toute politique : « Ils n'admettent pas, dit-il des dreyfusards, que l'idée de sécurité nationale dicte le plus petit mensonge, le faux le plus léger, le plus innocent stratagème : pour tirer un forçat du bagne [...] tout cela est permis. »

Dans le même journal, Maurras exposait, le 6 mai 1899, le programme du « vaste mouvement contre-révolutionnaire » dont les royalistes devaient être les directeurs et les coordinateurs :

— reconstruction de la *famille*, ce qui impliquait la liberté de tester, la fin du système successoral révolutionnaire ;

— reconstruction de la *commune* : critique de la centralisation municipale ;

— reconstruction de la *province* : critique du département ;

— reconstruction des *groupes professionnels* ou *corporations* : critique du libéralisme économique ;

— reconstruction de la *liberté gouvernementale* : critique du libéralisme politique.

Maurras ajoutait : « Additionnez les cinq critiques : vous avez la critique de tout le système libéral, parlementaire et républicain.

« Additionnez les cinq libertés : vous avez les cinq libertés ou pouvoirs naturels qui fondaient la Constitution de l'ancienne France.

« Enfin, additionnez à l'institution héréditaire de la *famille* le statut permanent de la *commune* et de la *province*, l'institution *professionnelle* et le principe de l'*autorité* politique : vous avez la formule de la Monarchie. »

L'année suivante, Maurras réussissait un nouveau coup d'éclat journalistique en publiant son *Enquête sur la Monarchie*, par laquelle il entendait montrer que le salut de la nation était devenu incompatible avec la défense de la République. Car « la

République est le mal, oui le mal est inévitable en République. Et ce que nous disons de la Monarchie, c'est qu'elle est la possibilité du bien ».

On n'y adhère pas par sentiment ou par conviction métaphysique : « On démontre la nécessité de la Monarchie comme un *théorème*. La volonté de conserver notre patrie française une fois posée comme *postulat*, tout s'enchaîne, *tout se déduit* d'un mouvement inéluctable. La fantaisie, le choix lui-même n'y ont aucune part : *si vous avez résolu d'être patriote, vous serez obligatoirement royaliste.* »

La monarchie traditionnelle, héréditaire, antiparlementaire, décentralisatrice, c'était la synthèse enfin trouvée du nationalisme. Par elle, grâce à elle, le nationalisme devenait *intégral*.

Comment assurer cette restauration ? Maurras explique la stratégie du mouvement dans un article de *L'Action française* du 1er août 1903, « Dictateur et Roi ». Dans un premier temps, grâce à l'action d'une minorité énergique, on organisera le *coup de force*, lequel permettra d'instaurer une *dictature royaliste* — pouvoir de transition sur le modèle de la dictature du prolétariat, chargée de la « vengeance publique » contre les ennemis de la royauté —, après quoi s'installera le *régime royal*, conçu comme un « régime de l'ordre » alliant, selon la nature de la nation française, l'autorité en haut et les libertés en bas.

En quelques textes majeurs, Charles Maurras avait doté l'Action française d'un corpus doctrinal qui ne varierait plus. La cohérence de l'édifice était indéniable : les autres expressions du nationalisme, même celle de Maurice Barrès, paraissaient incertaines, voire débiles, à côté de cette construction intellectuelle, qui avait réponse à tout et qui, tout en se réclamant de la raison, récusait tout système universel au profit d'un « empirisme organisateur » appliquant correctement les leçons de l'expérience et de l'histoire. Contrairement aux philosophes révolutionnaires, Maurras n'avait pas cherché de solution politique pour l'humanité ; il ne se préoccupait que de l'avenir de la France, et celui-ci était inextricablement lié à son passé : renouer avec une continuité que la Révolution avait interrompue, telle devait être la mission d'une monarchie restaurée.

La force de l'argumentation et le dynamisme du petit groupe initial séduisirent. L'Action française avait désigné ses ennemis ; Maurras lui montrait le but. Au lendemain de l'affaire Dreyfus, dans une France où le Bloc des gauches associait au pouvoir depuis les élections de 1902 les radicaux et les socialistes, et où la lutte antireligieuse servait de trait d'union, le petit mouvement prit son essor, attira à lui de nombreux militants du nationalisme vaincu, et fit bientôt figure, à l'heure de la séparation de l'Église et de l'État, de défenseur résolu du catholicisme persécuté.

Maurras et ses amis avaient le sens de l'organisation. En quelques années, ils armèrent leur ligue, officiellement créée en 1905, de plusieurs institutions complémentaires : la Fédération des étudiants, l'Institut (qui était une manière d'université contre-révolutionnaire), en cette même année 1905. En mars 1908, la *Revue de l'Action française* devenait *L'Action française*, journal quotidien ; en novembre de la même année, la ligue mettait sur pied ses équipes de vendeurs du journal, les Camelots du Roi, lesquels étaient appelés aussi à des interventions en force dans les réunions, les théâtres, voire les cimetières... En 1910 fut créée l'élite de l'élite, sous le nom de « commissaires », gardes du corps et commandos de choc, armés généralement de cannes plombées et de gourdins, usant d'une violence physique qui correspondait à la violence verbale des Maurras, Léon Daudet et autres rédacteurs du journal, dont le style avait tout pour choquer les vieilles gardes royalistes.

L'Action française, cependant, réussit à conquérir, avant 1914, le monopole de la cause royaliste, tout en se posant comme le mouvement nationaliste le plus fort et le mieux structuré. L'appui des milieux catholiques rend largement compte de l'essor du mouvement à partir de 1906, l'année des inventaires consécutifs à la loi de séparation. Trois cardinaux lui témoignent leur sympathie : monseigneur de Cabrières, évêque de Montpellier, monseigneur Sévin, archevêque de Lyon, et monseigneur Andrieu, archevêque de Bordeaux. *La Croix*, journal populaire créé par les Assomptionnistes, lui accorde son soutien. Les jeunes catholiques — et notamment les séminaristes — adhèrent en ces temps de persécution à un mouvement qui accepte l'affrontement. Georges Bernanos est un bon exemple de ces recrues catholiques, indignées par la loi républicaine. Il est vrai que Maurras et les siens durent compter avec la concurrence, dans les rangs catholiques, de la démocratie chrétienne, et en particulier du Sillon de Marc Sangnier, qui suscitait une grande ferveur dans la jeunesse. La condamnation du Sillon par le pape Pie X, le 25 août 1910, fut une aubaine pour l'Action française, au sein de laquelle l'agnosticisme de ses directeurs s'accommodait fort bien de l'intégrisme de leurs alliés. Il n'y avait là qu'une apparence de paradoxe, derrière laquelle s'établissait pour longtemps un système d'échanges profitable aux deux parties : le nationalisme maurrassien soutenait une Église traditionnelle, antilibérale, intransigeante, et l'intégrisme défendait la contre-révolution royaliste ; les finalités n'étaient pas de même nature, mais l'ennemi était le même et s'appelait le « libéralisme » sous toutes ses formes. La condamnation du Sillon apparut comme une victoire de l'Action française.

En même temps que l'apport catholique, l'Action française reçut la caution de la légitimité royaliste de la bouche même du prétendant, le duc d'Orléans. Celui-ci, dans sa résidence de Séville, avait été sollicité par les royalistes bien-pensants de se prononcer sur les agissements de l'Action française, dont ils dénonçaient non seulement les violences, mais aussi les sympathies en faveur des grévistes. Ils obtinrent gain de cause pendant un moment : l'Action française fut désavouée. Mais, en avril 1911, Maurras et ses amis, soutenus par les légitimistes adversaires des Orléans, obtinrent de nouveau la « faveur royale » contre leurs rivaux. Le bureau politique du prince était désormais sous la domination de l'Action française.

Un autre facteur profita à l'Action française : la conjoncture internationale, qui, à partir de 1905, laissait craindre à l'opinion un nouveau danger de guerre causé par la *Weltpolitik* allemande conduite par Guillaume II. Un renouveau de nationalisme imprégna la nouvelle génération, dont bien des représentants furent attirés par la discipline maurrassienne. Les congrès, les meetings, les défilés pour la fête de Jeanne d'Arc, tout témoignait d'un succès grandissant. L'état-major de la ligue n'avait pas perdu de vue l'idée du « coup de force » : Marius Plateau, qui en était l'organisateur désigné, pensait surtout, comme naguère Déroulède, à un appui de l'armée. En fait, ce n'était que velléité, et la théorie ne fut jamais mise en pratique.

La guerre de 1914, qui justifiait la germanophobie de l'Action française — et spécialement celle de Léon Daudet, obsédé d'espionnage et dénonciateur impénitent de tout ce qui fleurait l'allemand —, transforma le journal de Maurras. Au dire de Poincaré, « depuis le début de la guerre, Léon Daudet et Charles Maurras ont oublié leur haine de la République et des républicains, et ils ne pensent plus qu'à la France[3] ».

Son patriotisme intransigeant poussa *L'Action française* à mener campagne contre tous les suspects de trahison ou de défaitisme : les anarchistes du *Bonnet rouge*, les anciens ministres Caillaux et Malvy, et tous autres Français douteux qu'une Ligue de défense anti-allemande, prétendue « apolitique », poursuivait de ses dénonciations. Clemenceau, appelé au pouvoir en 1917, fut soutenu à fond par Maurras et les siens, bien qu'il représentât le symbole d'une République haïe. La ferveur patriotique attirait vers le quotidien de nouveaux abonnés, tandis que nombre de journaux parisiens faisaient écho à ses analyses. En avril 1917, la ligue quittait son modeste local de la rue Caumartin pour venir s'installer spacieusement rue de Rome, en face de la gare Saint-Lazare. Ce déménagement était un symbole : l'Action française à la fin de la Grande Guerre était devenue un grand mouvement national. On pouvait alors se demander s'il était resté contre-révolutionnaire, tant la modération relative des temps de guerre semblait l'avoir intégré dans la grande mouvance du conservatisme républicain, dont Raymond

3. Cité par Eugen Weber, *L'Action française*, Paris, Fayard, coll. « Pluriel », 1985, p. 113.

Poincaré et Georges Clemenceau avaient été les représentants aux sommets de l'État.

D'un apogée à une impasse

Au sortir de la guerre, l'Action française connut, durant plusieurs années, sa période la plus faste. Mais ce premier apogée ne laissait pas d'être paradoxal[4]. Car, loin d'apparaître comme une ligue d'extrême droite ou une entreprise de restauration monarchique, l'Action française semblait simplement à la pointe d'un nationalisme qui, s'étant exprimé pendant le conflit par un antigermanisme sourcilleux, s'affirmait désormais, au moment des négociations de la paix, tout aussi intransigeant envers le vaincu, mais ne tranchait pas là-dessus avec l'attitude d'un Clemenceau. Tout naturellement, l'Action française, qui avant la guerre ne s'était jamais mêlée d'élections, présenta des candidats en 1919. Le remplacement — provisoire — du scrutin d'arrondissement par le scrutin de liste permit aux amis de Maurras d'obtenir une trentaine de sièges dans la Chambre bleu horizon. Ce succès prouvait le surcroît d'influence acquis par l'Action française, en même temps que sa nouvelle modération, car elle avait mis son drapeau royaliste dans la poche, s'affirmant avant tout championne du patriotisme, du catholicisme et du conservatisme. Quatre régions lui étaient particulièrement favorables : le Midi blanc, l'Ouest, le Sud-Ouest pyrénéen et le Nord. Léon Daudet, le tonitruant pourfendeur des « traîtres » et des « espions », était élu à Paris. Cette respectabilité restait relative, mais il y avait manifestement des convergences d'analyse entre Maurras et certains représentants du régime républicain comme Poincaré. L'année 1923 devait en faire la démonstration, qui vit l'Action française soutenir résolument la politique

4. Voir Pierre Nora, « Les deux apogées de l'Action française », *Les Annales*, janv.-fév. 1964.

étrangère de Poincaré aboutissant à l'occupation de la Ruhr. Une correspondance aujourd'hui connue révèle des relations personnelles à cette époque entre Maurras et l'ancien président de la République redevenu président du Conseil[5]. Tout laissait supposer qu'une participation ministérielle des royalistes était envisageable.

A ce moment-là, l'Action française était un des mouvements politiques les plus dynamiques et les mieux organisés. La ligue comptait environ 300 sections réparties en dix zones (en 1923, une zone algérienne fixée à Oran complète l'édifice). A peu près 30 000 cotisants les faisaient vivre. Le quotidien vendait un peu moins de 100 000 exemplaires, dont 45 000 étaient servis aux abonnés. Une *Action française du dimanche*, à destination des campagnes, prit en 1925 le titre d'*Action française agricole*, associée à la Corporation française de l'agriculture et patronnant une Ligue de défense rurale. Les étudiants, très actifs (en 1925, 26 groupes à Paris, et 28 groupes de lycéens), bruyants, toujours prêts au chahut politique, eurent leur journal à partir de 1920, *L'Étudiant français*, devenu bimensuel en 1924, où firent leurs armes un certain nombre de représentants des lettres françaises, entre autres Pierre Boutang, Claude Roy, Robert Brasillach, Pierre Gaxotte, et plus tard Raoul Girardet, Philippe Ariès, Jacques Laurent... L'Institut publia ses cours à partir de 1923 dans la *Revue des cours et conférences*. Au-delà de ses propres publications, l'Action française pouvait compter sur une longue liste de journaux de province, dont les dirigeants et les rédacteurs sympathisaient avec les idées de Maurras et leur servaient de support indirect. De sorte que l'influence des écrits de Maurras ou de Bainville (dont la réputation de lucidité était aussi inexplicable qu'indiscutée) était bien plus élevée que le nombre des exemplaires vendus du journal ne le laisse supposer. De nombreux intellectuels et une bonne partie du clergé prisaient la qualité de *L'Action française* (Proust disait y faire, en le lisant, une « cure d'altitude mentale »), sans adhérer au royalisme. Le

5. Voir Eugen Weber, *op. cit.*, p. 161.

gros de son public était composé des couches élevées des classes moyennes : professions libérales, petits industriels, hommes d'affaires, notables provinciaux, hommes de lettres parisiens... Les Camelots faisaient, comme les pâtissiers, une bonne partie de leurs recettes à la sortie dominicale des églises. Marius Plateau, secrétaire général des Camelots et de la ligue, n'avait pas renoncé au coup de force, et l'exemple de Mussolini, qui avait pris le pouvoir en 1922 à Rome, remettait celui-ci au goût du jour — mais qui y croyait encore ?

Ce fut justement l'assassinat de Plateau, le 22 janvier 1923, par une jeune anarchiste, Germaine Berton, qui reconduisit l'Action française sur les voies de la violence. Les funérailles de Plateau furent suivies par tant de monde qu'on s'avisa par la suite qu'une occasion de soulèvement avait été perdue ce jour-là. A vrai dire, il ne s'agit que d'une vue *a posteriori* : en avril 1924, Léon Daudet, interviewé par *La Revue hebdomadaire*, expliquait l'inutilité du coup de force : « Pourquoi obliger nos vaillantes troupes à se casser la tête contre un mur, alors que je puis agir beaucoup plus efficacement de l'intérieur ? » Cependant, les élections de 1924, remportées par le Cartel des gauches, réduisait la représentation de l'Action française à quelques sièges, moyennant un peu plus de 300 000 voix à travers la France. Dans l'opposition, les Camelots reprirent leurs méthodes brutales d'agitation, épaulant notamment la Fédération nationale catholique mobilisée pour la défense des intérêts religieux contre les menaces du Cartel.

Dans ces années où l'Action française figurait comme l'aile droite du conservatisme français, certains de ses membres espéraient une ligne plus radicale et plus conforme à la vocation d'un mouvement qui s'embourgeoisait. C'est sur le terrain économique et social que Georges Valois tenta, dans une perspective de rupture avec l'ordre établi, d'entraîner les forces potentielles du mouvement. Déjà avant la guerre, Valois avait imaginé de construire un pont entre l'Action française et certains membres du syndicalisme révolutionnaire. Georges Sorel, qui en était l'ancien chantre et qui sympathisait vers 1910 avec le nouveau nationalisme, avait cautionné des rapprochements entre l'extrême gauche et l'extrême droite. Des projets de revue avaient été faits. Édouard Berth, ami de Sorel, avait salué la convergence entre les deux extrêmes, associées dans un même refus de la démocratie parlementaire. Mais cette tendance était restée sans suite. Maurras l'avait un moment encouragée, mais il savait pertinemment que la base sociale de son mouvement avait peu de chances de s'élargir du côté des prolétaires.

Cependant, la guerre et ses lendemains chaotiques avaient remis la question sociale au premier plan. Maurras, peu versé dans les problèmes économiques, peu attiré par la controverse sur les classes sociales, avait arrêté sa philosophie une fois pour toutes en adoptant les principes de La Tour du Pin : le corporatisme devait sauver le pays de la lutte des classes et renforcer sa cohésion sociale. Georges Valois avait une autre idée. Rêvant d'une société de *producteurs* qui refoulerait la dictature de l'argent par les valeurs héroïques manifestées au cours de la guerre, il en appelait à une élite nouvelle, celle des anciens combattants, qui aurait la mission de refaire l'unité française. Dans cette perspective, il était alors plus séduit par le volontarisme de Mussolini que par le royalisme de Maurras. Il restait cependant au sein du mouvement maurrassien, et quand il fonda en février 1925 son hebdomadaire, *Le Nouveau Siècle*, bien des membres de l'Action française furent mis à contribution.

Au début, Maurras et ses amis laissèrent à Valois la bride sur le coup. Mais celui-ci fonda son propre parti, le Faisceau, le 11 novembre 1925, tandis que *Le Nouveau Siècle* devenait quotidien. Cette fois, Valois se posait en rival de Maurras ; le « fasciste » s'affirmait dangereux pour le royaliste. Une guerre commença entre les deux organisations, ponctuées de « descentes » dans les bureaux des journaux concurrents, de bagarres, voire de coups de feu. L'épisode fut de courte durée, car le Faisceau fit long feu, mais il avait rendu clair l'enracinement bourgeois du mouvement maurrassien. Valois, qui prenait le fascisme pour un authentique mouvement révolutionnaire, appuyé sur les syndicats et sur les anciens combattants, avait pu mesurer la timidité de Maurras en matière économique et sociale. Son hostilité au libéralisme économique — à la « plouto-cratie » et à la « finance cosmopolite » — était celle d'une petite et moyenne bourgeoisie que la crise économique d'après guerre avait fait entrer dans l'ère des incertitudes. Il est vrai que c'était dans la même clientèle que les radicaux-socialistes avaient assuré leur assise électorale. L'audace était interdite à l'Action française si elle voulait garder son influence sociale dans un pays où les salariés étaient en minorité.

Le conflit avec Valois était en passe d'être réglé lorsque l'Action française reçut le coup le plus dur de son histoire : la condamnation romaine, en décembre 1926. En un sens, le mouvement de Maurras ne put jamais s'en remettre, même quand Pie XII, successeur de Pie XI, leva l'interdiction, en 1939.

Le vrai est que la condamnation papale aurait pu venir depuis longtemps. Il était contradictoire, en effet, de la part de Rome, de condamner d'une part le Sillon, sous prétexte que Sangnier confondait religion et politique, et de laisser l'Action française à ses activités alors qu'aux yeux de ses fondateurs le catholicisme n'était pas pris pour une vérité mais pour un instrument d'unité nationale. Maurras avait exprimé nettement ses présomptions contre la Bible et l'Évangile ; il avait toujours tenu à faire le départ entre le christianisme et le catholicisme ; et s'il s'était montré plus catholique que le pape contre le modernisme et le néo-christianisme, c'était en raison d'une vision proprement politique de l'histoire de la France. Mais Maurras avait été protégé par le gros des forces cléricales, en proportion des services rendus à une Église maltraitée par le régime républicain, le combisme et l'anticléricalisme des loges. Pendant la guerre, alors que Benoît XV était fort mal jugé par maint Français, en raison de ses efforts en faveur de la paix pris pour autant de complaisances à l'égard de l'Allemagne, Maurras, au lieu d'en rajouter, s'employa au contraire à prendre la défense systématique du souverain pontife. Pourtant, dès 1914, le boulet de la condamnation était passé près de la tête de Maurras : le 16 janvier, la Congrégation de l'Index avait signalé les passages condamnables de ses écrits. Pie X ne fit rien, la guerre interdit toute condamnation ; au lendemain de la guerre, la pénétration des idées maurrassiennes dans les séminaires et l'ensemble du clergé était manifeste. L'heure arriva pour Rome d'en finir avec l'ambiguïté. Le cardinal Andrieu, ancien sympathisant de l'Action française, fut chargé par le Vatican de préparer le terrain par une série d'articles et de déclarations. On lisait ainsi dans *L'Aquitaine* (bulletin du diocèse de Bordeaux) du 27 août 1926 : « Catholiques par calcul, non par conviction, les hommes qui mènent l'Action française utilisent l'Église, ou du moins espèrent l'utiliser ; ils ne la servent pas, puisqu'ils rejettent le divin message dont la propagation est la mission de l'Église. »

Un certain nombre de prêtres et quelques membres de l'épiscopat français se portèrent au secours du mouvement ainsi attaqué. En fait, la décision de Pie XI était prise depuis un certain temps. Le 20 décembre 1926, le pape résuma les griefs de l'Église contre l'Action française dans son allocution consistoriale. Le 29 décembre, tombait la décision de l'Index : non seulement les livres de Maurras étaient condamnés, mais aussi le quotidien du mouvement. Le 8 mars 1927, la Sacrée Pénitencerie menaçait de suspension *a divinis* les prêtres qui resteraient fidèles à l'Action française. En mars 1928, Rome interdit à ses adhérents le mariage religieux, l'enterrement religieux, la possibilité d'être parrain ou marraine. Le coup porté était terrible. Un mouvement de régression commença, dont témoigne le chiffre des ventes du quotidien au numéro, qui passa entre 1925 et 1930 de 60 000 à 30 000.

Le climat tendu des années trente remit Maurras et les siens à la une de l'actualité ; en même temps, les pères fondateurs du mouvement se voyaient de plus en plus désavoués par une nouvelle génération, impatiente d'agir, énervée par la montée des extrémismes et déçue par l'incapacité de ses maîtres à passer à l'acte. La journée du 6 février 1934 fut à cet égard démonstrative.

La crise généralisée que la France connaît au début des années trente paraissait confirmer les analyses de Maurras. Non seulement le pays était en proie à la mévente des produits industriels, à la chute des prix agricoles, au chômage, mais le régime parlementaire paraissait à bout de souffle. Les élections de 1932 avaient vu la victoire d'une gauche dont la désunion entre radicaux et socialistes éclatait dès le lendemain du verdict électoral. Aucune majorité ne paraissait possible ; aucune alliance ne semblait durable entre les représentants des salariés, préconisant des solutions étatiques à la crise, et les représentants des classes moyennes, fidèles à l'orthodoxie libérale. L'instabilité des hommes au pouvoir reflétait l'incohérence des politiques et l'impuissance des partis. L'arrivée de Hitler au pouvoir en 1933 encourageait l'opinion conservatrice à souhaiter la reprise en main de l'État par un pouvoir fort.

L'affaire Stavisky fournit à l'Action française une magnifique occasion de passer à l'offensive. Ce Juif venant on ne sait d'où, trafiquant avec l'argent des épargnants, moyennant de troubles obligeances dans la classe politique, c'était l'épure de toutes les dénonciations auxquelles Maurras avait accoutumé ses lecteurs : la République maçonne, impuissante, corrompue, minée par l'Étranger, et bientôt désarmée face aux dangers extérieurs. Pendant tout le mois de janvier 1934, les ligueurs de l'Action française organisèrent manifestation sur manifestation sur le pavé parisien, tandis que le quotidien de Maurras et de Daudet soufflait un vent de révolte à toutes les pages. La manifestation du 6 février, qui allait tourner à l'émeute, fut largement déclenchée par les appels au soulèvement du journal de Maurras, qui sut exploiter tous les épisodes du drame, depuis le suicide très suspect de Stavisky jusqu'au limogeage du préfet Chiappe, si compréhensif pour les manifestants de l'extrême droite. Or, tandis que les plus résolus des émeutiers entendaient pénétrer dans la Chambre des députés et entraîner la foule à provoquer la démission de Daladier à peine investi pour imposer une solution de « salut public », les dirigeants de l'Action française, qui, dès les premières heures de leur mouvement, avaient préconisé l'action illégale, le coup de force et la dictature royaliste, et qui de surcroît attisaient les passions antiparlementaires depuis des semaines, se découvraient tels qu'en eux-mêmes : absolument dépourvus d'initiative, tout occupés qu'ils étaient à rédiger l'édition du lendemain de leur journal. Ces rhéteurs n'étaient pas des hommes d'action, comme l'atteste l'activité nocturne, ô combien symbolique, d'un Maurras appliqué, pendant qu'on ramassait les morts et les blessés place de la Concorde, à composer un poème provençal en l'honneur de Pampille (pseudonyme de Marthe), la femme de Léon Daudet. La Seine décidément n'était pas le Rubicon. Du même coup, la génération des Brasillach, tout en jugeant l'enseignement théorique de l'Action française irremplaçable, choisit ses professeurs d'énergie ailleurs, et devint carrément fasciste.

Hors d'état de constituer une véritable extrême droite de combat, l'Action française démontra dans les années suivantes, de 1935 à 1939, les contradictions suicidaires de son nationalisme. Face au danger expansionniste et revanchard que représentait l'Allemagne de Hitler, Maurras et les siens n'eurent de cesse de trahir leur vocation patriotique. Au lieu de soutenir une diplomatie *empirique* fondée sur l'analyse des forces et des dangers, ils préconisèrent sans relâche une diplomatie *idéologique* qui était au bout du compte favorable à l'« ennemi héréditaire ». Hostiles à l'alliance avec l'URSS, ils défendirent à fond les causes de Mussolini en Éthiopie et de Franco en Espagne, comme n'importe quel parti conservateur, avant tout soucieux de contenir le communisme. Lorsque, au lendemain de l'Anschluss, en mars 1938, Léon Blum, pressenti pour former un gouvernement, proposa à la Chambre un vaste rassemblement national pour faire face au danger extérieur, *L'Action française* mêla ses cris à ceux des autres organes du néo-pacifisme de droite : « Ce n'est plus Jacques Bonhomme, écrivait Daudet le 17 mars 1938, c'est, paysan ou ouvrier, Jacques Couillonné, le cobaye de la démocratie sanguinaire qui doit aller crever sur un signe de tête d'un Juif qui l'a en horreur, dans un obscur et lointain patelin dont il n'a pas la moindre notion. Ainsi le veulent la République et la liberté, liberté chérie. »

Maurras et l'Action française contribuèrent de tout leur talent à l'aplatissement de l'opinion conservatrice devant les exigences hitlériennes. Ils furent des « munichois » exemplaires. La manchette qui barrait leur journal, le 27 septembre 1938, peu d'heures avant la capitulation de Daladier et de Chamberlain dans la capitale de la Bavière, paraissait tout résumer : « A bas la guerre ! » Ce n'était pas la guerre en soi qui faisait horreur à ces néo-pacifistes, car tous leurs livres témoignaient du contraire. C'était la guerre « judéo-bolchevique » contre Hitler, dans laquelle on voulait précipiter la France. Quand, en 1939, une fois la Tchécoslovaquie rayée de la carte, Hitler s'en prit à la Pologne, Maurras rassurait d'avance l'alliée de la France : « les vrais amis de la Pologne, écrivait-il, ceux qui sont sages, ne peuvent pas ignorer que le plus grand intérêt de ce pays est encore et malgré tout suspendu à la vie et à la durée de la France... ». Tels furent les derniers mots de cette grande politique. Au pacifisme qui ravageait les rangs d'une gauche antifasciste incapable d'accepter les mesures d'une politique de fermeté seule apte à arrêter le conquérant nazi, le nationalisme maurrassien ne sut objecter aucune leçon de réalisme patriotique ; il contribua au contraire à nourrir l'esprit de Munich, ce mélange de démission, de résignation et de défaitisme qui saisit la droite germanophobe autant que la petite minorité fasciste et germanophile. Un préalable paraissait indispensable, aux yeux de Maurras, pour résister aux conquêtes hitlériennes : changer de régime ; tous les maurrassiens reprenaient l'antienne, dans *Candide*, dans *Je suis partout*, dans *Combat*... Mais il ne s'agissait que d'un vœu pieux, d'une forme d'incantation, qui n'ébranlait pas plus la République parlementaire qu'un poème provençal lors d'une nuit d'émeute.

La guerre vint, il fallut s'y résigner. La défaite survint : l'Action française ne l'avait-elle pas prédit ? C'est alors que se produisit l'inespéré. Le régime républicain ne survivait pas à la débâcle et laissait la place au principat du maréchal Pétain. Ce fut vite une idylle entre l'Action française et le régime de la révolution nationale. Maurras, le 9 février 1941, rendant hommage au Maréchal, parlait de « divine surprise » : « Eh bien ! la partie divine de l'art politique est touchée par les extraordinaires surprises que nous a faites le Maréchal. On attendait tant de lui, on pouvait et on devait tout attendre. A cette attente naturelle, il a su ajouter quelque chose. Il n'y manque plus rien désormais. » La même année, Pétain dédicaçait ses *Paroles aux Français* à Maurras : « Au plus français des Français. »

Sans doute le régime de Vichy n'a-t-il pas été le pur produit des idées maurrassiennes ; sans doute nombre d'anciens ligueurs ont-ils, surtout à partir de 1942, retiré leur appui à Pétain et se sont-ils parfois retrouvé dans le camp de la Résistance, du côté de Giraud notamment. Il reste que Maurras et l'Action française ont été parmi les meilleurs pourvoyeurs en idées et en hommes à l'égard du nouveau régime. Un « maurrassisme profond, mais diffus », selon l'expression d'Eugen Weber, a marqué les grandes décisions des premières années, 1940 et 1941. Soit que leurs inspirateurs fussent ou aient été effectivement de l'Action française, comme Henri Massis, Raphaël Alibert, ou René Gillouin, soit qu'ils fussent, au même titre que tant d'autres esprits conservateurs, marqués par les idées de Maurras sans être royalistes.

Rappelons quelques-unes des lois de la révolution nationale, parfaitement en accord avec la doctrine maurrassienne : la loi du 17 juillet 1940, qui interdit la fonction publique et les professions juridiques à quiconque est né de père étranger ; la loi du 22 juillet, remettant en cause des naturalisations postérieures à 1927 ; la loi du 30 juillet, qui institue une Cour suprême visant à juger les ministres de la Troisième République responsables de la défaite ; la loi du 13 août, interdisant les sociétés secrètes, en particulier la franc-maçonnerie, et exigeant des fonctionnaires un serment de non-appartenance ; le premier Statut des Juifs du 3 octobre (lequel sera aggravé en 1941), interdisant la plupart des emplois publics et un certain nombre d'emplois privés aux Juifs ; le décret du lendemain 4 octobre donnant pouvoir aux préfets d'interner les « Juifs étrangers » dans des camps spéciaux ; la Charte du Travail de 1941, visant à instaurer le corporatisme en lieu et place du syndicalisme… Dans toutes ces mesures, l'esprit de l'Action française avait soufflé, autant que dans la substitution de la devise « Travail, Famille, Patrie » à « Liberté, Égalité, Fraternité », que Maurras détestait. Les responsables des Chantiers de la jeunesse et le directeur de l'école des cadres d'Uriage, Pierre Dunoyer de Segonzac, n'étaient pas, eux non plus, étrangers aux idées de Maurras[6].

Au-delà de telle ou telle décision particulière, toute la politique de Pétain pendant l'Occupation fut en osmose avec celle de Maurras. Celui-ci comme celui-là rêvèrent jusqu'au bout de vivre la « France seule ». Maurras n'accepta jamais le collaborationnisme prodigué par une partie de ses anciens disciples, ralliés au nazisme, tels Brasillach ou Darnand, dont une partie sur le front russe dans l'uniforme des Waffen SS. La collaboration d'État à laquelle se prêtait Pétain était fondée sur un calcul pseudo-réaliste, le pro-germanisme n'y avait aucune part. Néanmoins, ce n'était qu'à la faveur de l'occupation allemande que le Maréchal pouvait entreprendre la fondation d'un nouveau régime qui remettait en cause soixante-dix ans de République. Dans leurs illusions isolationnistes, le régime pétainiste et l'Action française furent amenés à juger de la Résistance et de la France libre comme ennemis. Maurras, qui ne cessa d'aiguillonner la politique antijuive de Vichy, assuma aussi la responsabilité des appels au meurtre contre les « gaullistes » : « L'important, écrivait-il dans *L'Action française* du 3 janvier 1944, est de trier, de juger, de condamner, d'exécuter. On ne rétablira qu'à ce prix une ombre de sécurité. » Ou encore, le 2 février de la même année : « Nous disons plusieurs fois par semaine que la meilleure manière de répondre aux menaces des terroristes est de leur imposer une légitime contre-terreur. L'axiome est applicable aux violences de parole et d'attitude dont se rendent coupables les hordes juives : le talion. »

6. Il faudrait néanmoins nuancer le jugement de Weber, qui a tendance à exagérer l'influence maurrassienne. A propos de Dunoyer de Segonzac, Bernard Comte (historien d'Uriage) écrit : « il a côtoyé sans y adhérer l'idéologie de l'Action française » (*Une utopie combattante. L'École des cadres d'Uriage. 1940-1942*, Paris, Fayard, 1991, p. 51).

Maurras était arrêté à Lyon, le 8 septembre 1944, quelques jours après la libération de la ville. Son procès eut lieu en janvier 1945. Il fut condamné à la détention à vie et à la dégradation nationale. Le verdict lui arracha ce cri : « C'est la revanche de Dreyfus ! » Ainsi, la boucle était bouclée. L'obsession antisémite le hanta jusqu'à ses derniers jours. Peu avant sa mort, le 6 novembre 1952, il confiait encore à l'un des siens, Havard de La Montagne : « La barbare occupation de 1940 n'aurait jamais eu lieu sans les Juifs de 1939, sans leur guerre immonde, la guerre qu'ils avaient entreprise, la guerre qu'ils avaient déclarée ; les occupants avaient été introduits par eux. Ce sont les Juifs qui nous ont lancés dans la catastrophe[7]. »

Le legs de l'Action française

L'Action française est morte officiellement en même temps que le régime de Vichy. Il n'en est pas moins resté des survivances, et des tentatives de renouvellement ont eu lieu.

La filiation en ligne directe a été assurée par Maurice Pujo et Georges Calzant, qui ont repris l'ancienne cause maurrassienne dans l'hebdomadaire *Aspects de la France*, dont le premier numéro date du 10 juin 1947. L'ancienne ligue a connu une pâle reconstitution avec la Restauration nationale, tandis que François Daudet publiait à partir d'octobre 1955 une petite revue, *Les Libertés françaises*, à prétention plus intellectuelle que l'hebdomadaire. Ces différents éléments tentaient de redonner vie à un mouvement que l'effondrement du régime pétainiste avait entraîné dans l'abîme. Confits dans le ressentiment, les fidèles de Maurras se montrèrent dans l'incapacité d'éviter, selon la formule de Raoul Girardet, l'« inlassable répétition d'un formulaire stéréotypé[8] ». En 1992, toute leur audace consista à

7. Cité par Eugen Weber, *op. cit.*, p. 478.
8. Raoul Girardet, « L'héritage de l'Action française », *Revue française de science politique*, oct.-déc. 1957

rebaptiser leur hebdomadaire *L'Action française*, en reprenant comme aux beaux jours de 1934 le slogan antiparlementaire : « A bas les voleurs ! »

A coup sûr, si l'école de Maurras a encore prolongé son enseignement après la Seconde Guerre mondiale, ce fut moins par les écrits de ces héritiers « orthodoxes », au dogmatisme impuissant, que par certaines tentatives de renouvellement et, plus encore, par les réfractions de son rayonnement d'étoile morte en divers milieux.

La tentative la plus intéressante de rénovation a été le fait de Pierre Boutang, quittant *Aspects de la France* en 1954 pour fonder avec une nouvelle équipe (Philippe Ariès, François Léger, Gabriel Marcel, Gustave Thibon, Emmanuel Beau de Loménie, etc.) *La Nation française*, désireuse d'adapter avec un certain esprit d'ouverture, et en évitant le style de la polémique, les principes de l'École aux temps nouveaux. Il s'agissait notamment pour Boutang de surmonter la terrible coupure des années de guerre qui avait séparé les anciens compagnons de Maurras : « Ce journal rassemble des hommes qui entendent rester fidèles au souvenir du vieux Maréchal dont ils ont suivi la personne, et d'autres qui ont combattu dans les rangs de la Résistance et sous les uniformes de la France libre et qui prétendent ne rien renier de leur passé... Tous, je crois, nous sommes débarrassés de ces rancunes falotes et de ces ressentiments aigrement pervers que traîne encore le boueux sillage de la guerre et de l'occupation[9]. » *La Nation française* vécut jusqu'à la fin des années soixante, après que son équipe eut été déchirée par la guerre d'Algérie et que Pierre Boutang eut donné des gages au général de Gaulle.

En 1968, une autre tentative de renouvellement, plus originale, fut la création de la Nouvelle Action française par Bertrand Renouvin, dont le père avait été lié à Maurras. N'empruntant à celui-ci qu'une partie de son enseignement, Renouvin et ses amis

9. Philippe Méry, « Sur les Mémoires de guerre du général de Gaulle », *NF*, 17 juillet 1956 ; cité par Raoul Girardet, art. cité.

constituèrent une sorte de dérivée de gauche de l'Action française. Mais leur organe, *Royaliste*, succédant à *La Nouvelle Action française*, témoigne d'abondance que nous ne sommes plus avec eux dans l'univers de l'extrême droite.

Les idées de Maurras connurent d'autres supports après la Seconde Guerre mondiale, se mêlant à d'autres courants. On en trouve des traces dans l'hebdomadaire fascisant *Rivarol*, fidèle depuis 1946, année de sa fondation, à un antiparlementarisme et à un antigaullisme dont le style rappelle les hyperboles des éditoriaux de Léon Daudet. *Les Écrits de Paris*, revue fondée en janvier 1947, organe d'expression de la nostalgie pétainiste, ont été une autre tribune pour d'anciens sympathisants de l'Action française. Les différents bulletins de l'intégrisme catholique ont continué à diffuser quelques-uns des thèmes chers à Maurras, quand bien même l'accord n'est pas toujours parfait entre les partisans du « politique d'abord ! » et les tenants d'un « spirituel d'abord ! »[10]. Enfin, il est piquant de retrouver au cœur des années cinquante des écrivains comme Jacques Laurent, Michel Déon, Michel Braspart, Roger Nimier, Antoine Blondin, de formation ou de sympathie maurrassienne, et prenant résolument partie pour le « désengagement », la frivolité, l'indifférence, en des temps où le magistère de Sartre assignait à la littérature un impératif politique[11]. La plupart de ces écrivains de la « jeune droite » reprirent du galon dans les rangs de l'Algérie française, le naturel chez les « hussards » revenant au galop.

Maurras avait eu le mérite d'inventer une greffe originale, celle de la contre-révolution sur le nationalisme. Au nationalisme de la fin du XIXe siècle, formé entre deux crises — le boulangisme et l'affaire Dreyfus —, l'écrivain provençal avait su

10. Voir la polémique opposant Jean Madiran, pourtant « écrivain maurrassien de stricte obédience », fondateur d'*Itinéraires* (revue intégriste créée en 1956), à Marcel Clément, de *Libertés françaises* (1957).

11. Voir Pol Vandromme, *La Droite buissonnière*, Les Sept Couleurs, 1960.

donner une armature doctrinale d'une remarquable cohérence, empruntant à la tradition contre-révolutionnaire la solution royaliste et sa vision organique de la société. Cependant, son « politique d'abord ! » tranchait avec les présupposés religieux et providentialistes de la pensée maistrienne et bonaldienne[12]. Il emprunta à la tradition de gauche son culte de la raison et se réclama ouvertement du positivisme comtien qui avait inspiré les pères de la Troisième République. A ceci près que, tout en étant agnostique, il se séparait des autres positivistes et d'Auguste Comte lui-même par le rôle qu'il attribuait au catholicisme — dont l'usage social devait rester à ses yeux inentamé.

En comparaison des autres expressions du nationalisme antidreyfusard, le nationalisme intégral de Maurras attira durablement une clientèle de Français inquiétés par l'évolution historique et demandeurs de certitudes. Le doctrinaire de l'Action française leur offrit la formule de la référence nationale la plus solidement constituée, un essentialisme français à défendre dans sa pureté comme l'eucharistie dans un tabernacle. La nation selon Maurras, mélange de romanité, de catholicité, de classicisme, était à préserver contre toutes les formes de menace extérieures et intérieures — celles-ci du reste n'étant que des prolongements de celles-là au sein de la communauté nationale. La rupture de 1789 avait brisé l'harmonie de l'Ancien Régime, pris d'assaut par les « idées suisses » — protestantisme et rousseauisme. L'anarchie, autre nom de l'individualisme libéral, en était résultée, pour se fixer sous la forme d'une République parlementaire, confisquée par l'oligarchie des « quatre États confédérés » — protestants, Juifs, francs-maçons et métèques. Contre l'usurpation de ce « pays légal », il fallait rétablir les droits du « pays réel ». Toute l'entreprise nationaliste des années 1890 était fondée sur le projet d'abattre la République parlementaire, la République judéo-maçonnique — mais les solutions de Boulanger, de Déroulède, de Barrès n'étaient que des « révi-

12. Voir, plus haut, le chapitre 1, consacré à l'héritage contre-révolutionnaire.

sionnismes », c'est-à-dire des solutions incomplètes et aléatoires. Maurras se vanta de donner au nationalisme sa conclusion logique sous la forme de la restauration monarchique. Non plus celle qu'attendaient du Ciel les fervents du « droit divin » et autres adeptes du sentimentalisme politique, mais une restauration fondée en raison, seule à même de refaire l'unité perdue de la nation.

Cependant, la solidité d'une doctrine invariable causa autant l'échec final de l'Action française que son succès initial. Car la logique de Maurras concluant au royalisme n'était qu'une logique de l'imaginaire, sans véritable ancrage dans le réel. Le paradoxe était que le défenseur de l'empirisme en politique verrouilla sa doctrine, devenue inaccessible aux situations concrètes. Pendant des années, Maurras tenta de convaincre son aîné Barrès, qu'il admirait et qui ne pouvait se résoudre au choix royaliste. Le nationaliste de Nancy se révéla plus réaliste que le néo-royaliste de Martigues : « Je ne vois pas de raison de m'enchaîner à une solution impossible, écrit Barrès en 1908, pour l'amour d'avoir une solution [13]... »

Refermée sur les éléments d'une théorie définitivement rassemblés dans les premières années du siècle, l'Action française offrit à la droite sa meilleure école de pensée, mais une école sans débouché. Comme on l'a écrit, ses deux apogées, celui des années 1920 et celui de 1940, correspondent à une impasse [14]. Dans les lendemains de la Grande Guerre, le mouvement et le journal de Maurras atteignent leur plus grande audience — mais c'est au moment où le régime républicain sort victorieux d'un conflit mondial où il était assuré de sombrer corps et biens, selon les vaticinations des maurrassiens. En 1940, l'influence que l'Action française retrouva auprès du régime vichyste s'exerce en pleine occupation du pays par les armées de l'ennemi héréditaire, contre lesquelles ces farouches défenseurs de la patrie

13. Maurice Barrès, Charles Maurras, *La République ou le Roi, Correspondance inédite (1888-1923)*, Paris, Plon, 1970.

14. Voir Pierre Nora, art. cité.

interdisent la résistance. En aucun cas, en quarante ans, Maurras et ses amis ne furent en mesure d'ébaucher par leurs propres moyens la stratégie de restauration *via* le coup de force qu'ils prônaient ouvertement et qui était devenu complètement mythique.

Au demeurant, l'influence de l'Action française ne fut pas négligeable. « Nous conspirons à déterminer un état d'esprit », écrivait Maurras dans son *Enquête sur la Monarchie*. Et, de fait, il sut établir une certaine forme d'hégémonie, pour reprendre la terminologie de Gramsci, dans certains milieux intellectuels, à commencer par le monde catholique et clérical — au-delà même de la condamnation romaine de 1926. Plusieurs générations d'étudiants et de clercs ont été nourries par les formules et les polémiques des maurrassiens. Bien des adeptes n'ont fait qu'un « stage » — selon l'expression de Raoul Girardet — à l'« AF », mais ceux-là mêmes ont souvent été sensibilisés à vie. Une imprégnation d'hostilité à la République, au parlementarisme, à la démocratie, a souvent survécu aux séparations. Maurras a, peut-être plus profondément encore, doté les passions antisémites d'une légitimation intellectuelle, en leur donnant une apparence de raison, même s'il récusait le racisme proprement dit. L'antisémitisme, devenu officiel sous Vichy, lui doit quelques-unes de ses pires maximes. La lecture quotidienne de *L'Action française* par tant d'écrivains, entre les deux guerres, donne une partie d'explication à leurs propos antijuifs.

L'Action française a aussi largement contribué à acclimater en France des comportements de guerre civile. La violence a été de ses méthodes ordinaires. Le journal de Maurras et de Daudet a rompu avec le style royaliste traditionnellement modéré, pour adopter tous les excès de la polémique, les attaques *ad hominem*, les appels au meurtre. Cette « politique du tumulte » ne se contentait pas des mots : la violence physique fut employée par les Camelots dès leur formation. Rappelons notamment que Maurras fut condamné le 21 mars 1936 à quatre mois de prison pour provocation au meurtre sur la personne de Léon Blum. Il n'en était pas à son premier essai ; la prison ne l'empêcha nullement de récidiver. Les mêmes procédés haineux, le même vocabulaire infamant, le même style de fanatisme religieux ont été reproduits par les cadets et les épigones de Maurras en leurs divers journaux. Nul doute que l'« état d'esprit » recherché par le doctrinaire de l'Action française a été effectivement produit et a pu attiser les haines franco-françaises.

Une question reste toutefois à débattre, à laquelle il n'est pas aisé de répondre. Étant donné l'influence de l'Action française entre les deux guerres, celle-ci n'a-t-elle pas provoqué par sa force d'inertie l'heureux effet de prémunir la France contre la tentation fasciste ? Le mouvement de Maurras, on l'a dit, était profondément conservateur ; extrémiste par le verbe, mais privé de tout dynamisme. Un certain nombre de ses anciens « stagiaires », agacés par cette inaction, optèrent — on l'a dit — pour le fascisme ou, à tout le moins, pour l'activisme musclé, mais le phénomène n'eut jamais des dimensions vraiment menaçantes pour le régime républicain : ni l'équipe de *Je suis partout* ni même la Cagoule ne firent trembler la démocratie parlementaire. On peut juger que l'Action française retint les forces potentielles d'un fascisme français loin des aventures césariennes. Sans doute peut-on créditer les Croix-de-Feu et le Parti social français du colonel de La Rocque du même effet de dissuasion. Il reste que la formation d'extrême droite la plus ancienne a pu servir d'abcès de fixation à la purulence antidémocratique. En fait, ce raisonnement est retournable : si l'Action française ne fut jamais en mesure de tenter le coup de force, c'est sans doute parce qu'elle baignait dans un milieu profondément conservateur, hanté par la peur du communisme, et que le régime de Vichy put seul combler, de manière fugace, grâce à une défaite militaire. Plus conservatrice que nationaliste, plus nationaliste que royaliste, l'Action française n'a pu néanmoins résister à l'épreuve de l'événement, tombant de la « divine surprise » à la « revanche de Dreyfus ».

Michel Winock

5

L'ultra-droite des années trente

Pourquoi ce titre ? Pourquoi l'ultra-droite plutôt que la classique appellation qui s'applique à l'objet même de ce livre ? Parce que nous abordons ici un rivage de notre histoire dont les contours paraissent un peu voilés par les effets multiples et multiplicateurs de la « crise ». Il y a certes, poussés sur le devant de la scène par les malheurs du temps, des individus et des mouvements qui peuvent très classiquement être rattachés à l' « extrême droite », les uns cherchant à reproduire, avec quelques variantes dictées par l'air du temps, le modèle ligueur de la fin du siècle dernier, les autres s'appliquant à mitonner une version hexagonale du fascisme. Sans doute sont-ils globalement plus nombreux, plus turbulents, plus dangereux aussi que leurs prédécesseurs. Mais, surtout, ils ne forment pas un bastion isolé dans le paysage politique de la France des années trente. La radicalisation qui s'opère à la faveur de la crise n'a pas seulement pour effet de gonfler les effectifs des mouvements d'extrême droite. Elle tend à gommer les différences et à favoriser le rapprochement entre ces organisations activistes et toute une fraction de la clientèle et des cadres de la droite « classique ». Si l'on veut, et la comparaison s'impose avec ce qui se passe en France depuis une dizaine d'années, les idées de l'extrême droite — ou du moins une partie de ces idées — débordent de leur cadre traditionnel pour servir d'aliment à une nébuleuse plus vaste. Appelons-la « ultra-droite », ou si l'on préfère « droite extrême », simplement pour marquer la différence avec ce qui en constitue le noyau dur.

Les limites sont d'autant plus difficiles à cerner que les acteurs concernés sont souvent les premiers à brouiller les cartes en répudiant, comme le fait aujourd'hui Jean-Marie Le Pen, le qualificatif « extrémiste » appliqué à l'organisation dans laquelle ils militent. Or il est clair qu'un individu ou un groupe d'individus reliés par une appartenance commune peuvent prétendre ne pas être extrémistes et relever néanmoins de cette catégorie : le rapport au futur et le positionnement verbal par rapport au régime ne suffisent pas à trancher.

Ce n'est pas parce que l'on se dit « républicain », que l'on se réclame des valeurs « républicaines », que l'on se défend de vouloir détruire la République et le parlementarisme, que l'on n'est pas au fond des choses un ennemi de la République parlementaire. Cela est vrai pour un certain nombre d'adhérents du PSF en 1936-1937, beaucoup moins en 1938-1939, et c'est une question qui mérite d'être posée à l'heure actuelle à propos du Front national. Le fait d'afficher une adhésion bruyante au jeu électoral et aux pratiques formelles du parlementarisme ne suffit pas à transformer une formation issue de la mouvance ultra-nationaliste et fascisante en un rassemblement de démocrates bon teint, quand de toute évidence la stratégie du verbe et l'occultation des mobiles profonds appartiennent à la panoplie du combat pour le pouvoir. Ces remarques préliminaires étant faites, essayons de voir comment s'articulent dans le contexte de la crise les diverses composantes de la famille ultra-droitière.

L'éphémère printemps des ligues

Les ligues, ces coalitions hétéroclites visant à imposer un ou des objectifs communs aux individus qui les composent[1], ne

1. Sur l'évolution et la signification historiques du phénomène des ligues, voir S. Berstein, « Les ligues, un phénomène de droite », *in* J.-F. Sirinelli (dir.), *Histoire des droites en France,* Paris, Gallimard, 1992, t. 2, p. 61-62.

constituent pas un phénomène nouveau dans la France des années trente. Elles ont connu un premier âge d'or à la fin du XIXe siècle. Elles ont, au lendemain de la guerre, resurgi dans le paysage politique français, trouvant un nouveau souffle avec l'avènement du Cartel en 1924, la crise monétaire et les difficultés diverses portées au passif du parlementarisme. Le sauvetage du franc par Poincaré et le retour au pouvoir de la droite en 1928 ont fortement réduit leur impact auprès des catégories sociales les plus réceptives à leur discours contestataire. Entrées pour quelque temps en semi-léthargie, les voici de nouveau au premier plan de l'actualité lorsque, contemporains du succès de la gauche aux élections de 1932, se manifestent en France les premiers signes de la crise.

Mesurée au niveau le plus tangible de ses incidences matérielles sur la vie de ses habitants, la crise affecte moins fortement la France que les autres grandes nations industrialisées, du moins dans sa forme première. La France le doit à l'équilibre de ses structures économiques et à la solidité de sa monnaie. Mais la reprise y est plus tardive qu'ailleurs, et surtout les déficiences du parlementarisme y sont telles que les difficultés économiques et sociales qui commencent à se manifester au début de 1932 y débouchent sur une véritable remise en question du régime qu'il n'est pas dans mon propos d'analyser ici.

Traditionnellement, le mot « ligue » désigne dans la France contemporaine deux catégories de mouvements : d'une part de simples groupes de pression agissant sur un terrain catégoriel, d'autre part « des forces politiques s'attaquant aux institutions en place[2] ». Entre ces deux pôles, on trouve toute une gamme de nuances, la radicalisation et la pénétration des formations les moins politisées par des éléments reliés aux courants activistes s'effectuant à la faveur d'une situation de crise. Il en a été ainsi au moment de l'affaire Dreyfus. Il en sera de même à la fin de la Quatrième République. Mais c'est avec les années trente que le mouvement connaît sa plus forte amplitude.

2. *Ibid.*, p. 62.

Ce sont des organisations appartenant à la première catégorie qui rassemblent, sur des mots d'ordre antiparlementaires et parfois anti-étatiques, les gros bataillons des mécontents du régime. La première est la Fédération nationale des contribuables. Fondée en 1928, donc en pleine prospérité, par l'expert-comptable Marcel Large. Rien de très radical au départ dans son programme axé sur une « plus juste répartition de l'impôt » et sur la défense de l'initiative privée. Rien qui distingue vraiment son discours de celui de la droite libérale. Avec le début de la crise, le ton change cependant, et les objectifs du mouvement — qui se targue, non sans exagération, de rassembler 700 000 adhérents — se modifient dans le sens d'une forte radicalisation à droite. L'organe mensuel du mouvement, *Le Réveil des contribuables,* annonce très clairement la couleur en février 1933, par la plume de Marcel Large, lui-même très proche de l'Action française : « Nous entreprenons, écrit-il, une marche convergente vers cet antre qui s'appelle le Palais-Bourbon, et, s'il le faut, nous prendrons des fouets et des bâtons[3]. » Le rendez-vous est pris. Un an plus tard, les plus activistes des « contribuables » seront sur les Champs-Élysées et à la Concorde « pour s'opposer à une politique d'immoralité qui jette la déconsidération sur la nation[4] ». Il est vrai que la masse ne suit pas ses dirigeants dans l'invitation qui lui est faite de « descendre dans la rue », mais il est vrai également qu'il ne faut pas négliger le rôle qu'a pu jouer un mouvement comme celui de Marcel Large dans la mobilisation de larges fractions des classes moyennes sur des thèmes antiparlementaires et antilibéraux.

Il en est de même de l'Union nationale des combattants (UNC), autre organisation de masse, puisqu'elle rassemble 900 000 cotisants en 1933, dont 72 000 pour la région parisienne ; organisation attrape-tout elle aussi, comme la Fédération nationale des contribuables, et qui présente avec celle-ci ce trait

3. *Le Réveil des contribuables,* février 1933.

4. Communiqué de la Fédération des contribuables de la Seine publié dans *L'Action française* du 5 février 1934.

particulier de ne pas avoir exactement la même fonction pour ses adhérents et pour ses dirigeants. « Œuvre d'union sacrée, essentiellement patriotique et morale[5] » pour les premiers, instruments pour les seconds d'un engagement frontal avec les détenteurs du pouvoir. N'est-il pas question dans le « Programme de Wagram », un document élaboré par le conseil d'administration de l'UNC en octobre 1933, de « restaurer l'autorité », de libérer le pays de l' « intolérable tyrannie des partis » ? N'est-il pas affirmé sans ambages que « si l'évolution nécessaire ne se fait pas par des réformes adéquates, la révolution les imposera brutalement[6] » ? Sans doute, comme le fait remarquer Antoine Prost[7], ce discours pugnace est-il celui d'une poignée de dirigeants activistes, politiquement alignés sur les positions de la droite ligueuse et comme elle désireux de donner à la majorité sortie des urnes l'année précédente la pichenette qui permettrait à la droite, comme en 1926, de revenir au pouvoir. La base pour sa part se réclame davantage de Clemenceau que de Mussolini ou d'un quelconque imitateur français du dictateur fasciste. Ce n'est pas contre la République que se dressent les 20 000 militants de l'UNC qui défilent pacifiquement sur les Champs-Élysées le 6 février 1934, veillant à ne pas se mêler aux émeutiers des ligues fascisantes, mais contre ce qu'ils considèrent comme une dérive de la démocratie libérale. Il n'en reste pas moins, Serge Berstein a raison de le souligner, que l' « esprit national » défendu par les anciens combattants, et dont l'UNC a fait son cheval de bataille, est bel et bien récupéré par la droite extrême, dans une perspective de lutte politique moins respectueuse des institutions et de la culture républicaines[8]. Dans le contexte de crise qui caractérise cette période, l'UNC comme la Fédération nationale des contribuables jouent,

5. Statuts de l'UNC, cités in S. Berstein, *Le 6 février 1934*, Paris, Gallimard-Julliard, 1975, p. 49.

6. Texte du manifeste in *La Voix du combattant,* 21 octobre 1933.

7. A. Prost, *Les Anciens Combattants et la Société française, 1914-1939,* Paris, Presses de la FNSP, 3 vol.

8. S. Berstein, *op. cit.,* p. 50.

si l'on veut, le rôle d'un sas entre la masse flottante des mécontents et les formations extrémistes directement engagées dans le combat politique.

Le « dorgérisme » constitue un peu une catégorie intermédiaire entre ces mouvements de protestation catégorielle et les organisations politisées et militarisées qui forment le noyau dur de l'agitation ligueuse. Au début, le mouvement qu'anime Henri d'Halluin, dit Dorgères, un ancien étudiant royaliste rennais, se veut essentiellement le vecteur d'un programme de défense du monde paysan dirigé contre l'État centralisateur jacobin et le « socialisme d'État ». C'est par réaction en effet à la loi sur les assurances sociales que le mouvement se développe à partir de 1928, en Ille-et-Vilaine d'abord puis dans les pays bocagers de l'Ouest, enfin dans le Centre, la région rhodanienne, les Pyrénées et surtout le Nord. L'idéologie est absente de ce « dorgérisme » première manière et les méthodes sont encore à cette date celles d'un poujadisme avant la lettre, s'opposant par la force aux contrôles fiscaux de petits fermiers endettés. Peu à peu cependant, les comités de défense paysanne se politisent et se radicalisent dans une direction ultra-réactionnaire.

Dans le livre qu'il publie en 1935, *Haut les fourches !,* Dorgères expose une doctrine corporatiste et traditionaliste fortement influencée par le maurrassisme et par le catholicisme social. Il dénonce en vrac l'État bureaucratique, sa politique libérale favorable au capitalisme citadin, l'école républicaine et ses « hussards noirs », accusés d'avoir déchristianisé les campagnes et privé la terre de ses meilleurs éléments. Il prône la mise en place d'un État fort — monarchie ou « République corporative familiale » —, à la fois décentralisé et respectueux des structures de la société traditionnelle. Bref, un catalogue de valeurs et de propositions qui sont déjà celles du régime de Vichy. Ainsi armé idéologiquement, le dorgérisme élargit son audience — il fait état de 400 000 adhérents en 1934, chiffre très fortement gonflé —, s'allie à d'autres formations de même nature mais de moindre envergure dans le Front paysan d'Edmond Jacquet et Jacques Le Roy Ladurie, et se lance dans l'action directe. Ses « chemises vertes » ne répugnent pas aux expéditions punitives contre les ouvriers agricoles en grève, et Dorgères lui-même s'oriente à partir de 1934 vers une sorte de « squadrisme » rural assez proche de celui qui s'était développé quinze ans plus tôt en Italie du Nord.

La chouannerie antirépublicaine de Dorgères ne saurait être assimilée pour autant à un fascisme. Les bases sur lesquelles l'agitateur rural entend reconstruire la société française sont en effet celles de la France traditionnelle : la famille, le respect des hiérarchies, la corporation, la petite propriété. Ce sont celles qui serviront de piliers au régime paternaliste de Vichy. Ce sont celles également qui forment le substrat du projet maurrassien. Je ne traiterai pas ici de l'Action française (AF), puisqu'un chapitre entier de ce livre est consacré à cette organisation ligueuse et à la pensée de son principal dirigeant. Je voudrais simplement rappeler que, après sa condamnation par le Saint-Siège en 1926, l'AF a perdu l'essentiel de sa clientèle catholique et, partiellement au moins, son rôle d'école de pensée inspirant une partie de la droite française. Elle s'est dès lors tournée vers la pure action directe et l'agitation ligueuse : pas au point toutefois de garder ses éléments les plus activistes. Déçus par le terrorisme purement verbal de Maurras, nombre d'entre eux vont quitter la vieille maison pour des groupes plus directement engagés dans la guerre contre le régime honni.

Durant la première moitié des années trente, deux ligues dont l'idéologie et l'action se rattachent aux modèles en vigueur au temps du boulangisme et de l'affaire Dreyfus occupent le devant de la scène. La première relève directement de cette mouvance césaro-plébiscitaire. Fondé en 1924 par Pierre Taittinger, industriel prospère devenu député de Paris et rédacteur en chef de *La Liberté*, le mouvement des Jeunesses patriotes (JP) n'a été en effet jusqu'en 1926 qu'une filiale de la vieille Ligue des patriotes, alors en plein renouveau sous la présidence du très conservateur général de Castelnau. Doté par son chef d'un programme très vague mariant anticommunisme et antiparlementarisme, il a joué à l'époque du Cartel des gauches le rôle d'une milice des partis nationaux, se faisant remarquer lors du transfert au Panthéon des cendres de Jaurès et participant à des engagements violents contre les communistes, en particulier en février 1925, rue Damrémont, lors d'une manifestation contre la guerre du Rif. La chute du gouvernement Herriot et le retour de Poincaré au pouvoir ont entraîné la mise en sommeil des JP, qui, à défaut de son idéologie, ont emprunté au fascisme italien son organisation en escouades militarisées.

La victoire de la gauche aux élections de 1932 provoque le réveil des Jeunesses patriotes et oriente leur action dans une double direction. D'une part, Taittinger mène avec ses amis une action politique classique, prônant la constitution d'un vaste rassemblement des droites sous la houlette d'André Tardieu. D'autre part, il ne manque pas une occasion de lancer ses troupes — dont le fer de lance est constitué par les Phalanges universitaires — dans toutes les batailles de rues qui ponctuent les années 1933 et 1934. Cette stratégie à double face n'est pas sans rappeler celle de Mussolini entre 1920 et 1922. Mais le contexte est différent, le danger révolutionnaire à peu près inexistant, et surtout l'objectif visé par le chef des Jeunesses patriotes n'est pas le même : ce que veut Taittinger, ce n'est pas l'installation en France d'une dictature totalitaire, mais la mise en place d'un exécutif fort, soutenu par un rassemblement des droites allant des formations nationalistes à l'aile droite du parti radical et dont le leader — Poincaré en 1926, Tardieu en 1934 — prendrait en charge la modernisation des institutions républicaines. C'est la raison qui pousse les JP, alors à leur apogée (le mouvement aurait compté à cette date 100 000 adhérents), à descendre dans la rue le 6 février 1934 et à faire le coup de feu sur le pont de la Concorde. Après l'échec du coup de force, c'est dans le même but que Taittinger va s'efforcer de transformer son mouvement en un parti politique doté d'un véritable programme. La dissolution des ligues par le gouvernement Blum en juin 1936 lui en fournit l'occasion. Sur les ruines des Jeunesses patriotes, se constitue ainsi un Parti républicain national et social qui ne réussira guère à mordre sur la clientèle du Parti social français (PSF) et sur celle de la droite classique.

La Rocque et les Croix-de-Feu

Dans l'espace politique occupé par la contestation ligueuse, nationaliste et plébiscitaire, mais non spécifiquement « fasciste », il n'y a place en effet que pour une seule organisation de masse, et cette organisation, née elle aussi dans les années vingt, a pour leader non pas un industriel champenois mais un lieutenant-colonel en retraite, originaire d'une famille de bonne noblesse et ayant « pantouflé » à la Compagnie générale d'électricité d'Ernest Mercier : François de La Rocque Séverac.

Le « colonel de La Rocque » a de peu dépassé la quarantaine lorsqu'en 1929 il entre au conseil d'administration d'une association d'anciens combattants fondée deux ans plus tôt par l'écrivain Maurice Hanot (dit d'Hartoy) afin de rassembler les combattants de l'avant et les blessés décorés pour faits de guerre (ou Croix-de-Feu). Les débuts sont modestes (pas plus de 2000 adhérents en 1929). Le projet se veut strictement apolitique, avec il est vrai une pointe d'antiparlementarisme, de règle dans ce milieu. Sans plus. Bien que François Coty, patron de choc du *Figaro* et candidat dictateur en quête d'une clientèle, ait ouvert ses locaux et sa bourse aux adhérents du mouvement, on ne se bouscule pas pour militer chez les Croix-de-Feu dans la France prospère et modérée de l'ère poincariste. L'arrivée de La Rocque n'y change pas grand-chose au début, si bien qu'il faut vite élargir le recrutement de l'organisation aux « briscards », combattants ayant séjourné au moins six mois en première ligne, puis aux générations montantes (création des Fils et Filles de Croix-de-Feu en 1932) et aux sympathisants de tous âges (Ligue des volontaires nationaux en 1933).

Les effets conjugués des difficultés économiques et de la crise du régime, joints au prestige personnel du « colonel », donnent au mouvement une impulsion soudaine. Fort d'une quinzaine de milliers d'adhérents au début de 1931, celui-ci en compte 80 000 à la fin de 1932, 150 000 à la fin de 1934 et probablement le double un an plus tard. Les Croix-de-Feu et assimilés supplantent donc de très loin les Jeunesses patriotes et apparaissent comme la plus importante des ligues. Eux aussi disposent d'un bras armé : groupes de défense et de combat recrutés dans l'association, les « dispos », organisés militairement en « mains » (équipes de cinq hommes) et en « divisions » mobilisables à tout moment. Périodiquement, ce service d'ordre musclé est engagé dans des « manœuvres » motorisées destinées à tester ses capacités d'intervention, ou passé en revue par le « chef » au cours de manifestations de masse dont le rituel (défilés nocturnes avec torches) fait immanquablement penser aux grandes messes totalitaires.

La rapide ascension du mouvement Croix-de-Feu, son organisation paramilitaire engagée dans de nombreuses bagarres de rues et autres affrontements violents avec les communistes, la liturgie orchestrée par son leader ont fait que ce dernier est vite apparu comme le chef d'un fascisme français aspirant à la conquête solitaire du pouvoir et à la mise en place d'une dictature de facture mussolinienne. Imagerie forgée à chaud dans le contexte tourmenté d'une époque légitimement inquiète devant la montée des totalitarismes et qui a longtemps perduré, mais qui ne correspond pas à la réalité. Certes, il y a des « fascistes » chez les Croix-de-Feu : sinon parmi les premiers adhérents, du moins dans les rangs des Volontaires nationaux, arrivés plus tard dans le mouvement, anciens maurrassiens déçus par l'immobilisme de l'AF, ou Jeunesses patriotes en délicatesse avec un leader jugé trop inféodé aux chefs de la droite parlementaire. Mais ils ne forment qu'une minorité avec laquelle La Rocque se montre souvent en désaccord, ne serait-ce qu'à propos du discours antisémite qu'ils tentent d'introduire dans le mouvement et contre lequel, au moins à cette époque, il s'insurge avec vigueur. Lui-même n'a rien d'un dirigeant fasciste aspirant à la dictature, et son programme, exposé dans un livre publié en décembre 1934, *Service public*, doit plus au christianisme social et au nationalisme traditionnel qu'aux doctrinaires de la « révolution fasciste ».

Faut-il d'ailleurs parler de « programme » pour désigner ce catalogue de propositions brumeuses, complété par divers articles parus dans l'organe du mouvement, *Le Flambeau* ? Plutôt qu'une idéologie structurée, les écrits du colonel de La Rocque véhiculent un esprit croix-de-feu, ou si l'on préfère une mystique fondée sur le souvenir des tranchées. Est condamné tout ce qui peut diviser la nation : la lutte des classes, le régime des partis, le clientélisme et le professionnalisme politiques. Ce sont des thèmes que l'on retrouve dans toutes les idéologies de rassemblement, et, s'ils sont également présents dans le discours fasciste, les points de désaccord avec celui-ci sont nombreux. Refus du racisme tout d'abord, considéré comme étranger à la tradition nationale. La base, il est vrai, ne suit pas toujours sur ce point ses dirigeants nationaux, et La Rocque lui-même doit parfois intervenir dans le débat pour ramener à la raison certains éléments déviants, nombreux surtout en Afrique du Nord. Pas davantage de xénophobie délirante : rien en tout cas qui puisse être comparé aux propos haineux fulminés contre les « métèques » par l'AF et par les organisations fascistes. Tout au plus l'exigence d' « une garantie effective des droits de la main-d'œuvre française » et l' « adaptation de la main-d'œuvre étrangère aux stricts besoins de la production »[9] ; mais la CGT demande-t-elle beaucoup plus ? Rejet par ailleurs du totalitarisme et de l'étatisme.

Cela dit, lorsqu'il s'agit de définir le régime politique de son choix, le chef des Croix-de-Feu se montre peu enclin à la précision. Ses préférences vont à une forme d'État privilégiant un exécutif fort et réduisant le rôle du Parlement, mais en même temps respectueux de la représentation nationale. La Rocque se prononce même pour un mode de scrutin « sincère », incluant la proportionnelle et le vote des femmes. Il est en revanche hostile

9. *Le Flambeau*, 1er octobre 1933.

au droit de grève et prêche en faveur d'un enseignement libre et indépendant de toute influence politique. En matière économique et sociale, le programme des Croix-de-Feu est tendanciellement libéral, en ce sens qu'il prône « une élimination de la mainmise de l'État dans les domaines appartenant à l'économie privée », « un allégement immédiat et rationnel du poids de la fiscalité », une lutte infatigable « contre les prébendes exagérées grevant les frais généraux des entreprises ». Il réclame néanmoins, répondant ainsi à l'exigence de « défense des petits » qui émane de sa clientèle petite-bourgeoise, la lutte contre la spéculation et « la protection du profit légitime de l'épargne et de la propriété familiale »[10].

Au total, un corps doctrinal qui propose de faire reposer la cité régénérée par l'esprit de la fraternité combattante sur la famille et sur l'entreprise, conçues selon un modèle traditionnel et paternaliste. S'y ajoute l'importance attachée à la religion chrétienne, à la primauté du spirituel et aux valeurs morales traditionnelles. Infiniment plus qu'au fascisme et à l'ultracisme maurrassien, le mouvement du colonel de La Rocque se rattache à un christianisme social patriotique et paternaliste, un peu comparable à celui qui règne à cette date dans l'Autriche de monseigneur Seipel et du chancelier Dollfuss ou dans le Portugal de Salazar. On conçoit que le chef des Croix-de-Feu ait été favorable au premier Vichy et hostile au second. En attendant, son mouvement apparaît au milieu des années trente comme le prolongement politique de l'esprit des organisations de la jeunesse catholique et en particulier du scoutisme.

La sociologie du mouvement n'est pas non plus spécifiquement celle d'une organisation fasciste. Certes, les représentants des catégories intermédiares sont très nettement majoritaires. On compte en 1934 25 % d'adhérents appartenant à la bourgeoisie et aux cadres supérieurs, 41 % de membres des classes moyennes indépendantes, 28 % de techniciens, employés de bureau, salariés du tertiaire, etc., et seulement 5 % d'agriculteurs : soit une

10. *Ibid.*

nette surreprésentation du petit commerce, des « cols blancs » et des catégories aisées du monde citadin. Les Croix-de-Feu présentent donc un caractère moins plébéien, plus bourgeois, que les organisations fascistes. Il est significatif qu'en 1936 les plus gros comités locaux parisiens du PSF — le Parti social français qui a remplacé les Croix-de-Feu après la dissolution des ligues en 1936 — se situent dans les « beaux quartiers » des XVe, XVIe et XVIIe arrondissements.

La relative modération des dirigeants croix-de-feu, leur légalisme, la crainte qu'ils nourrissent de se voir entraînés par plus activistes qu'eux dans une aventure subversive débouchant sur un assaut frontal contre le régime, tout cela paraît manifeste lors de l'émeute du 6 février 1934. Au cours des semaines qui ont précédé l'événement, La Rocque a organisé plusieurs manifestations sur la voie publique, sans jamais mêler ses troupes à celles des autres organisations ligueuses. Le 5 février, les Croix-de-Feu ont manifesté aux abords de l'Élysée et du ministère de l'Intérieur (place Beauvau). Le lendemain, le colonel divise ses fidèles en deux colonnes. La première rejoint les militants des autres mouvements sur le Cours-la-Reine et place de la Concorde. La seconde part de l'esplanade des Invalides et atteint la rue de Bourgogne, prenant à revers le mince barrage de police qui défend l'accès au Palais-Bourbon. Puis, alors que l'assaut paraît imminent et qu'éclatent les premiers coups de feu sur le pont de la Concorde, La Rocque donne l'ordre à ses troupes de se disloquer, ce qu'elles font aussitôt. Le colonel pourra bien le lendemain publier un communiqué incendiaire, fustigeant « les exécutants irresponsables qui ont fait couler le sang parisien » et appelant ses fidèles à tenir « pour hors-la-loi les Ministres responsables »[11], les dirigeants des autres ligues et les hommes politiques qui comptaient sur un ébranlement du régime pour

11. Chambre des députés, 1934, *Rapport fait au nom de la Commission d'enquête chargée de rechercher les causes et les origines des événements du 6 février 1934 et jours suivants, ainsi que toutes les responsabilités encourues*, p. 23.

porter au pouvoir un gouvernement capable de réformer les institutions, à commencer par Tardieu, ne lui pardonneront pas sa dérobade.

Si le chef des Croix-de-Feu a refusé de s'associer à un coup de force contre le régime, c'est un peu par légalisme et beaucoup parce qu'il estime son mouvement suffisamment fort pour faire revenir au pouvoir les hommes de la droite « nationale », et cela par la simple pression de la rue. C'est donc sans trop d'états d'âme qu'il se rallie à la solution Doumergue. Il n'en est pas ainsi de tous les dirigeants et militants croix-de-feu. Il existe en effet au sein du mouvement une minorité agitée et volontiers fascisante, que la reculade du 6 février a laissée sur sa faim d'activisme et qui ne se reconnaît pas dans le projet paternaliste et somme toute modéré du colonel. Elle comprend de jeunes militants des Volontaires nationaux, qui sont entrés à la ligue avec la volonté d'en découdre et de jouer les « squadristes » version hexagonale. A leur tête se trouvent des hommes comme Pierre Pucheu et Bertrand de Maudhuy. Au moment où La Rocque faisait connaître ses idées en publiant *Service public*, ils lui ont opposé leur propre programme politique, sous la forme d'un plan visant à établir en France un régime fort d'inspiration technocratique, corporatiste et antilibérale. Le rejet de ce plan par le colonel, qui redoutait à juste titre qu'il n'inquiétât sa clientèle bourgeoise, entraîna leur départ. D'autres suivirent un peu plus tard et nombre de ces dissidents — parmi lesquels les représentants des sections rebelles au légalisme du « chef » et à son souci de ne pas laisser le mouvement s'abandonner à des positions racistes et antisémites — rallièrent le PPF de Doriot.

Le Parti social français hérite et bénéficie en même temps des ambiguïtés du mouvement Croix-de-Feu. D'une part, la prudence et la relative modération de son chef lui permettent de se positionner sur le créneau porteur des déçus du Front populaire, en jouant sur le double registre du « social » et de la nation, et d'affirmer en même temps sa vocation à être le grand parti de masse fédérateur des droites. D'autre part, l'activisme de beaucoup de ses militants l'incline à maintenir sa pression sur la classe politique, voire à s'engager dans des actions « punitives » contre les communistes ou contre les ouvriers agricoles en grève. De cette ambiguïté, de ce double visage offert à ses électeurs potentiels, il tire un profit grandissant au cours des années qui précèdent le second conflit mondial. Fort de ses quelque 800 000 adhérents en 1938, de son réseau serré de sections et de fédérations, de l'attraction qu'exercent sur les représentants des classes moyennes et sur certaines couches populaires citadines et rurales son programme attrape-tout et son discours national-populiste, il apparaît, dix ans avant le RPF, comme la grande force politique de la droite. Quant à son principal dirigeant, il doit à la radicalisation d'une partie de son programme et à son anticommunisme virulent de faire figure de fasciste numéro un — une légende tenace qui survivra à sa rupture avec Vichy et à sa déportation en Allemagne —, tandis qu'on lui reproche dans les rangs de la droite extrême sa « trahison » du 6 février et son ralliement au régime.

La nébuleuse fasciste

A côté des organisations qui relèvent d'un national-populisme de tradition hexagonale, ou d'un ultracisme contre-révolutionnaire revu et corrigé par Maurras, se développent à la charnière des années vingt et trente des formations qui, à des degrés divers, peuvent être considérées comme fascistes. L'idéologie dont elles se réclament, les méthodes et le style de leur action, la sociologie de leurs adhérents et de leurs cadres, les liens qu'elles entretiennent avec les dictatures totalitaires, et principalement avec l'Italie mussolinienne, les apparentent très fortement aux mouvements qui ont accédé au pouvoir de l'autre côté du Rhin et des Alpes. Qu'il y ait eu un fascisme français ne fait donc guère de doute. Je ne rouvrirai pas ici le gros dossier que cette question a suscité en France à la suite de la publication des travaux de Zeev

Sternhell [12]. Il paraît à peu près admis aujourd'hui, en tout cas en France, que des mouvements comme les Croix-de-Feu et l'Action française appartiennent à une autre culture politique et relèvent d'une autre mouvance que celle du ou des fascismes. En revanche, il semble bien que celle-ci ait occupé dans la France des années trente un espace moins marginal qu'on ne l'avait cru, non seulement du fait de la prolifération des organisations fascistes, et de l'éphémère mais très forte percée de l'un d'entre eux, le PPF de Jacques Doriot, mais aussi parce que, au-delà des mouvements labellisés comme tels, le fascisme a exercé sur nombre d'individus et de groupes, à droite mais aussi à gauche, une attraction puissante et parfois durable.

Le phénomène ne commence pas avec la crise. Dès le milieu des années vingt, en pleine bataille anticartelliste mais dans un contexte international orienté dans le sens de la prospérité et de la détente, un transfuge du syndicalisme révolutionnaire passé à l'AF au début du siècle, Georges Valois, a, le premier, tenté d'opérer en France la « synthèse fasciste ». Son Faisceau, fondé en 1925 et doté d'un organe de presse, *Le Nouveau Siècle,* que les subsides de quelques financiers et industriels de haut vol ont aidé à vivre, n'a pas survécu à la stabilisation poincariste et à la prise de conscience par Valois de la dérive réactionnaire du modèle italien. Se refusant à en être une simple copie, le Faisceau s'est dissocié en 1928 et son chef a fait retour à ses anciennes amours anarcho-syndicalistes.

Les années trente marquent la résurgence de la tentation fasciste, encore que le mot recouvre des réalités bien différentes. Celle tout d'abord d'un fascisme groupusculaire et éclaté en différentes tendances, ou plutôt en clientèles diverses et parfois rivales. C'est ainsi que se constitue en 1933, autour du parfumeur millionnaire devenu patron d'un empire de presse, François Coty, le mouvement Solidarité française. Au moment où il se

12. J'ai essayé de faire le point sur cette question dans mon livre : *Fascisme français. Passé et présent,* Paris, Flammarion, 1987. Je me permets de renvoyer le lecteur à cet ouvrage.

lance dans l'action politique directe, Coty a déjà derrière lui une longue pratique de la guérilla engagée contre le régime. Mais celle-ci est restée limitée au financement des organisations d'extrême droite — Faisceau, puis Croix-de-Feu —, et surtout à la polémique journalistique menée depuis ses deux principaux bastions du *Figaro,* acheté en 1922 et transformé en brûlot antiparlementaire, et de *L'Ami du peuple.* Se disant « bonapartiste » (il a été élu maire d'Ajaccio en 1931)[13], il se comporte essentiellement en aventurier de la politique à la recherche d'une clientèle de petits-bourgeois en colère, et c'est pourquoi le discours qu'il tient ou fait tenir aux lecteurs des journaux qu'il contrôle se rattache directement à celui de la « droite révolutionnaire » de la fin du siècle. On y retrouve les thèmes ressassés par les Guérin, Drumont et autres Biétry : la haine du parlementarisme décadent et de la finance internationale, la dénonciation du « capitalisme pillard, anonyme, irresponsable et vagabond », opposé au « bon capitalisme » fondé sur le travail, la guerre à la « bureaucratie » nantie et aux « fonctionnaires budgétivores », une xénophobie et un antisémitisme virulents, etc. Un discours donc qui n'a rien de très nouveau et qui a encore de belles heures devant lui, mais qui peut effectivement faire bon ménage avec celui des fascistes.

Avec la crise qui, son divorce et ses prodigalités financières aidant, va le conduire lui-même à la ruine, Coty va s'engager dans la voie du putschisme fascisant. En février 1934, on trouve au premier rang des émeutiers de la Concorde les militants de Solidarité française, le mouvement constitué au début de l'année précédente sous son impulsion et dirigé par un ancien officier des troupes coloniales, le commandant Jean Renaud. Fasciste, cette organisation qui fait état de 300 000 adhérents en 1934 et qui n'en a sans doute jamais eu plus de 10 000, dont 4 000 ou 5 000 militants actifs ? Sans doute, si l'on en juge par le langage de ses chefs et par leur application à vouloir développer un squadrisme à la française. Mais un fascisme primaire, réduit à sa plus simple

13. François Coty, de son vrai nom Sportuno, est né à Ajaccio en 1878.

expression, sans doctrine structurée ni véritables cadres, l'équivalent à une toute petite échelle des escouades armées du premier fascisme italien. Plutôt une sorte de cohorte prétorienne, composée de nervis, recrutée parmi les chômeurs et les marginaux, pour appuyer les projets mégalomanes du candidat-dictateur, organisée en « brigades d'intervention » et dotée d'un uniforme (chemise bleue, béret basque). Tout cela va voler en éclats avec la déconfiture financière du parfumeur (« L'odeur qui n'a plus d'argent », dira *Le Canard enchaîné*), pour donner naissance après la dissolution des ligues, en juin 1936, à une poussière de groupuscules.

Avec les « francistes » de Marcel Bucard, nous sommes en présence d'une authentique organisation fasciste, proche du modèle transalpin et d'ailleurs en liaison étroite avec les services de propagande de l'Italie mussolinienne. Bucard n'est pas lui non plus un nouveau venu dans le paysage ultra-droitier des années trente. Fils d'un boucher de Saint-Clair-sur-Epte, ancien candidat à la prêtrise tiré du séminaire par les événements de 1914, il s'est engagé volontaire à 19 ans et a fini la guerre, couvert de décorations et de blessures, avec le grade de capitaine. L'armistice a fait de lui un déclassé et un nostalgique de l'aventure guerrière qui, comme beaucoup de jeunes Européens de sa génération, va chercher à retrouver l'esprit des tranchées dans des organisations activistes positionnées à l'extrême droite. En 1925, Bucard suit Georges Valois au Faisceau, dont il organise les légions, troupes de choc du premier fascisme français. En 1928, c'est la rupture avec l'ancien syndicaliste révolutionnaire. Ce dernier reproche à Bucard sa moralité douteuse et ses liens avec Coty, dont il représente l'antenne au sein du Faisceau. Au début des années trente, on le retrouve à *L'Ami du peuple*, et dans divers organes de presse et associations où il tient le rôle du poisson-pilote de Coty et s'attache à la récupération politique des ex-poilus. Toujours financé par l'industriel du parfum, il prend la direction de la petite formation ultra-révolutionnaire à laquelle son inspirateur, l'ancien socialiste révolutionnaire Gustave Hervé, va donner le nom de Parti socialiste national. Le fiasco est total.

A la recherche d'une clientèle et de revenus confortables, Bucard décide en septembre 1933 de monter sa propre entreprise politique[14]. Il lui donne le nom de Francisme et annonce d'entrée de jeu de quel côté se situent ses affinités idéologiques : « Notre francisme, écrit-il, est à la France ce que le fascisme est à l'Italie. Il ne nous déplaît pas de l'affirmer[15]. » Il ne lui déplaît pas non plus de jouer les Mussolini français en puissance, copiant sans complexe les poses avantageuses du Duce et se faisant donner par ses fidèles le titre de « chef ». Un chef dont les troupes peu nombreuses se recrutent, comme celles de Coty et de Jean Renaud, parmi les éléments déclassés de la petite bourgeoisie et dans certaines couches du prolétariat : quelques milliers d'adhérents, tout au plus, répartis entre la région parisienne, le Midi méditerranéen, le Nord, certains départements de l'Est et l'Algérie. Comme leurs concurrents de Solidarité française, ils portent l'uniforme, saluent à la romaine et jouent aux squadristes en béret basque, multipliant les exercices de tir, les parades, les camps d'été, etc.

La « doctrine », que diffuse un organe à faible tirage, *Le Franciste*, n'a rien de très original. Ce qui est intéressant, c'est l'évolution du discours. Au début, Bucard et ses amis se contentent d'exalter les valeurs traditionnelles : famille, travail, épargne, respect des hiérarchies et de l'autorité, à la recherche d'une sorte de voie moyenne entre le paternalisme autoritaire du colonel de La Rocque et la doctrine de l'AF. Ils se réclament même de la « civilisation chrétienne ». Peu à peu, cependant, les idées et le ton se durcissent. On vitupère en vrac « le système capitaliste et la démocratie des jouisseurs », le « matérialisme grossier » et le « système collectiviste des négateurs de la nation ». On prêche l'unité du peuple, la subordination de

14. Bucard aurait, selon certaines sources, détourné une partie des fonds réunis sous son égide pour l'érection d'un monument au cardinal Mercier, ancien primat de Belgique, mort en 1926, et c'est avec cet argent qu'il aurait assuré le démarrage de son mouvement. Rien ne permet dans les archives d'infirmer ou de confirmer cette thèse.

15. *La Victoire*, 20 août 1933.

l'individu et des corps intermédiaires à l'État tout-puissant, le corporatisme, le culte du chef charismatique, les valeurs héroïques. Autrement dit, on adopte sans état d'âme le catalogue des idéaux fascistes.

Cette radicalisation idéologique s'accompagne d'un alignement inconditionnel sur les positions internationales des dictatures totalitaires et notamment de l'Italie mussolinienne. Le financement de Bucard et de son mouvement par les services italiens n'y est pas étranger. En 1934 et 1935, dans le contexte de la mise en place par les dirigeants de Rome d'une « Internationale fasciste », en fait destinée à soutenir dans divers pays les éléments favorables à la diplomatie conquérante du Duce, le sous-secrétariat à la Presse et à la Propagande verse au chef du Francisme 10 000 lires par mois pour ses besoins personnels et 50 000 lires pour son mouvement. Lorsqu'en décembre 1934 se tient à Montreux, en Suisse, un congrès international des organisations *fascistes* rassemblant les délégués de treize pays, c'est Bucard qui est choisi par Mussolini pour représenter le fascisme français. Après juin 1936, le parti franciste ayant lui aussi été dissous, les fonds italiens se font plus rares. Ils se trouvent relayés par des subsides d'origine allemande, distribués il est vrai moins généreusement au chef des francistes qu'à ses concurrents germanophiles : Henry Coston, André Chaumet, Jean Renaud, Darquier de Pellepoix, etc. Bucard, jusqu'alors plutôt réservé sur ce point, aura beau se lancer à son tour dans le délire antisémite, il ne parviendra pas à modifier à son profit le circuit de distribution de la manne nazie. Quant aux milieux économiques que la grande peur de 1936 a inclinés à se chercher des hommes de main pour un éventuel engagement frontal contre la gauche, ils semblent avoir boudé le Francisme, trop ouvertement aligné sur ses modèles étrangers pour trouver une audience dans l'Hexagone.

Fascisme d'importation donc que celui de Bucard, et qui va rester jusqu'à la guerre, sous des formes variées — Amis du franciste, Comités de diffusion du francisme, Parti unitaire français d'action socialiste et nationale —, un groupuscule au service des dictatures. Il en est de même d'organisations tout aussi marginales comme le Parti populaire socialiste national d'André Chaumet, le Parti socialiste national indépendant du docteur Rainsart, la Milice socialiste nationale de Gustave Hervé, etc., qui ne parviendront pas à mobiliser plus de quelques centaines de militants actifs. Simples épiphénomènes dans la vie politique française de l'immédiat avant-guerre, mais aussi lieu de gestation d'un collaborationnisme avant la lettre avec le totalitarisme hitlérien.

Le Comité secret d'action révolutionnaire (CSAR) d'Eugène Deloncle occupe dans la nébuleuse fasciste et fascisante une place particulière. D'abord par son caractère clandestin et terroriste, ensuite par sa sociologie très différente de celle des fidèles de Bucard ou de Jean Renaud. Pas ou peu de nervis issus du sous-prolétariat chez Deloncle, mais des bourgeois respectables appartenant au « monde des châteaux » et au milieu des « cols blancs » (ingénieurs, techniciens supérieurs, cadres du tertiaire). Le fondateur du CSAR est lui-même un ancien polytechnicien devenu après la guerre ingénieur dans les constructions navales, puis administrateur de plusieurs sociétés et expert à la cour d'appel de Paris. Les hommes qu'il a rassemblés autour de lui pour fonder la « Cagoule » — c'est ainsi que les dirigeants de l'AF[16] ont, par dérision, baptisé le CSAR — sont pour une bonne part d'anciens maurassiens venus, comme Deloncle, de la 17e section de l'Action française, ou, comme Jean Filliol, du groupe des Camelots du Roi du XVIe arrondissement. Leurs épigones ne sont admis dans l'organisation qu'après avoir été soigneusement sélectionnés et astreints à un rite symbolique d'iniation assorti d'un serment.

Le CSAR s'est constitué à l'époque du Front populaire avec un objectif bien précis qui n'était rien de moins que la prise du pouvoir aux fins de déjouer un mythique « complot communiste ». Deloncle songe donc à un putsch, d'où sortirait un régime musclé et dont la mise en œuvre est confiée aux groupes

16. Le premier à utiliser cette appellation a été Maurice Pujo.

de combat clandestins qu'il a mis sur pied sur tout le territoire et qui disposent d'armements modernes. Des contacts sont pris avec les réseaux « Corvignoles » animés au sein de l'armée par le commandant Loustaunau-Lacau, membre de l'état-major de Pétain, et avec le vieux maréchal Franchet d'Esperey. Les fonds sont fournis, outre la manne étrangère, par quelques attaques à main armée et surtout par des industriels de l'automobile et du pneumatique, des fabricants connus d'apéritifs, plusieurs groupes bancaires et compagnies d'assurance, ainsi que par la Fédération nationale des contribuables, désormais ouvertement ralliée à la subversion extrémiste [17].

La conspiration trouvera son dénouement avec l'arrestation des principaux dirigeants du CSAR en novembre 1937. Dans l'intervalle, les hommes de la Cagoule auront servi d'exécuteurs des basses œuvres pour le compte de la droite ultra-réactionnaire ou des services secrets étrangers. On leur doit notamment l'assassinat du Soviétique Navachine, le double meurtre des frères Rosselli à Bagnoles-de-l'Orne en juin 1937 (en échange de fusils Beretta promis par Ciano), le sabotage d'avions de combat destinés à l'Espagne républicaine, les attentats à la bombe contre les sièges de la Confédération générale du patronat français et de l'Union des industries métallurgiques, exécutés en septembre 1937 à des fins de pure provocation, etc.

Un fascisme de masse : le PPF de Doriot

Si le CSAR est plus « fasciste » par ses méthodes que par la nature de sa clientèle (très bourgeoise), de son idéologie (contre-révolutionnaire) et de son projet politique (un régime militaire et paternaliste confié à un maréchal de France), il n'en est pas de même du parti de masse qui se constitue à partir de juin 1936 autour de l'ex-leader communiste Jacques Doriot.

17. La Fédération nationale des contribuables est à cette date présidée par Jacques Lemaigre-Dubreuil, PDG des huiles Lesieur.

A l'origine du PPF, surgi au point de retombée de la grande vague revendicative du printemps 1936, il y a d'abord le quotient personnel de son leader, très différent de celui des autres dirigeants de l'ultra-droite. Doriot en effet est un homme du peuple issu de la gauche profonde. Son père était forgeron, membre de la Ligue des droits de l'homme et anticlérical. Né en 1898, il a lui-même été manœuvre, puis ouvrier métallurgiste et membre des Jeunesses socialistes, avant d'être mobilisé en 1917 et de se rallier, trois ans plus tard, au congrès de Tours, à la tendance majoritaire. Dès lors, il va connaître au sein du jeune Parti communiste une ascension rapide : en mai 1924, à 26 ans, il est élu député et siège au comité central du parti. Son action dans la campagne contre la guerre du Rif (il est emprisonné pendant quelques mois) fait de lui l'étoile montante de l'organisation communiste.

Très tôt, cependant, des divergences se font jour entre Jacques Doriot et la direction du PC à propos de l'application des directives de l'Internationale en matière électorale. Contre Thorez, qui prône la tactique « classe contre classe » imposée par le Komintern, il défend l'idée d'une alliance avec les socialistes, seul moyen, estime-t-il, de barrer la route au fascisme, et il l'applique dans son fief de Saint-Denis, ville de la « ceinture rouge » dont il est devenu maire en 1931. La longue guérilla entre les deux hommes s'achève en juin 1934 par l'exclusion du maire de Saint-Denis, intervenant au moment où s'accomplit le virage de l'Internationale qui ouvre la voie au Front populaire.

La rupture avec le PC, comme vingt ans plus tôt celle de Mussolini avec le PSI, a profondément marqué l'ancien métallo. Désormais, celui-ci ne songe plus qu'à une chose : battre les communistes sur leur propre terrain, et pour cela leur opposer une organisation rivale, ayant les mêmes structures et la même clientèle que le PC. Mais, comme toutes les dissidences au sein du PCF, celle du maire de Saint-Denis n'entraîne qu'un petit nombre d'oppositionnels comme Henri Barbé, Victor Arrighi et Paul Marion. Aussi Doriot doit-il chasser sur d'autres terres, se rapprochant dans un premier temps du petit parti d'unité prolétarienne de L.-O. Frossard, puis de dissidents des grandes formations nationalistes — Claude Jeantet et J.-M. Aimot, venus respectivement de l'AF et de *L'Ami du peuple,* des déçus du mouvement Croix-de-Feu groupés autour de Pierre Pucheu et de Robert Loustau —, auxquels se joignent quelques écrivains et journalistes comme Bertrand de Jouvenel et Pierre Drieu La Rochelle, que fascine la personnalité plébéienne de Doriot. Aux origines du PPF, on retrouve donc les deux courants dont la fusion caractérise le premier fascisme : l'extrême gauche révolutionnaire et le nationalisme antiparlementaire.

Beaucoup plus vite qu'en Italie, cependant, le glissement de la gauche à la droite s'accomplit, en même temps qu'affluent les militants venus des ligues dissoutes et les fonds généreusement alloués à Doriot par des représentants du patronat et du monde des affaires qui voient dans son mouvement l'instrument de la déstabilisation du Front populaire (Comptoir sidérurgique, Comité central des houillères, Industriels lainiers du Nord, banques Vernes, Lazare, Dreyfus, Rothschild, BNCI, Aciéries de l'Est, etc.). La peur des rouges, la soif d'activisme de militants que les ligues ont déçus et la manne distribuée par les grands intérêts privés (et par Ciano) font que le succès du Parti populaire français est immédiat. Fondé à Saint-Denis en juin 1936, celui-ci aurait compté 100 000 adhérents dès octobre 1936, 200 000 un an plus tard, 300 000 au début de 1938. Mais il s'agit de chiffres fournis par l'organe du parti, *L'Émancipation nationale :* en fait, il ne semble pas que la formation doriotiste ait rassemblé plus de 60 000 cotisants, dont une quinzaine de milliers de militants actifs, les principales zones de son implantation se situant dans la région parisienne, dans les départements méditerranéens, dans la vallée du Rhône et dans quelques villes isolées (Bordeaux, Reims, Rouen, Clermont-Ferrand).

Beaucoup moins puissant que le PSF à son apogée, le PPF n'en constitue pas moins un parti de masse dont l'assise populaire — formée d'anciens communistes autant que de représentants du sous-prolétariat, voire de nervis comme ceux qui entourent

Simon Sabiani à Marseille — est nettement plus marquée que chez les Croix-de-Feu et dans les autres ligues. Avec le temps, on assiste cependant à un renversement de tendance. Lors du congrès de 1936, les ouvriers représentent 49 % des délégués, contre 43 % de représentants des classes moyennes ; moins de deux ans plus tard, les pourcentages se sont inversés, passant respectivement à 37 % et 58 %. Globalement, on peut dire qu'en dépit de son caractère plébéien le PPF a peu mordu sur la masse ouvrière et a éprouvé les plus grandes difficultés à s'implanter dans les entreprises, comme l'auraient souhaité les bailleurs de fonds de Doriot.

Fasciste, le parti de Doriot l'est sans nul doute, même s'il s'agit d'un fascisme de la seconde génération, en partie télécommandé par de grands intérêts privés et dépouillé de ses aspects les plus révolutionnaires. Il l'est dans son comportement — cérémonial, drapeau, insigne, salut romain, méthodes violentes — comme dans son idéologie, axée sur l'anticommunisme et l'antiparlementarisme. S'il se déclare anticapitaliste, son programme économique et social, élaboré par Robert Loustau, ne s'aventure pas très loin dans la voie du national-socialisme. Il n'envisage ni d'étatiser les entreprises, ni de porter atteinte à la propriété et au libre profit, dès lors que celui-ci ne tend pas à la spéculation. Au réformisme corporatiste dont il se réclame très classiquement, Doriot ajoute un projet plus original de technocratisme visant à la gestion rationnelle des entreprises et associant patrons et travailleurs dans l'administration des affaires et la répartition des bénéfices. Pour le reste, le leader du PPF n'envisage pas d'établir en France un régime totalitaire. Il se contenterait d'une réforme de l'État républicain renforçant l'exécutif et reposant sur les bases « naturelles » que constituent la famille, la commune et la région. Par ce biais, il revêt donc un caractère traditionaliste, voire réactionnaire, qui va peu s'accentuer au fil des ans.

A partir de 1937, Doriot se rend compte que l'anticléricalisme de son mouvement le coupe de la clientèle bourgeoise. Il amorce donc un virage spectaculaire en direction des catholiques. En même temps, désireux de grouper autour de lui toutes les forces anticommunistes, il s'oriente vers des positions résolument racistes et antisémites. La tentative faite en 1937 de prendre la tête d'un Front de la liberté englobant son parti, celui de La Rocque et les autres formations de la droite nationale accentue, bien qu'elle ait échoué, les tendances « bourgeoises » du PPF, ce qui a pour effet de le priver d'une partie de son audience. L'alignement de Doriot sur les positions allemandes au moment de Munich et l'effritement de la coalition de Front populaire, qui éloigne le danger communiste et incline les bailleurs de fonds du PPF à se montrer moins prodigues de leurs deniers, accélèrent son dépérissement. A la veille de la guerre, le parti de Doriot est en pleine déconfiture.

Illusions fascistes et tentation autoritaire

Philippe Burrin, de façon limpide, a montré dans ses travaux[18] que le champ d'attraction du fascisme s'étendait en France à un territoire beaucoup plus vaste que celui couvert par les organisations extrémistes totalitaires de l'ultra-droite. A gauche, le cas de Doriot n'est pas unique. La contagion du modèle fasciste a en effet modifié le comportement d'autres représentants de la gauche marxiste et non marxiste, désireux, dans un premier temps, de battre le fascisme sur son propre terrain. Tel est le cas des néo-socialistes, rassemblés depuis 1933 autour de Marcel Déat et d'Adrien Marquet. Influencé par les idées de l'Allemand Bernstein et du Belge Henri De Man, théoricien du « planisme », Déat, un « boursier républicain » de facture classique, devenu agrégé de philosophie et membre influent de la SFIO, s'est fait au sein de cette formation le défenseur d'un socialisme autoritaire et national prenant appui sur les classes moyennes, ce qui lui a valu d'être exclu du parti, avec Marquet et Montagnon.

18. Philippe Burrin, *La Dérive fasciste. Doriot, Déat, Bergery (1933-1945)*, Paris, Éd. du Seuil, 1986.

Le Parti socialiste de France qu'il fonde en novembre 1933 n'a rien à voir avec un mouvement fasciste. Lui-même adhère au Comité de vigilance des intellectuels antifascistes et occupe au début de 1936, dans le cabinet Sarraut, le poste de ministre de l'Air. Son projet, comme celui des « Jeunes Turcs » du parti radical, et comme le « frontisme » de Gaston Bergery, vise avant tout, du moins dans sa version initiale, à rénover la démocratie. Toutefois, la démarche de ces « non-conformistes de gauche », leur idéologie de rassemblement national, leur conception du parti-État, l'idée qu'ils se font du rôle des classes moyennes, les critiques qu'ils adressent aux partis traditionnels et au jeu parlementaire, leur aspiration à la mise en place d'un exécutif fort, leur attirance envers l'économie dirigée et le corporatisme, leurs choix de politique étrangère orientés vers le rapprochement avec les dictatures, tout cela fait que l'on peut parler à leur égard d'attraction, d'imprégnation ou de contagion fascistes.

Sur l'autre versant du spectre idéologique, l'attirance pour le fascisme a été forte parmi les intellectuels, avec des degrés d'adhésion très variables selon les groupes et les individus concernés. Avec Raoul Girardet [19], on peut globalement admettre qu'il s'est développé, au sein de l'intelligentsia française des années trente, un phénomène d' « imprégnation fasciste », fait de refus du monde bourgeois, de son conformisme frileux, de ses préoccupations matérialistes et de la « décadence » dont il est censé être porteur. Cet « esprit des années trente », analysé par Jean Touchard et Jean-Louis Loubet del Bayle [20], a nourri toute une gamme d'attitudes émanant d'individus, de groupes, de revues, qui, sans vouloir explicitement substituer une dictature musclée à la République parlementaire, marquent leur hostilité à

19. R. Girardet, « Notes sur l'esprit d'un fascisme français, 1934-1940 », *Revue française de science politique*, juill.-sept. 1955.

20. J. Touchard, « L'esprit des années 1930 : une tentative de renouvellement de la pensée politique française », *Tendances politiques dans la vie française depuis 1789*, Paris, Hachette, 1960 ; J.-L. Loubet del Bayle, *Les Non-Conformistes des années 30. Une tentative de renouvellement de la pensée politique française*, Paris, Éd. du Seuil, 1969.

celle-ci et rêvent d'une révolution spirituelle qui rendrait à la nation sa force vive et serait en mesure de s'opposer aux deux Léviathan matérialistes qui menacent l'identité de l'Europe : le communisme russe et l'hypercapitalisme d'outre-Atlantique.

Unanimes à prôner le refus du « désordre établi », les « non-conformistes » sont loin de constituer une famille homogène, aisément classable à l'extrême droite du champ politique. Ceux qui s'en rapprochent le plus forment, autour de revues plus ou moins éphémères telles que *Les Cahiers, La Revue française,* un peu plus tard *Combat,* le groupe de la « jeune droite ». Celui-ci comprend de jeunes intellectuels issus de la matrice maurrassienne mais que l'immobilisme de l'AF a rendus impatients de trouver d'autres lieux de réflexion et d'expression. On y rencontre, à côté d'un Robert Maxence ou d'un Robert Brasillach, qui deviendront effectivement fascistes, des hommes comme Thierry Maulnier, Jean de Fabrègues, Maurice Blanchot ou Pierre Andreu. Moins axé sur la droite traditionaliste, le groupe Ordre nouveau rassemble, à partir de 1929, des personnalités telles que Denis de Rougemont, Daniel-Rops, Arnaud Dandieu, Alexandre Marc, ainsi que la revue *Plans* de Philippe Lamour. Plus « à gauche » enfin, si cette caractérisation a un sens, appliquée à un courant qui, comme le précédent, affirme sa volonté de dépasser les clivages traditionnels, se situe l'équipe de la revue *Esprit,* dirigée dès sa création en 1932 par Emmanuel Mounier, et à laquelle vont collaborer Jean Lacroix, Étienne Borne, Pierre-Henri Simon, Henri-Irénée Marrou, etc., des universitaires pour la plupart, influencés par le catholicisme humaniste de Jacques Maritain et désireux de dépasser la démocratie chrétienne.

Faut-il, comme l'ont fait l'historien britannique A. Hamilton[21] et l'Israélien Zeev Sternhell[22], parler, pour désigner ces diffé-

21. A. Hamilton, *L'Illusion fasciste. Les intellectuels et le fascisme, 1919-1945,* Paris, Gallimard, 1973.

22. Z. Sternhell, *Ni droite ni gauche. L'idéologie fasciste en France,* Paris, Éd. du Seuil, 1983.

rents courants, d'un « fascisme spiritualiste » ? Il est vrai qu'il existe des points communs entre les « non-conformistes » et la petite légion d'intellectuels qui se réclame sans complexe de l'idéologie des faisceaux : le rejet de la démocratie bourgeoise et du parlementarisme, à la fois effets et causes du « déclin de l'Occident », la condamnation du matérialisme, du capitalisme et du libéralisme, l'exaltation de la jeunesse, l'obsession d'enrayer la « décomposition » de la nation, etc. Mais cela ne suffit pas à tirer de ces convergences, présentes au même moment dans d'autres secteurs de l'opinion, l'idée d'une fascisation plus ou moins affirmée des groupes considérés. D'autant que les différences affichées avec les thèmes majeurs de l'idéologie et de l'éthique fascistes sont parfois considérables, qu'il s'agisse du rejet du mythe du guerrier, de la méfiance manifestée envers le nationalisme, ou du refus hautement proclamé du totalitarisme. Tout au plus peut-on parler d'une sensibilité fasciste, parfaitement compatible avec l'adhésion à une formation politique classique.

Rares sont ceux qui, partis ou non des mêmes rivages, ont voulu aller plus loin que ce fascisme tendanciel, davantage relié à la tradition antipositiviste et antibourgeoise de l'avant-guerre qu'à l'influence italienne ou allemande. Drieu La Rochelle est de ceux que la guerre a poussés à une révolte contre leur milieu — il appartient à une famille de petite bourgeoisie catholique et nationaliste — qui les conduit, dans un premier temps, au nihilisme antibourgeois et, dans un second, au « socialisme fasciste [23] ». C'est en effet par réaction contre la décadence de sa classe, transposition ou sublimation d'un véritable dégoût de soi qui hante depuis l'enfance cet homme fragile, suicidaire et qui se refuse à assumer un destin ordinaire, que Drieu développe dans ses écrits une idéologie vitaliste qui fait de la vie en commun, du sport, du culte de la force et de la virilité les remèdes au déclin français autant qu'à son propre mal de vivre. De là découle un itinéraire qui va conduire ce dandy oisif, habité par l'idée de sa

23. C'est le titre de l'ouvrage qu'il a publié chez Gallimard en 1934.

propre décomposition, à l'admiration pour le racisme hitlérien et pour la barbarie régénératrice dont est porteur le grand homme blond aux yeux bleus. Déçu par la collaboration avec les promoteurs d'un « ordre nouveau » européen, il ne trouvera à la Libération d'autre issue à son désespoir existentiel et politique que dans le suicide : « Je ne suis pas qu'un Français, écrira-t-il, je suis un Européen... Mais nous avons joué, j'ai perdu. Je réclame la mort » *(Récit secret).*

Pour Robert Brasillach, et pour la petite équipe que cet ancien normalien de la rue d'Ulm, engagé comme Drieu dans le combat politique après le 6 février, a rassemblée autour de l'hebdomadaire *Je suis partout* — les Pierre Gaxotte, Maurice Bardèche, P.-A. Cousteau, Lucien Rebatet, Georges Blond, Alain Laubreaux, etc., pour la plupart dissidents de l'AF —, le fascisme est davantage un style, une esthétique, un choix « romantique » pour ce que Brasillach appelle la « poésie du XXe siècle » qu'une doctrine économique et politique. En rupture eux aussi avec l'ordre bourgeois et avec le conformisme de la République radicale, les jeunes maîtres à penser du fascisme français développent une vision lyrique de la nation régénérée et purifiée débouchant sur le racisme et l'antisémitisme, l'exaltation de la force et de la jeunesse opposées à la « France de la belote et de l'apéro », le culte de la « bande » et du chef, et en fin de compte l'adhésion au *credo* du national-socialisme.

Ligueurs et ex-ligueurs reconvertis dans le grand parti de masse en voie de ralliement au jeu parlementaire qu'est le Parti social français, mécontents et protestataires rassemblés dans des organisations telles que la Fédération nationale des contribuables et l'Union nationale des combattants, maurrassiens dissidents ou de stricte obédience, troupes de choc de la jacquerie dorgériste, fascistes d'opérette de Renaud et Bucard et partisans de l'ex-communiste Jacques Doriot (le seul des leaders de l'extrême droite à pouvoir espérer devenir le Mussolini français), non-conformistes de droite et de gauche, intellectuels à la recherche d'un remède à leur malaise existientiel, la liste est longue des éléments qui composent le paysage de l'ultra-droite à la veille de la guerre. Est-ce à dire que la France de la fin des années trente soit en passe de devenir « fasciste », comme le suggère Bernard-Henri Lévy dans son *Idéologie française*[24] ou, avec plus de nuances, Zeev Sternhell dans *Ni droite ni gauche*[25] ? J'ai essayé de donner ailleurs une réponse (négative) à cette question[26] et je ne reviendrai pas ici sur la démonstration. Il est abusif et faux de dire que la France de 1939 est prête à se livrer « sans retenue, avec une allégresse obscène » à une « authentique révolution fasciste »[27].

Certes, il existe depuis 1936 un noyau dur fasciste auquel l'opposition au Front populaire a donné quelque consistance et dont le pouvoir d'attraction s'exerce sur divers groupes et individus venus d'horizons divers. Mais il n'occupe qu'une fraction du territoire de la droite extrême et accuse un recul sensible à la veille de la guerre. Il est significatif que la seule organisation de masse spécifiquement fasciste qui se soit développée dans l'Hexagone — le PPF de Jacques Doriot — soit à cette date en pleine décomposition. Minée par ses dissidences et affaiblie par son immobilisme, la famille maurrassienne ne se porte guère mieux. C'est donc du côté de la tradition nationale populiste et plébiscitaire, incarnée par le PSF du colonel de La Rocque, que s'opère la percée de l'ultra-droite, pour autant que celle-ci ne relève pas d'une illusion d'optique. En effet, c'est surtout à partir de 1938 — date charnière de la période — que la progression devient significative : c'est-à-dire à un moment où, rompant avec ses origines antiparlementaires et fascisantes, le PSF se transforme en une grande formation de la droite conservatrice, se rallie en quelque sorte au système et perd par conséquent son caractère extrémiste. On peut certes s'interroger (je le soulignais dans le prologue de ce chapitre) sur le degré de sincérité de cette adhésion à la démocratie parlementaire. Il

24. B.-H. Lévy, *Idéologie française,* Paris, Grasset, 1981.
25. Z. Sternhell, *op. cit.*
26. P. Milza, *op. cit.*
27. B.-H. Lévy, *op. cit.*, p. 37.

n'empêche qu'elle est désormais mise en avant par la formation du colonel de La Rocque, ce qui n'était pas le cas des Croix-de-Feu.

Ainsi, dans les seize circonscriptions où ont eu lieu, entre août 1936 et avril 1938, les scrutins législatifs partiels analysés par François Goguel[28], la tendance à la dérive extrémiste est loin d'être évidente. Avec un score de 2,71 % pour le PPF de Jacques Doriot et de 3,57 % pour le PSF, on obtient un total d'un peu plus de 6 points pour les deux principales formations, au demeurant rivales, de la droite extrême. Entre mai 1938 et août 1939, pour les circonscriptions où se sont déroulées des législatives partielles, le PPF ne dépasse pas 1,5 % des voix alors que le PSF voit son score s'élever à 9,30 %, soit un total de près de 11 points pour les deux formations extrémistes, obtenu essentiellement grâce à la montée d'un PSF dont il est clair qu'il est alors en voie de parlementarisation. On voit qu'en termes strictement électoraux l'impression générale de poussée de l'ultra-droite doit être fortement nuancée.

Et pourtant, il existe bel et bien un danger pour la démocratie française, pour sa pratique et pour sa culture, dans la France du gouvernement Daladier, qui fait que la mise à mort de la République par ses propres élus en juillet 1940 n'est pas exclusivement due à la débâcle. Ce danger, il réside moins dans la menace que l'extrême droite fait peser sur les institutions parlementaires que dans l'adhésion plus ou moins feutrée d'une large fraction de l'opinion et de la classe politique à certaines idées qu'elle véhicule. La demande d'autorité, la haine ou la méfiance de l'étranger, l'antisémitisme, la hantise de l'ennemi intérieur, l'anticommunisme militant, le réveil du nationalisme pèsent à tous les niveaux sur les choix des décideurs. L'implantation par exemple dans le Midi de la France, en mars 1939, de camps de concentration destinés à recevoir des réfugiés espa-

28. « Les élections législatives et sénatoriales partielles », *in* R. Rémond et J. Bourdin (dir.), *Édouard Daladier chef de gouvernement*, Paris, Presses de la FNSP, 1977, p. 45-54.

gnols en fuite devant les armées franquistes montre que, dans le contexte d'égarement identitaire qui caractérise l'état de l'opinion à la veille du conflit, la xénophobie peut être érigée en raison d'État. Battue sur le terrain strictement politique, contrainte, pour élargir son audience électorale, de transiger avec ses propres principes antiparlementaires, l'ultra-droite a réussi à acclimater dans la France profonde des thèmes largement étrangers à la culture de la République. Plus que la réflexion, devenue un peu byzantine, sur son caractère fasciste ou non fasciste, c'est cette leçon de l'histoire qu'il convient de méditer aujourd'hui.

Pierre Milza

6

Vichy

L'extrême droite et la droite extrême françaises n'ont, au XXe siècle, occupé les allées du pouvoir qu'une seule fois. Cette expérience fut brève mais d'un poids indiscutable. Sans doute s'est-elle déroulée dans des conditions singulières, en pleine Occupation. Mais il serait erroné de la considérer comme une sorte de curiosité, une simple parenthèse : elle fait partie de notre histoire et doit être analysée comme telle.

On a pu et on pourrait encore cantonner l'étude de l'extrême droite durant ces années noires aux seuls collaborationnistes parisiens. Cette approche, qui repose sur une différenciation stricte entre Vichy et l'ultra-droite collaborationniste, nous semble réductrice. Nous voudrions, bien au contraire, tout en établissant les nuances et les distinguos nécessaires, consacrer une grande partie de ce développement au régime de Vichy. Non seulement parce qu'il existe, à partir de l'automne 1943, une solidarité de fait entre nombre de ces messieurs de Paris et l'État vichyssois devenu quasiment l'État milicien, mais encore parce que c'est bien la droite extrême qui s'installe au pouvoir dès l'été 1940.

Droite extrême, écrivons-nous. L'extrême droite, telle qu'elle a été analysée dans les chapitres précédents, qu'elle s'inspire de la tradition contre-révolutionnaire, qu'elle dérive du national-populisme, ou qu'elle cède à la fascination des régimes fascistes, est demeurée, sous la Troisième République, pour les raisons qui ont été dites, sans prise sur le pouvoir ; *a fortiori* l'ultra-droite, qui entendait s'imposer par le putsch ou de toute autre manière musclée. Tandis que si, en 1940, l'extrême droite peut, pour une fois au XXe siècle, confisquer le pouvoir, ce n'est pas seulement à la faveur de circonstances exceptionnelles, c'est — ce qui nous intéresse au plus haut point — en ralliant des bataillons entiers d'hommes qui, pour la plupart, avaient voté jusqu'en 1936 pour les formations de droite participant au jeu politique de la démocratie libérale. Ensemble, ils forment la droite extrême, celle qui s'installe à Vichy, celle qui donne à ce régime, dès les premiers jours, une tonalité spécifique, à la fois proche et différente de ce qu'allaient souhaiter les collaborationnistes parisiens, demeurés ultra-minoritaires.

Précisons encore : tous les hommes de droite ne se retrouvèrent pas à Vichy ou à Paris, pas plus que la Résistance ne saurait se réduire à la gauche. Sur cette remarque élémentaire, de bons esprits ajoutent immédiatement qu'à Vichy on trouva, également, des hommes provenant de la gauche. Sans doute. Mais on aura vite fait le tour des quelques personnalités militant encore à gauche en 1939 (c'est le seul critère rigoureux) ralliées au nouveau régime : parmi elles, René Belin, secrétaire confédéral de la CGT, François Chasseigne, un ancien communiste passé à la SFIO, Gaston Bergery, ex-Jeune Turc et transfuge du radicalisme, Angelo Tasca, membre fondateur du Parti communiste italien qui avait rejoint le Parti socialiste. Certains militants de la tendance pacifiste de la SFIO emmenés par Paul Faure, des syndicalistes, quelques notables anticommunistes et pacifistes ont pu faire un bout de chemin avec Vichy ; mais l'influence de cette poignée d'hommes — Belin mis à part — a été minime.

Ce qui est certain, en revanche, c'est que dans l'entourage de Philippe Pétain, dans les cabinets ministériels, dans les rouages des instances de la révolution nationale, se retrouvent toutes les droites, et ce, dès 1940. Doriot et ses partisans se veulent des hommes du Maréchal et c'est à ce titre qu'ils reçoivent des subsides ; ils côtoient des ligueurs, des maurrassiens, des « non-conformistes », et notamment des technocrates militant pour un régime autoritaire. On retrouve aussi à Vichy ces libéraux qui rappellent les notables orléanistes, élitistes et antidémocrates, de ceux qui pontifiaient la veille dans *Le Temps* ou qui écrivaient dans *Le Figaro*, quand celui-ci faisait encore profession de libéralisme : l'ancien président du Conseil Pierre-Étienne Flandin, qui reprend du service de décembre 1940 à février 1941, ou le juriste Joseph Barthélemy, ancien député modéré qui demeura garde des Sceaux du 26 janvier 1941 au 27 mars 1943, ce qui n'est pas rien. C'est pourquoi Stanley Hoffmann [1] a pu — dès 1948 — définir Vichy comme une « dictature pluraliste » : toutes les couleurs de la droite y sont bien représentées. Mais le discours tenu, les valeurs défendues, les pratiques mises en œuvre sont bien le fait des tenants d'un régime à tout le moins autoritaire et contrôlé par la droite extrême.

Les raisons qui ont pu permettre à cette droite extrême de s'installer au pouvoir sont suffisamment connues. Éliminons la thèse du complot, qui eut cours dans les mois qui suivirent la Libération mais n'a aucun fondement. L'engrenage d'un désastre militaire sans précédent, le traumatisme durable de la débâcle, la perte des repères politiques et sociaux, les débandades de la classe politique, la dilution de l'État, bref, une crise d'identité nationale majeure, forment bien le terreau dans lequel s'enracine le nouveau régime.

Cette crise, Philippe Pétain l'a fort bien appréhendée : il devient très tôt, en juin, le chef du clan de l'armistice, faisant de l'arrêt des combats une nécessité non seulement militaire mais politique, au sens global du terme. Or Pétain, aux yeux des républicains même chevronnés, ne passait pas pour un factieux : il avait la réputation d'avoir épargné, pendant la Grande Guerre, le sang des poilus, et de n'être pas clérical comme d'autres « grands chefs ». Mais c'était avant tout, et profondément, un homme d'ordre. De sa longue carrière dans l'armée lui étaient restés le rejet des idéologies, la défiance à l'égard des hommes de gauche et, globalement, de cette classe politique participant à la démocratie libérale à laquelle il s'était heurté en 1917 et tout

1. Stanley Hoffmann, « La droite à Vichy », article pionnier repris dans *Essais sur la France, déclins ou renouveau*, Paris, Éd. du Seuil, 1974.

autant en 1934, alors qu'il faisait partie du cabinet Doumergue. Verdun et surtout la répression des mutineries de 1917 l'avaient convaincu de sa valeur et lui avaient donné la certitude de pouvoir constituer un recours en cas de crise. Mais, alors qu'on le considérait comme politiquement neutre, il avait, en fait, entre les deux tours des élections de 1936, pris nettement position contre le Front populaire, empruntant à La Rocque un slogan d'avenir : « Travail, Famille, Patrie. » Et les hommes d'ordre ne s'y trompèrent pas.

La République n'était pas moribonde en 1939 : Édouard Daladier, le nouveau cacique jacobin, semblait à même de clore la série des crises qui avaient marqué les années trente ; il parvenait à supplanter La Rocque auprès d'électeurs hésitants et à réduire l'influence directe de l'extrême droite. Mais la convalescence était encore fragile, et, avec la défaite, rejoua brutalement et rétrospectivement une double faille : celle des grandes peurs de 36, la peur du PCF, du « collectivisme », des grévistes triomphants, de la populace ; celle de 38, lorsque les « bellicistes » avaient failli lancer les Français dans une guerre idéologique sous couleur d'antifascisme. Ceux qui à droite n'avaient pas pardonné les deux choix qu'ils considéraient comme une double faillite du système, le Front populaire et la déclaration de guerre, sautaient sans hésiter le pas pour rallier la droite extrême et Pétain.

Quant au Français moyen, il cherchait, dans le désastre, une bouée de sauvetage. Philippe Pétain, en décidant de demeurer sur le territoire national, en optant pour une stratégie hexagonale, faisait le choix qui rassurait le plus grand nombre. La grande, voire la très grande majorité des Français se fia donc à la personne du Maréchal, au vainqueur de Verdun. Mais on notera qu'une partie appréciable de ces maréchalistes, de ceux donc qui faisaient confiance à l'homme Philippe Pétain, attendait avant tout de lui qu'il adopte un profil bas devant l'occupant et qu'il mette fin rapidement, et de manière non partisane, à la crise d'identité nationale. Pétain et les hommes de Vichy, sur l'un et l'autre point, feront le contraire ; quand le malentendu se dissipera, Vichy optera pour un durcissement de son autoritarisme répressif.

*
**

Ces années, qui ont vu l'arrivée au pouvoir de la droite extrême, ont été globalement, pour les Français, des années sombres, sinon noires. L'aventure autoritaire s'est fort mal terminée. Au point que les collaborationnistes parisiens, mais également ceux qui constituaient le noyau dur des pétainistes, ont été considérés comme des traîtres et souvent punis comme tels lors de l'épuration extra-judiciaire. Il est vrai qu'ils avaient privilégié la lutte contre l'ennemi intérieur et combattu une libération qui selon eux ne pouvait que ramener la « démocrassouillerie » ; eux qui se voulaient pour la plupart nationalistes avaient inversé les priorités, réglant des comptes franco-français sous le regard, puis avec la complicité, de l'occupant.

Les enjeux de mémoire, il est vrai, ont connu — Henry Rousso[2] en a analysé avec pertinence l'évolution complexe — un sort singulier : le travail de deuil inachevé de l'épuration puis de l'amnistie, l'irruption de la guerre froide, la lecture très gaullienne que fait de l'histoire l'homme du 18 juin quand il revient aux affaires, l'éclatement de la mémoire et les rejeux de la dernière décennie, tous ces avatars ont eu pour résultat de brouiller ou de redistribuer les cartes du souvenir de cette période. Insistons sur quelques traits significatifs pour notre propos : nombre d'hommes de droite n'aiment guère parler de Vichy ni *a fortiori* du Paris collaborationniste (« le moment n'est-il pas venu de jeter le voile, d'oublier ces temps où les Français ne s'aimaient pas... », déclarait Georges Pompidou dans sa conférence de presse du 21 septembre 1972) ; et ils réagissent plutôt mollement lorsque resurgissent des « affaires » ; l'extrême droite, elle, globalement, a presque toujours honoré ou défendu la mémoire des victimes de l'épuration (l'exemple de Brasillach

2. *Le Syndrome de Vichy*, Paris, Éd. du Seuil, 1987.

est emblématique) et cherché à réhabiliter les hommes de Vichy ; les soubresauts de la décolonisation ont, il est vrai, un peu isolé les anciens acteurs — militant volontiers dans l'Association pour défendre la mémoire du maréchal Pétain, fondée en 1951 — et semblé donner un coup de vieux aux années quarante. Pourtant, depuis quelques années, la droite extrême, bon nombre de responsables du Front national et également des personnalités issues de formations partisanes plus classiques non seulement saluent, à l'occasion, le courage ou la personnalité des héros de l'anticommunisme collaborationniste, mais aussi se réfèrent à Vichy, défendu alors en bloc ; en tout cas, en mai, désormais, défilent en bonne place, sous les auspices du Front national, les portraits du Maréchal promenés comme des icônes. Pourquoi pareil regain d'intérêt ? C'est sans doute que, durant ces quatre années, les vichyssois et, à leur manière, les hommes de Paris ont voulu instaurer en France la révolution culturelle attendue depuis des lustres.

*
**

Les hommes de Vichy, en effet, entendaient ne pas se contenter de gérer la France et avaient d'abord l'ambition de faire la révolution ; c'est la « divine surprise » célébrée par Maurras, dans le titre d'un article paru dans *Le Petit Marseillais* du 9 février 1941, qui fit quelque bruit (« Une partie divine de l'art politique est touchée par la surprise extraordinaire que nous a faite le Maréchal. On attendait tout de lui, comme on pouvait, comme on devait tout attendre. A cette attitude naturelle, il a été répondu de façon plus qu'humaine. Il n'y manque absolument rien... »). Une tâche que l'ultra-droite parisienne considéra également comme prioritaire jusqu'à l'invasion de l'URSS en juin 1941. Pétain et nombre de pétainistes se seraient sans nul doute passés de devoir gérer Occupation et Collaboration avec leur cortège de contraintes de plus en plus humiliantes. C'est pourquoi il convient, à mon sens, de ne pas faire de la collaboration d'État et de la révolution nationale un tout indissoluble. Sans doute, entre les deux phénomènes, des corrélations existent-elles. Dans le temps d'abord : la révolution nationale se fait plus répressive à mesure que la majorité des Français récuse la politique de collaboration, qui de surcroît, à compter de novembre 1942, fonctionne à sens unique, quand Vichy ne possède plus guère de monnaie d'échange dans son marchandage avec le Reich. Des calculs ont pu également jouer : la droite extrême vichyssoise se laissa d'autant plus facilement prendre dans les filets allemands qu'elle estima que le Reich lui laisserait faire sa petite révolution. Reste que, la paix eût-elle été signée, comme on l'escomptait, dans l'été ou l'automne 1940, Philippe Pétain et les pétainistes convaincus auraient tout de même, selon toute vraisemblance, lancé une révolution culturelle autoritaire, qui était à leurs yeux la condition impérative de la renaissance française.

Le terme de « révolution culturelle » est évidemment anachronique ; mais cette terminologie maoïste souligne ce que le dessein des hommes de Vichy avait de global. L'appellation contrôlée fut celle de « révolution nationale », qui désigne à la fois un corpus idéologique et des pratiques politiques. Le projet, quant à lui, est formulé, on ne peut plus nettement, dès juin 1940 par Philippe Pétain en personne : le 20, il conviait très fermement les Français à un « redressement moral et intellectuel » et, tout au long des quatre années, il martèlera cette idée que le salut viendra non de l'extérieur mais bien d'une conversion des Français (« le salut de la France ne lui viendra pas du dehors, il est dans nos mains, dans vos mains », déclarait-il dans son message du 4 avril 1943).

Cette révolution était censée instaurer un nouvel ordre des choses et un régime que René Gillouin[3], l'un des conseillers de Pétain, définissait en 1941 comme « national, autoritaire, hiérarchique et social ». Sans doute Darlan, Laval, *a fortiori* Darnand ou Henriot, n'avaient-ils pas forcément la même appréciation du

3. Se reporter à l'ouvrage collectif, publié en 1941 à Paris aux éditions Alsatia, *France 1941. La Révolution nationale constructive. Un bilan et un programme.*

type d'hommes aptes à la mener à bien ; mais tous étaient convaincus qu'il fallait convertir, bon gré, mal gré, les Français à un régime d'ordre.

Il ne s'agit pas — comme on a pu l'écrire — d'une sorte de contagion des régimes spécifiquement fascistes. Les tenants de la révolution nationale ont dit et redit, après la Libération, que les sources ou les modèles de cette révolution culturelle n'étaient pas étrangers. On peut leur en donner acte. Inversement, certains n'ont retenu qu'une seule matrice, la matrice contre-révolutionnaire française et, plus précisément, maurrassienne. C'est une approche beaucoup trop réductrice. Dans leurs emprunts au XIXe siècle, les pétainistes ont sans nul doute exploité le fonds de commerce contre-révolutionnaire, revu par Charles Maurras, mais ils se réfèrent également à l'élitisme orléaniste. Et, surtout, cette matrice réactionnaire — au sens précis du terme — a été relue et amendée à la lumière de thématiques surgies dans les années trente, relayées par certains milieux non conformistes qui récusaient les fondements de la démocratie libérale, génératrice du « désordre établi », et par des cercles de catholiques sociaux ; sans oublier l'influence des idées couramment reçues dans bon nombre de mess d'officiers.

Le produit final était relativement syncrétique : on gardait le drapeau tricolore et le 14 juillet demeurait fête nationale ; et on n'hésitait pas à parler de « droits naturels ». De même, se rencontraient dans les couloirs de l'hôtel du Parc des hommes provenant d'horizons relativement divers : certains avaient subi l'influence de Charles Maurras (Bernard Ménétrel, médecin personnel de Pétain, Henri du Moulin de la Barthète, qui fut son chef de cabinet, Raphaël Alibert, le premier garde des Sceaux, Henri Massis et René Gillouin, deux écrivains qui lui servirent de porte-plume) ; d'autres étaient des notables passés par des cénacles divers (Lucien Romier, un homme de confiance, Henri Moysset, proche de Darlan, Joseph Barthélemy, Paul Baudouin, qui fut le premier ministre des Affaires étrangères...) ; certains, qui avaient fréquenté les non-conformistes, se voulaient hommes du XXe siècle à la recherche de l'efficacité, comme Pierre Pucheu, qui avait travaillé dans la sidérurgie, Jacques Barnaud, lié aux milieux bancaires, François Lehideux, un des proches de Louis Renault, ces technocrates embarqués au printemps 1941 par Darlan qui les dépeignait comme « des types jeunes, dessalés, qui s'entendront avec les Fritz et nous feront bouillir de la bonne marmite »; les lavaliens, quant à eux, comme le jeune préfet René Bousquet ou le député Pierre Cathala, se référaient au « Président », qui, lui, ne s'intéressait que médiocrement aux joutes idéologiques.

Mais tous faisaient leur cette révolution culturelle, dont on peut retenir sept points significatifs : le rejet de l'individualisme, le refus de l'égalitarisme, une conception très fermée du nationalisme, un projet de rassemblement national, la défiance à l'égard de l'industrialisme, l'anti-intellectualisme, le refus du libéralisme culturel.

Le rejet de l'individualisme — un point fondamental — procède à la fois de l'idéologie contre-révolutionnaire et de l'esprit des années trente : l'ordre naturel impose le primat de la société sur les individus. Pour Philippe Pétain, « l'individualisme tourne inévitablement à l'anarchie, laquelle ne trouve d'autre correctif que le collectivisme, source du communisme ». Il convient donc de réintégrer l'individu dans les « hiérarchies naturelles »; et René Gillouin de définir l'économie du système : « l'homme tient de la nature des droits fondamentaux, mais ils ne lui sont garantis que par les communautés qui l'entourent : sa famille qui l'élève, la profession qui le nourrit, la nation qui le protège ».

On célèbre particulièrement la famille, « cellule initiale de la société », et, donc, l'union conjugale, que l'on espère stable (le divorce devient beaucoup plus difficile à obtenir), qui donne des droits (divers projets préconisent le vote familial qui attribuerait aux pères de famille plusieurs voix en fonction du nombre de leurs enfants) et des gratifications (le statut des fonctionnaires du 14 septembre 1941 majore de 15 % le traitement de ceux qui à 35 ans ont trois enfants et ampute des mêmes 15 % celui des hommes sans descendance). Pour conforter la cohésion du corps social, on remet à l'honneur le catholicisme et, tout en veillant à ce que l'Église n'occupe pas une place démesurée, on assouplit la législation laïque (notamment en accordant un statut libéral aux congrégations religieuses, ou en versant, au coup par coup, des subventions à l'enseignement confessionnel). On estime que c'est à cette condition que la société pourra — et c'est capital — former une véritable « communauté ».

Le refus de l'égalitarisme est une autre constante fondamentale de la droite extrême. Philippe Pétain en personne s'en prend avec vigueur à l'« idée fausse de l'égalité naturelle de l'homme » et ajoute, le 8 juillet 1941 : « il ne suffit plus de compter les voix, il faut peser leur valeur pour déterminer leur part de responsabilité dans la communauté ». C'est une des justifications idéologiques de la mise en place d'un régime d'ordre. Au règne démagogique du suffrage universel, il faut opposer une société responsable, gouvernée à nouveau par les élites sociales — au sens restreint du terme — et professionnelles (la Charte du Travail, promulguée le 4 octobre 1941, spécifie bien que le chef d'entreprise demeurera le seul maître de la conduite et de la gestion de son affaire). L'une des tâches prioritaires est de former des chefs et c'est pourquoi le régime ouvre des écoles de cadres, dont Uriage sera la plus connue.

Le nouveau régime se veut, évidemment, national, ce qui n'a rien de surprenant en ce moment de recueillement après le désastre. Mais il faut préciser — en reprenant la terminologie de Michel Winock — qu'il s'agit d'un nationalisme fermé. Non seulement il reste — dans la foulée de l'armistice — résolument hexagonal, mais il préconise par principe l'exclusion : le nouvel État « bannit en son sein, ou dépouille de toute influence dirigeante, les individus et les groupes qui, pour des raisons de race ou de conviction, ne peuvent ou veulent souscrire au primat de la patrie française : étrangers, Juifs, francs-maçons, communistes, internationalistes de toute origine et de toute obédience ». On retrouve dans cette formulation de René Gillouin la xénophobie populiste et la prophylaxie politique prônées par Maurras à l'encontre de ce qu'il désignait comme les « quatre États confédérés » — à ceci près que les communistes (pourchassés encore plus activement après juin 1940) et autres « internationalistes » prenaient la place des protestants. Le raisonnement est bien le même : on refuse radicalement le modèle assimilationniste républicain. La nation est menacée par des ennemis intérieurs, ceux qui se sont déjà introduits ou ceux qui continuent de se faufiler, les « métèques ». Et le Juif est le métèque par excellence, celui qui demeure fondamentalement un étranger, quelle que soit sa date d'implantation dans « ce vieux pays gallo-romain », selon la formule de Xavier Vallat interpellant Léon Blum en lui reprochant son ascendance, lors du débat d'investiture, le 6 juin 1936, lui qui allait devenir en mars 1941 le premier commissaire général aux Questions juives : les Juifs, selon Vallat et ses pairs, ont donné une fois encore la preuve de leur nocivité en précipitant le pays dans un conflit mortel. De surcroît, le Juif est par nature un homme de l'ombre (c'est cette « conspiration judéo-maçonnique » qu'on a voulu briser en interdisant les sociétés secrètes dès le 13 août 1940) et un révolutionnaire (c'est le thème du « péril judéo-bolchevique »). Il est donc impératif de le priver de toute véritable influence politique, sociale et économique. C'est à quoi veillent (sur une initiative proprement vichyssoise qui n'est pas, il ne faut pas se lasser de le rappeler, imputable à l'occupant) les deux Statuts des Juifs des 3 octobre 1940 et 2 juin 1941 avant que la loi du 22 juillet 1941 n'aryanise les biens « israélites » : les Juifs français, auxquels est désormais interdite toute fonction élective, qui ne peuvent être fonctionnaires ni exercer une profession libérale, commerciale ou médiatique, sont devenus des citoyens de deuxième ou troisième zone. S'étalait ainsi un antisémitisme d'État, culturel et nationaliste.

On pourrait alors rassembler les Français. Au nom d'une idéologie de rassemblement national dans laquelle la droite extrême se retrouvait parfaitement, on se débarrassa d'autres forces centrifuges : les formations partisanes de l'« ancien régime », jugées au mieux impuissantes, le plus souvent corrompues ou stipendiées par l'étranger ; les centrales syndicales (patronales certes, mais surtout ouvrières) qui appuyaient leur lutte sur l'antagonisme des classes sociales, alors qu'il faut inventer de nouvelles solidarités, hiérarchisées, au sein de familles économiques. Au nom des mêmes impératifs, l'État voulut modeler une jeunesse sinon unique (car c'eût été ouvrir les hostilités avec l'Église catholique), à tout le moins unie, notamment en mobilisant les jeunes hommes dans des « Chantiers de la jeunesse ». Et il se dota — dès le printemps 1941 — de services de propagande étoffés, sous la direction de Paul Marion ; il modifia l'organisation, voire les procédures judiciaires : au fil des mois, sont installés un tribunal d'État, des sections spéciales auprès des cours d'appel, un conseil de justice politique, en attendant les cours martiales ; la révolution qui se veut nationale marie logiquement, dès l'été 1940, exclusion et répression musclée.

La France nouvelle devait être modelée à l'exemple d'une France rurale, dont Philippe Pétain et nombre de ténors de la droite extrême avaient la nostalgie, par refus d'un certain modernisme, puisque « la terre, elle, ne ment pas ». On célèbre la paysannerie, ses vertus ancestrales, enracinées dans des terroirs, où « l'agriculture familiale constitue la principale base économique et sociale de la France ». On répudie en principe l'industrialisme et, s'il faut bien tolérer le profit et le capitalisme, on prétend les moraliser, en modifiant par exemple, le 18 septembre 1940, la législation des sociétés anonymes.

Il fallait, bien entendu, revoir de fond en comble le système éducatif. Philippe Pétain prend lui-même la plume le 15 août 1940, pour dénoncer, quarante ans après Barrès, les méfaits de l'intellectualisme : « Il y avait à la base de notre système éducatif une illusion profonde : c'était de croire qu'il suffit d'instruire les esprits pour former les cœurs et pour tremper les caractères. Il n'y a rien de plus faux et de plus dangereux que cette idée... » Pour former une jeunesse nouvelle, on vante les mérites des travaux manuels, on exalte le sport d'amateur, on envoie les jeunes des Chantiers de la jeunesse couper du bois ou empierrer les routes, et les futurs chefs formés dans les écoles de cadres seront vivement priés de se laver à l'eau glacée.

Dernier point qui fait la quasi-unanimité dans les rangs de la droite extrême : la condamnation de ce qu'on peut nommer — en commettant volontairement cet anachronisme — le « libéralisme culturel ». Philippe Pétain fustigeait, dès le 20 juin 1940, l'« esprit de jouissance ». Au-delà de la croisade moralisatrice des discours sur le travail bien fait, les gestes désintéressés, l'esprit de sacrifice, après l'interdiction des bals (pour cause de deuil patriotique), il s'agit surtout d'en finir avec la mise en cause des codes de la sexualité et des rôles masculin et féminin. Non seulement l'adultère est plus sévèrement réprimé mais, pour l'exemple, Pétain laisse guillotiner une femme convaincue d'avoir commis un avortement. Les femmes seront remises à leur place, au foyer : nombre de femmes fonctionnaires dont le mari avait un emploi sont mises d'office à la retraite. Et il ne saurait être question de supporter les prétentions de garçonnes à la sexualité libérée.

Cette révolution culturelle se voulait — on s'en sera rendu compte — fort ambitieuse. La pratique fut nettement plus décevante. Sans doute l'Occupation et ses contraintes eurent-elles leur part dans les ratés. Mais on soulignera tout autant le poids des contradictions internes. Contentons-nous d'en donner quelques exemples. Ainsi Vichy, qui pestait contre le trop d'État, augmenta notablement le nombre des fonctionnaires (tout en en révoquant plus de 35 000). La corporation paysanne, qui était censée redonner une place primordiale aux producteurs, fut perçue par la très grande majorité des paysans comme étatique et inquisitoriale. La Charte du Travail, qui devait supprimer les affrontements de classe, ne réalisa qu'un compromis boiteux et parfaitement inefficace entre ceux qui voulaient maintenir une présence syndicale et ceux qui entendaient imposer des structures corporatistes. Ajoutons surtout que les discours officiellement tenus de défiance à l'égard de l'industrialisme juraient avec l'action menée par les « jeunes cyclistes », ces technocrates autoritaires (Pucheu, Barnaud, Lehideux et Bichelonne) embarqués par Darlan, qui entendaient, eux, rationaliser l'économie, privilégier l'entreprise, quitte à intégrer cette économie dirigée à vocation moderniste dans l'Europe continentale allemande.

A l'époque, on perçut bien échecs et difficultés. Mais du moins, sur le plan politique, la droite extrême eut-elle la satisfaction — profonde — de voir la France gouvernée comme elle le réclamait depuis des lustres. Un chef charismatique imposait une autorité quasi sans partage : Pétain s'octroya la « plénitude du pouvoir gouvernemental », législatif, exécutif, et se donna même le pouvoir de « retenir la justice », ce qui lui permit d'embastiller sans jugement ceux des hommes politiques de l'« ancien régime » qui furent qualifiés de « responsables de la défaite » ; concevant le gouvernement comme un état-major en campagne (« un qui commanderait à trois qui commanderaient à cent »), les ministres étaient responsables devant lui et n'étaient que des experts qu'il relevait selon son bon plaisir ; et si Laval disposa à son retour aux affaires, en avril 1942, et encore plus à partir de novembre 1942, d'une plus grande latitude d'action, ce fut, dans une certaine mesure, pour lui servir de fusible.

Le suffrage universel n'était maintenu que pour les élections des maires des communes de moins de 2000 habitants et la plupart des divers projets constitutionnels débattus en petit comité penchaient pour des Chambres totalement ou partiellement nommées. Les formations partisanes étaient, quant à elles, surveillées ou — à compter d'août 1941 — supprimées. Faisons remarquer que la raison principale qui incita Pétain à mettre fin à des projets de parti unique, agités à Vichy dans l'été 1940 par Gaston Bergery et Marcel Déat, fut qu'il détestait les partis politiques ; il choisit de créer en lieu et place, le 26 août 1940, une Légion des combattants, juxtaposition d'anciens combattants dévots et notoirement inefficaces. A la politisation partisane et plurielle succédèrent donc le culte du Maréchal et le règne en principe sans partage d'une administration, qui était elle-même aux ordres. Une révolution politico-institutionnelle quasi inespérée !

*
**

Une fraction de l'extrême droite avait, on le sait, quitté Vichy, dès l'automne 1940, pour gagner la zone nord et avant tout Paris. Ses militants se nommaient volontiers des « collaborationnistes » (Déat, le premier, utilise ce qualificatif, dans *L'Œuvre* du 4 novembre 1940). Les historiens[4] établissent des distinguos non seulement entre collaboration d'État et collaborationnisme, mais également entre les « nouveaux messieurs » de Paris et les hommes de Vichy. Ces distinguos sont tout à fait nécessaires. Mais, à mon sens, il existe entre les uns et les autres une différence plus de degré que de nature, celle qui sépare la droite extrême de l'ultra-droite. L'ascension aux extrêmes engendrée par la guerre a provoqué une radicalisation d'une fraction de l'extrême droite, mais les parois entre les uns et les autres sont plus poreuses qu'il n'y paraît.

Passons vite, dans cet inventaire de ceux que l'on nommera par commodité les « Parisiens », sur les collaborationnistes mercantiles, ceux qui servent notamment d'intermédiaires aux bureaux d'achats allemands, sur les truands liés à l'occupant et sur les mercenaires, qu'ils soient des gestapistes français ou des reîtres « dénationalisés » (le terme est de l'époque) enrôlés avant tout dans les rangs de la LVF ou de la Waffen SS française (autorisée par un décret de Vichy en juillet 1943). Ce sont là des marginaux du type de ceux que l'extrême droite sécrète tout au long de son histoire.

D'autres, plus intéressants pour notre propos, s'étaient engagés pour des raisons plus politiques. Parmi eux, on fera un sort particulier à ceux qui, militant encore à gauche en 1939, font le choix d'une politique collaborationniste dans le cadre d'une Europe qu'ils imaginaient autoritaire et socialiste, animée par des partis populaires. On trouve pêle-mêle d'ex-communistes

4. Je me suis beaucoup appuyé sur l'ouvrage fondamental de Philippe Burrin, *La Dérive fasciste. Doriot, Déat, Bergery. 1933-1945*, Paris, Éd. du Seuil, 1986.

regroupés dans le Parti ouvrier et paysan français fondé par l'ancien responsable à l'organisation Marcel Gitton, d'anciens SFIO derrière le député Paul Rives et l'équipe du quotidien *La France socialiste,* ou ceux qui ont suivi Charles Spinasse, ex-ministre du cabinet Blum, qui anime pendant quelques mois l'hebdomadaire *Le Rouge et le Bleu*; ou bien encore des syndicalistes anticommunistes et pacifistes avant la guerre, regroupés autour de *L'Atelier.* Cette gauche proprement collaborationniste est pour partie concurrencée par les troupes de Marcel Déat, naguère néo-socialiste, conciliateur et pacifiste. Intellectuellement et émotionnellement antilibéral, fasciné par le dynamisme hitlérien, celui-ci fonde en février 1941 le Rassemblement national populaire (RNP). Mais, manœuvré par l'occupant comme par Laval, se raccrochant au fantasme d'un Hitler créateur d'une Europe communautaire, incapable de mettre en œuvre un parti de masse, il adopte finalement une idéologie totalitaire de protection de la nation; dès juillet 1941, il annonçait la couleur : « Il n'y aura donc de renaissance spirituelle en France que par l'effort tenace, fanatique, d'un grand parti, qui ne se laissera arrêter par rien dans son effort. » Il conserve, il est vrai, quelques restes de son passé socialiste : c'est ainsi qu'il ne professa jusqu'au bout qu'un antisémitisme mesuré. Les uns et les autres furent encouragés — notamment financièrement — par Otto Abetz, qui, jugeant le régime de Vichy dominé par l'Église et par les militaires revanchards, entendait les garder en réserve. Mais leur influence, même à Paris, resta limitée.

Ceux qui tenaient dorénavant le haut du pavé parisien provenaient avant tout des rangs de l'ultra-droite. Ils avaient « fait » le 6 février 1934, avaient quitté les anciennes ligues et leurs chefs forts en gueule mais couards dans l'action, pour rejoindre qui la Cagoule, qui le PPF; ils avaient vigoureusement professé un néo-pacifisme sélectif lors de la crise de Munich, tout en étant fascinés, un peu ou beaucoup, par le dynamisme nazi. Depuis l'invasion de l'URSS, ils se trouvaient totalement à l'aise dans la « nouvelle Europe ». On rencontrait parmi eux un certain nombre d'intellectuels ou présumés tels; citons des notables qui, dans le mouvement Collaboration, avaient rejoint un dévot du Führer, Alphonse de Chateaubriant, orateur fleuri brillant dans des conférences mondaines, et surtout ceux qui soutenaient l'équipe de *Je suis partout*, autour de Robert Brasillach, Lucien Rebatet, Pierre-Antoine Cousteau, Alain Laubreaux... Ces hommes de plume allaient rompre leurs derniers liens avec Maurras et demeurer solidaires jusque dans l'été 1943, séduits par le nazisme, son totalitarisme, prônant un collaborationnisme de raison et encore plus de sentiment (« Qu'on le veuille ou non, nous aurons cohabité ensemble ; les Français de quelque réflexion durant ces quelques années auront plus ou moins couché avec l'Allemagne, non sans querelles, et le souvenir leur en restera doux », écrit Brasillach en une formule célèbre). On retrouvait — sans surprise — des habitués des sociétés secrètes, adeptes fascisants de coups de force et de putschs, que Deloncle chercha à rassembler dans un Mouvement social révolutionnaire. Ils voisinaient avec les chemises bleues de Bucard, le fondateur du Francisme, qui avait naguère pris pour modèles successifs les chemises noires fascistes puis les chemises brunes nazies. Enfin, occupant le maximum de terrain, venaient les militants du Parti populaire français, fondé par Doriot. Véritable bête politique, tribun incomparable, le « Grand Jacques », tendu vers la prise du pouvoir, dirigeait despotiquement un parti qui allait être autorisé dans les deux zones. Son anticommunisme devenu viscéral l'avait amené dès 1937 à prôner un régime de rassemblement national fascisant ; après avoir joué jusqu'en mai 1941 la carte vichyssoise, il s'érige en chef d'un parti totalitaire à l'idéologie raciste, avant de s'engager dans la LVF, prenant date et rang dans la croisade européenne contre le bolchevisme : « Un jour, j'en suis sûr, nous reviendrons avec les drapeaux de la Légion couverts de gloire. Je prendrai alors ma place à la direction du parti et autour du parti se grouperont tous les combattants, tous ceux du front de l'Est, ceux de l'intérieur, ceux de l'Afrique, et alors nous demanderons des comptes à ceux qui nous ont jetés dans la guerre » (mai 1943).

Quelle importance faut-il reconnaître à cette ultra-droite ?

Sans doute son influence ne fut-elle pas totalement négligeable : *Je suis partout* tirait en 1943 à 300 000 exemplaires ; reste qu'elle demeura une minorité agissante : le PPF, à son maximum, en 1943, pouvait se prévaloir de 30 000 militants, dont 5 000 actifs ; les inscrits au RNP, d'ailleurs peu actifs, n'ont jamais été 15 000 ; il n'y a pas eu de parti de masse capable de s'imposer et à Vichy et à l'occupant. Ces groupes ont recruté dans des franges sociales restreintes, avant tout dans les classes moyennes urbaines, trouvant quelques forces fraîches parmi des jeunes plus ou moins marginalisés. On peut évaluer l'ensemble à quelque 100 000 hommes et femmes. De surcroît, ces divers mouvements ont été incapables de s'unir, sauf à la rigueur en février 1945 lorsque Doriot, quelques heures avant sa mort, crut pouvoir être sacré, en Allemagne, Führer des Français. De 1941 à 1944, c'est une succession d'alliances entre chefs, vite défaites, de coups fourrés entre militants, de manœuvres qui ne présentent pour l'historien qu'un intérêt des plus médiocres. L'empêcheur de tourner en rond, c'est surtout Doriot, tout entier occupé à sa marche vers le pouvoir, au point qu'il n'hésite pas, en 1944, à braver le courroux de l'occupant en refusant toute unité d'action.

Au total, leur influence politique a été des plus limitées, du moins jusqu'en 1944. Les collaborationnistes sont restés ultra-minoritaires, parce qu'ils passaient dans l'opinion pour les valets de l'occupant (un comble pour des hommes qui avaient naguère été de grands donneurs de leçons nationalistes !), et c'est à ce titre qu'ils étaient méprisés, pour ne pas dire haïs, par la très grande majorité de leurs compatriotes.

Ajoutons que leur latitude d'action fut étroite, tant du côté allemand que du côté vichyssois. L'ambassade d'Allemagne leur fournira aide et subsides, mais en veillant à les maintenir suffisamment divisés pour les mieux contrôler et en les manipulant. Eux qui croyaient œuvrer, surtout après l'invasion de l'URSS, pour une construction européenne révolutionnaire seraient tombés des nues en lisant le mémorandum que rédigeait Otto Abetz, dans l'été 1940, pour Berlin : « Exactement de la même façon que l'idée de la paix fut usurpée par l'Allemagne national-socialiste et conduisit à un affaiblissement moral de la France, sans faire tort à son propre esprit combatif, de même l'idée européenne pourrait-elle être usurpée sans porter préjudice à la revendication de primauté continentale ancrée par le national-socialisme dans le peuple allemand. » Abetz utilisa d'abord la gauche, puis l'ultra-droite collaborationniste comme un épouvantail brandi pour effrayer le gouvernement vichyssois ; mais quand Doriot, en novembre 1942, prétendit déclencher sa marche sur Vichy, Berlin fit connaître sèchement que l'intérêt du Reich était de conserver le tandem Pétain-Laval. En 1944, l'occupant transforme une partie d'entre eux en rabatteurs et en tueurs : ce sont les « équipes spéciales » des francistes, les Groupes d'action pour la justice sociale doriotistes, pour ne citer que les plus connus, traquant Juifs, résistants et réfractaires du STO. Et pourtant, en avril 1945, Hitler déclarera, méprisant : « Ils ne servent à rien », en parlant des quelque 7500 Français enrôlés dans la division Waffen SS Charlemagne et engagés en Poméranie pour défendre l'ultime réduit du Reich contre les forces soviétiques.

Les chefs de l'ultra-droite parisienne avaient également lorgné du côté de Vichy, qu'ils bombardèrent d'offres de services puis de manifestes vengeurs (ils inspirèrent ainsi un « plan de redressement national français » concocté en septembre 1943) ; mais ils étaient trop ambitieux et trop incontrôlables pour être associés au pouvoir. Pétain puis Laval les lanternèrent et se servirent d'eux comme repoussoirs pour l'opinion publique. Ce, du moins, jusqu'en 1944.

***

En 1944, en effet, les routes de la droite extrême et de l'ultra-droite se rejoignent dans une très large mesure, au point que, lors de l'épuration extra-judiciaire, un certain nombre de vichyssois connurent le même sort que les collaborationnistes proprement dits.

Sans doute l'ultra-droite, tout en ménageant la personne de

Pétain, n'avait-elle cessé, surtout depuis novembre 1942, de dénoncer la politique « réactionnaire » de Vichy et la mollesse de la collaboration. Il est vrai qu'elle préconisait, en mêlant arguments de *Realpolitik* et projections idéologiques, une collaboration tous azimuts, indispensable pour mériter une place dans l'Europe nouvelle, et donc la collaboration militaire. Si Pétain prodigua des encouragements à la LVF levée, en juillet 1941, à l'appel des ultras, et dont les volontaires formèrent le 638e régiment de la Wehrmacht, il fit montre en la matière, dès 1942, d'une plus grande prudence.

A l'égard de la collaboration, l'approche de nombre d'ultras parisiens diffère bien de celle de la majorité des hommes de Vichy. En revanche, il n'y a guère qu'une différence de degré — et non de nature — en ce qui concerne la révolution culturelle, à propos de laquelle on ne peut opposer des hommes de Vichy qui seraient réactionnaires à de prétendus fascistes parisiens. Les discours tenus à Paris sur la nécessité impérieuse d'une révolution socialiste, d'une révolution fasciste, ne doivent pas faire illusion : outre qu'ils sont fort imprécis, ils sont prononcés par des hommes qui, depuis l'avant-guerre, ont récusé tout expansionnisme guerrier, une des caractéristiques tout à fait fondamentales de l'idéologie fasciste. Sans doute leur dénonciation de l'« ennemi intérieur » est-elle plus véhémente et plus meurtrière que celle faite par Vichy. Leur antisémitisme est obsessionnel, comme en témoigne cette feuille infâme que fut *Au pilori* (on pouvait lire dans son numéro du 14 mars 1941 ces quelques lignes, qui en disent plus qu'un long discours : « Mort ! Mort au Juif ! Oui. Répétons. Répétons-le ! Mort ! M.O.R.T AU JUIF ! Là ! Le Juif n'est pas un homme. C'est une bête puante. On se débarrasse des poux. On combat les épidémies. On lutte contre les invasions microbiennes. On se défend contre le mal, contre la mort — donc contre les Juifs »). Un antisémitisme à la connotation franchement raciste et raciale (« notre définition du Juif doit être raciste », écrivait, entre autres, Rebatet, qui consacrait dans *Les Décombres*, l'un des best-sellers de l'Occupation parisienne, des pages délirantes au « péril juif »). Les moins forcenés exigeaient au minimum l'expulsion de tous les Juifs de France. Tous réclamaient à l'envi les têtes des « bellicistes » (« il est intolérable que le sang de Mandel n'ait pas servi à marquer d'un trait rouge la ligne de démarcation entre la Troisième République et la révolution nationale », déclarait Doriot en mai 1941, tandis que Brasillach, lui, proclamait, en avril 1942 : « Mandel et Reynaud doivent être pendus d'abord »). Cela dit, l'ultra-droite, avec ses outrances verbales et autres, faisait très largement siens les principes de la révolution culturelle et se serait au fond satisfaite de s'établir dans des meubles qui lui convenaient, sous le couvert de la droite extrême vichyssoise.

Or, cette droite extrême, en 1944, s'est de son côté radicalisée, au point que certains de ses chefs (Darnand entre autres) en arrivent à prêter serment à Hitler, tout en se disant hommes du Maréchal. Cette radicalisation est parfaitement illustrée par l'évolution de la Milice. La Milice française est instituée par l'État français, le 30 janvier 1943, pour être une police supplétive après le désarmement de l'armée d'armistice en novembre 1942. En 1944, elle est à la fois le fer de lance du maintien de l'ordre et un instrument de pénétration des rouages de l'État. Le secrétaire général de la Milice, Joseph Darnand, entre au gouvernement comme secrétaire au Maintien de l'ordre ; le milicien Philippe Henriot est pour sa part secrétaire d'État à l'Information et à la Propagande ; des miliciens sont promus préfets. La Milice contrôle alors non seulement les forces répressives, mais encore une bonne partie de l'administration pénitentiaire, et encore les médias (avec notamment les causeries biquotidiennes d'Henriot) ; des miliciens rendent la justice — au nom du peuple français — dans des cours martiales expéditives ; quant à sa « Franc-Garde » encasernée, elle fait régner la terreur d'État sur l'« Antifrance », en montant des expéditions notamment contre des maquis, au besoin main dans la main avec des unités de la Wehrmacht — comme ce fut le cas pour anéantir le maquis des Glières en mars 1944. Quasiment tous ses chefs sont issus de l'extrême droite, et elle a puisé dans le vivier des pétainistes purs et durs pour compléter ses responsables provinciaux. Précisons encore qu'elle a reçu — jusqu'au 6 août 1944 — l'approbation totale de Philippe Pétain.

Il serait erroné d'affirmer que le destin du Vichy milicien était nécessairement inscrit dans le Vichy de 1940 : ce dernier aurait pu déboucher sur une sorte de giraudisme, tel qu'il se présentait avant la conversion « démocratique » de Giraud en mars 1943. Il faut donc nécessairement prendre en compte le poids de la conjoncture. Mais il serait tout aussi excessif de prétendre que le Vichy milicien, celui de 1944, est une dérive aberrante du Vichy originel, car les tendances qui s'amplifient à cette date étaient bel et bien présentes dès l'été 1940.

Sans doute les avatars de la collaboration d'État ont-ils pesé dans cette évolution ; la collaboration politique, menée sans le moindre double jeu, dans l'espérance d'un partenariat avec le Reich (Pétain va jusqu'à écrire, en novembre 1941, que la LVF détient « une part de notre honneur militaire » en « participant à cette croisade dont l'Allemagne a pris la tête »), cède la place à une collaboration qui ne fonctionne qu'à sens unique à compter de l'automne 1942. Pétain essaie bien de renvoyer à nouveau Laval, en novembre 1943, de se dégager, de monter l'opération qu'avait tentée Badoglio, en Italie, pendant l'été et de se refaire une virginité politique. Mais il échoue. Et Vichy est alors totalement prisonnier du choix fait à Montoire.

Or la collaboration d'État a toujours été impopulaire, d'autant qu'elle n'avait apporté aucune amélioration concrète. De ce fait, dès 1941, la France cesse d'être majoritairement pétainiste pour devenir majoritairement — avec bien des variantes — attentiste[5]. Cette désaffection est inquiétante pour le régime : elle touche même un certain nombre de pétainistes de conviction, de ceux qui avaient approuvé des deux mains les principes de la révolution nationale ; mais, souvent germanophobes, ou tout simplement nationalistes conséquents, ils considéraient l'occupant comme l'ennemi prioritaire et admettaient de plus en plus

5. Se reporter nécessairement à Pierre Laborie, *L'Opinion française sous Vichy*, Paris, Éd. du Seuil, 1990.

difficilement la vassalisation de la France. Notons également que la hiérarchie catholique, qui avait bruyamment approuvé les principes de la révolution nationale et dont certains prélats — et non des moindres — avaient apporté leur caution personnelle à Philippe Pétain, regimbe devant telle et telle mesure (notamment les rafles des Juifs étrangers de l'été 1942). Incapables alors de s'imposer par la persuasion, les hommes de Vichy s'enferment dans l'autoritarisme répressif.

Cette évolution était au demeurant souhaitée par ceux qui, à Vichy même, étaient très proches de l'ultra-droite, tels l'amiral Platon ou Marion, et par ceux qui, à travers la Milice, allaient établir, sous l'impulsion d'Henriot et de Darnand, pétainistes de stricte obédience, des liens de plus en plus étroits entre ultras parisiens et extrémistes vichyssois. Darnand ne déclarait-il pas, dès janvier 1943 : « A ceux qui s'obstinent à nous considérer comme de style réactionnaire, nous avons manifesté hautement notre volonté de voir s'instaurer en France un régime autoritaire national et socialiste permettant à la France de s'intégrer dans l'Europe de demain » ? La paranoïa de l'ordre, la volonté de défendre coûte que coûte la révolution nationale, la conviction que la lutte prioritaire était à mener contre l'« ennemi intérieur » et qu'il fallait empêcher son retour, voilà trois raisons majeures qui expliquent que droite extrême et ultra-droite aient pu conjointement et solidairement donner à ce régime, dès le départ très fortement autoritaire, des traits de plus en plus totalitaires.

⁂

Les enjeux historiographiques ont été pour partie obscurcis par la polarisation des débats sur la réalité ou non d'un fascisme français. Philippe Burrin nous semble avoir bien démontré qu'on ne saurait parler d'un fascisme à part entière, dans la mesure où l'extrême droite française avait accepté pour la France un statut de puissance résignée. Plus féconde que ce débat nous a paru être, pour l'étude de l'extrême droite, l'analyse des pulsions et des tentations de la droite extrême : ce sont elles qui peuvent permettre à l'extrême ou à l'ultra-droite de jouer un rôle politique. C'est bien pourquoi il serait erroné de considérer ces quatre années comme une parenthèse aberrante de l'histoire politique française. Sans doute la guerre leur donne-t-elle une spécificité certaine. Mais elles sont très révélatrices et, à ce titre, elles mettent en pleine lumière au moins trois tendances profondes de cette partie extrême du peuple de droite aspirant à l'ordre et à l'autorité : l'obsession de l'ennemi intérieur ; la volonté d'exclure au nom de l'ethnocentrisme ; la conviction de la nécessité impérieuse d'un « redressement moral et intellectuel ». On s'explique alors que le régime de Vichy, voire certaines thématiques de l'ultra-droite parisienne, non seulement ait pu susciter quelques discours nostalgiques mais serve à l'extrême droite de référence de choix.

Jean-Pierre Azéma

7

Des clandestins aux activistes (1945-1965)

Voici, dans l'histoire de l'extrême droite en France, deux décennies très moroses : le temps du ressentiment, de l'errance clandestine, des flambées du désespoir, de l'horizon bouché. Pouvait-il en être autrement, dans un pays sorti hébété, divisé mais victorieux du drame des « années noires » ? Qui a repris goût à la démocratie et au progrès, qui d'un même élan s'est reconstruit et modernisé puis, après avoir bien mal géré la décolonisation de l'Indochine et de l'Algérie, se donne avec de Gaulle de nouvelles institutions républicaines à la hauteur de ses ambitions ? Cette France rajeunie, en marche vers la croissance et la consommation, n'a pas un regard pour les vaincus, les revanchards et les despérados de l'extrémisme déconfit. Et elle exprime vertement son désintérêt en les sanctionnant à répétition dans les consultations électorales.

Pour relativiser tout ce qui va suivre dans ce chapitre, il faut donc se souvenir qu'aux législatives de juin 1951 l'extrême droite est tout juste sortie de son néant de l'après-Libération avec 1,5 % des suffrages exprimés, mêlés d'ailleurs à ceux d'électeurs plus modérés. Puis qu'elle rampera très longtemps, groupusculaire, recueillant misérablement, là où elle n'a pas voulu se mêler aux poujadistes, 0,9 % des voix en janvier 1956, et, dans une évidente monotonie de l'échec, 0,8 % en novembre 1962, 0,7 % en mars 1967, 0,5 % en mars 1973 et en mars 1978. Seuls deux sursauts méritent l'attention : glissée dans le lit du poujadisme en perte de vitesse, elle a surnagé à 3,2 % en novembre 1958 et s'est hissée au score inespéré de 5,2 % à la faveur de la présidentielle de décembre 1965 — en supposant généreusement que Jean-Louis Tixier-Vignancour, authentique homme d'extrême droite, élu ès qualités en 1936 et en 1956, ancien avocat du général Salan et porte-parole des nostalgiques de l'Algérie française, n'eut alors à compter que sur son seul renfort. Mais, lorsque l'on croise le résultat électoral, l'intention de vote et les réponses aux questions des sondages d'opinion, force est d'admettre que si l'extrême droite à visage découvert a toujours eu une audience politique un peu plus forte que ses scores dans les urnes, elle n'a jamais dépassé dans les années cinquante et soixante, en faisant très bonne mesure, 7 % des ferveurs, des sympathies ou des velléités du corps électoral[1].

Ainsi, méprisée par le suffrage, privée de force de conviction et de proposition, campant aux marges, elle n'eut alors qu'une vocation prolongée à la macération et à la provocation.

Les décombres

Cet étiage a un terrible enracinement historique : les heures chaudes de la Libération et de l'épuration, qui ont balayé, démembré et stigmatisé l'extrême droite, mise au ban de la nation pour avoir activé la « révolution » de Vichy et nourri tant de collaborations avec l'ennemi. Les quelques hommes de sa mouvance qui ont rejoint Londres ou la résistance intérieure sont négligés. Au sang et aux larmes qu'elle a fait verser entre 1940 et 1944, répondent de la haine et du sang en 1944-1945, puis une cascade de mépris qui la voue, en retour, à l'impuissance chronique et à la vindicte stérile. La voici désaccordée pour longtemps des intimités du pays et réduite à tisonner ses braises dans ses cercles confidentiels, pour cause de péché originel, sinon mortel, contre la nation, la République et la démocratie.

Il est vrai que si l'épuration ne fut pas ce « bain de sang » et ce

1. Voir Émeric Deutsch, Denis Lindon et Pierre Weill, *Les Familles politiques aujourd'hui en France*, Paris, Les Éditions de Minuit, 1966.

délire vengeur dont elle a entretenu si jalousement jusqu'à nos jours le souvenir accusateur, si la justice d'exception et l'entregent des pouvoirs publics limitèrent les débordements tardifs, mirent à l'ombre des personnes menacées puis amnistièrent maints condamnés dès janvier 1951, les militants déterminés, les idéologues entêtés et les séides d'occasion de l'extrémisme « collabo » furent sans doute proportionnellement plus frappés que d'autres à la Libération, sans qu'on puisse chiffrer avec précision cet acharnement[2]. C'est bien pourquoi l'épuration sera désormais d'excellent secours en mémoire pour l'extrême droite. Elle lui a donné des victimes à chérir, des blessés à vie qui accuseront sans trêve et comptabiliseront la vengeance « aveugle ».

Pour ses rescapés et ses hérauts, le culte morbide de l'échec, si durement sanctionné à l'heure de la victoire, devient ainsi une force considérable. Et pleurer ses morts la dispensera d'avoir à prendre en compte ses errements. Cette mémoire blessée tiendra même souvent lieu de jouvence politique. Ainsi s'explique que la coalition des fidélités aux « épurés » puisse, indistinctement et durablement, non seulement rassembler en ferveur des vichystes mal blanchis, des fanatiques attardés de l'« ordre nouveau » et des traditionalistes à la dérive, mais faire lever, dans cette piété entretenue, de jeunes pousses qui prennent le relais des pères en toute impunité idéologique et sans sanction historique.

Cette nostalgie douloureuse non seulement fait couver le feu sous les décombres mais renforce et sanctifie donc chez les survivants de la débâcle de 1944 les thèmes, aussi simples

2. Rappelons qu'il y eut un peu plus de 10 000 exécutions, sommaires ou par décision de justice. Voir Jean-Pierre Rioux, « L'épuration en France », *L'Histoire*, n° 5, oct. 1978 ; Peter Novick, *L'Épuration française (1944-1949)*, Paris, Éd. du Seuil, coll. « Points Histoire », 1991 ; Henry Rousso, « L'épuration en France : une histoire inachevée », *Vingtième Siècle. Revue d'histoire*, n° 33, janv.-mars 1992, qui propose de revoir les chiffres de Novik en légère hausse ; Henry Rousso, *Le Syndrome de Vichy de 1944 à nos jours*, Paris, Éd. du Seuil, coll. « Points Histoire », 1990. Sur la fixité de l'argumentaire d'extrême droite à ce propos, voir, par exemple, « L'épuration », *Le Crapouillot*, nouv. série, n° 81, avr.-mai 1985.

qu'obsolètes, qui avaient activé l'extrême droite pendant la guerre, au seul moment de son histoire où elle avait pu participer au pouvoir d'État et peser quelque peu sur le cours des événements. De telle sorte que les victimes de l'épuration confortent à très bon compte, dans une vénération permanente de leur silence accusateur, le culte du chef et celui des corps intermédiaires, le sens du combat anticommuniste et antijacobin, le corporatisme pré-industriel, la xénophobie et l'antisémitisme, constitutifs d'une famille politique par ailleurs pulvérisée et ostracisée.

Pourtant, le culte des morts et les vieilles rancunes ne suffisent pas. Est-ce à dire que les quelque milliers de fidèles qu'on comptabilise au cœur des années cinquante constituent une force suffisante pour faire renaître l'extrême droite, lui donner une énergie positive et une force de proposition ? Nombreux sont ceux qui, en son sein, ont bien flairé le piège tendu par cette piété rétrospective qui conforte l'isolement politique de la mouvance. Ils rêvent désormais de renouveau « national », d'action clandestine et d'opérations, physiques et intellectuelles, de commando (« Maintenant, les clandestins, c'est nous », déclare dès 1944 un jeune héros de Paul Sérant dans *Les Inciviques*). Mais leur ambition ne prend pas corps. C'est pourquoi on ne peut guère parler de renouveau, et seules quelques flammèches sortent du foyer en refroidissement[3].

Voici que naissent, pour tout potage, des journaux et des livres, que fleurissent les nomenclatures dénonciatrices[4], tendus

3. Voir Jean Plumyène et Raymond Lasierra, *Les Fascismes français (1923-1963)*, Paris, Éd. du Seuil, 1963 ; Jean-Christian Petitfils, *L'Extrême Droite en France*, Paris, PUF, 1983 ; Joseph Algazy, *La Tentation néo-fasciste en France (1944-1965)*, Paris, Fayard, 1984 ; Ariane Chebel d'Appollonia, *L'Extrême Droite en France. De Maurras à Le Pen*, Bruxelles, Complexe, 1987 ; Pierre Milza, *Fascisme français. Passé et présent*, Paris, Flammarion, 1987.

4. L'obsession « documentaire » à forte connotation antimaçonnique et antisémite fleurit plus que jamais. Henry Coston, qui fondera *Lectures françaises* en 1957 et éditera un *Dictionnaire de la politique française* en 1972, en est le meilleur exemple, salué aujourd'hui encore au Front national (voir Pierre Assouline, « Henry Coston : itinéraire d'un antisémite », *L'Histoire*, n° 148, oct. 1991).

aux survivants comme autant de signes identitaires et rassembleurs. L'extrême droite, à défaut d'être active, se donne une force et une audience de conviction sourde, toute cérébrale, très passionnée, accrochée aux idéaux pérennes et aux idéologies rafistolées comme le naufragé à sa bouée. Ainsi les rescapés du nationalisme « intégral » de l'Action française serrent-ils les rangs autour de leur vieux Maurras, condamné en janvier 1945 et qui meurt en novembre 1952, après avoir beaucoup écrit sous pseudonyme dans sa prison et rassemblé ses *Œuvres capitales*. Un ancien Camelot du Roi, Georges Calzant, lance en 1947 un hebdomadaire, *Aspects de la France*. Des cadres assez chenus se regroupent péniblement en 1955 dans le frêle mouvement de la Restauration nationale. Mais rien n'y fait : les tenants de la « France seule » et du roi (qui, dira méchamment Tixier-Vignancour du comte de Paris, « descend d'Orléans, mais s'obstine à rater la correspondance des Aubrais ») ne parviennent pas à briser le mur du silence et se contentent de vilipender entre eux, jusqu'à plus soif, la Gueuse, de Gaulle, les démocrates-chrétiens et les bolcheviques. Il faudra attendre l'automne de 1955 pour qu'un jeune philosophe, Pierre Boutang, tente de débarrasser ce nationalisme racorni de ses « rancunes falotes » en fondant, avec un certain succès, un nouvel hebdomadaire autrement combatif, *La Nation française*.

De leur côté, les nationalistes conservateurs en vareuse pétainiste comprennent assez vite que la dénonciation des « crimes » de la Libération et la lutte pour l'amnistie des épurés n'auront qu'un temps. *Paroles françaises*, l'hebdomadaire spécialisé dans ces combats-là, fondé en 1946 par André Mutter — un ancien résistant qui deviendra ministre des gouvernements Laniel et Pflimlin —, a culminé à 100 000 exemplaires en 1948 avant de disparaître en 1951. Un journaliste fidèle au Maréchal, René Milliavin, leur a offert sur l'entrefaite deux modestes succès : celui des *Écrits de Paris*, un bon mensuel qui a démarré en 1946, puis, dès 1951, celui de *Rivarol*, vigoureux « hebdomadaire de l'opposition nationale » où signent pêle-mêle maréchalistes et anciens collaborateurs, mordus de l'anticommunisme, futurs « hussards » littéraires et catholiques intégristes, comme Alfred Fabre-Luce, Lucien Rebatet, François Brigneau, Pierre Dominique, Antoine Blondin, André Thérive ou Pierre-Antoine Cousteau. Des cercles comme l'Union des intellectuels indépendants et surtout l'Association pour la défense de la mémoire du maréchal Pétain, relancée par maître Isorni après 1951, entretiennent les ferveurs.

Pourtant, cette mouvance vichyssoise ne parvient jamais à choisir entre l'activisme (certains de ses hommes se mêlent, en 1947 et 1948, aux gaullistes les plus rudes pour faire le coup de main contre les communistes), l'entrisme au RPF du général de Gaulle et la lutte électorale à visage découvert (en 1951, les listes de l'Union des nationaux indépendants et républicains n'ont que trois élus, dont Isorni ; en 1956, un Rassemblement national autour de Tixier-Vignancour échoue piteusement). Elle n'est qu'un sas, une zone de glissements discrets entre l'extrémisme et les droites légalistes, celles du Centre national des indépendants et du RPF. Seul son vichysme soigneusement cultivé entretient ses énergies, promptes à se disperser à tous vents.

Faut-il, enfin, détailler le très maigre monde des néo-fascistes qui, à l'écart des deux familles précédentes, encense ses petits chefs et découvre la croix celtique ? Une poignée d'anciens baroudeurs du front de l'Est, d'enfiévrés du Grand Reich et d'antisémites systématiques lancent à tout hasard des groupuscules médiocres et des feuillets polycopiés. Un ancien trotskiste passé par la division SS Charlemagne, René Binet, ou le neveu de Marcel Déat, Charles Gastaud dit Luca, rameutent quelques jeunes gens qui brandissent le racisme d'antan, s'entraînent dans les formations paramilitaires des commandos Saint-Ex, rêvent comme jamais de révolution anticapitaliste et d'ordre nouveau européen. Leur néo-fascisme au crâne rasé oublie les crimes du nazisme, condamne symétriquement le libéralisme américain enjuivé et la barbarie bolchevique. Ils lisent volontiers le chantre des flammes de Nuremberg, Maurice Bardèche, beau-frère de Brasillach, créateur d'une maison d'édition, Les Sept Couleurs, d'un mensuel, *Défense de l'Occident*, et d'un Mouvement social européen sans avenir. Mais leur action, très surveillée, reste confidentielle.

Car les nouveautés capables de mieux séduire viennent d'ailleurs. D'abord du côté de l'action violente : deux fils d'un fusillé de la Libération, Pierre et Jacques Sidos, ont créé en 1949 un groupuscule agressif, Jeune Nation, qui lutte pour un État « nationaliste, autoritaire, populaire et hiérarchisé », dénonce l'« invasion des parasites métèques », et dont la croix celtique émeut déjà quelques jeunes rêveurs casqués du Quartier latin et des baroudeurs d'Indochine. Jeune Nation disparaîtra dans la tourmente de 1958, mais après avoir bien entraîné ses fidèles, qui ont entre autres molesté le président du Conseil Joseph Laniel lors d'une cérémonie à l'arc de Triomphe en avril 1954 et incendié quelques camionnettes transportant *L'Humanité*. Il n'est pas indifférent aussi d'observer que sur le plan doctrinal un petit foyer fait montre de prometteuses dispositions aussi incendiaires : du côté d'un catholicisme qui refuse les évolutions démocratiques de l'Église, celui de la Cité catholique et de la revue *Verbe*, fondés en 1949 par Jean Ousset, le combat pour l'Occident chrétien retrouve les vieux argumentaires contre-révolutionnaires de Maistre ou Bonald, qui peuvent pallier la sécheresse de l'argumentaire néo-nazi et ratisser chez les boy-scouts nerveux qui soignent leur préparation militaire. Celtiques ou intégristes, ces combattants rafraîchis vont se lancer bientôt avec appétit dans la croisade pour l'Algérie française.

Néanmoins, en 1951-1952, quand la Troisième Force s'apprête à faire alliance avec la droite modérée incarnée par Antoine Pinay ou Joseph Laniel, l'extrême droite n'est toujours pas renaissante. Ni la caricaturale réunion à Malmoë en 1951 d'une internationale néo-fasciste où quelques fidèles de Bardèche siègent en grande pompe, ni les lancements de *Défense de l'Occident* ou de *Rivarol* ne doivent faire illusion. Tout est encore médiocre, latent ou rance.

C'est que la guerre froide, si vigoureuse pourtant depuis 1947 dans un pays où pratiquement un électeur sur quatre choisit sans ciller les candidats du PCF, ne lui a pas laissé, loin de là, le monopole de l'anticommunisme de combat. La décolonisation n'a pas encore pris son élan ravageur du « système » de la Quatrième République. Les droites classiques et le RPF ont solidement canalisé les mécontentements et les évolutions qui ont épuisé la gauche vainqueur à la Libération. Les consultations électorales ont permis de faire triompher une poignée d'hommes de compromis. L'extrême droite, nostalgique et souterraine, tout juste convalescente, n'a toujours ni troupes, ni renforts, ni espace politique. C'est alors que deux « divines surprises » à répétition, l'irruption du poujadisme et le drame de l'Algérie française, vont lui laisser croire qu'elle pourra de nouveau forcer le destin en misant sur l'activisme, pour déstabiliser un système politique qui l'ignore si ostensiblement.

« Poujadolf »

Le poujadisme, pourtant, est né en dehors d'elle, et elle ne fut d'ailleurs jamais loin de penser que cette singularité bâtarde le conduirait à sa perte[5]. Rien de plus spontané en effet que cette révolte d'une trentaine de commerçants et d'artisans de Saint-Céré, dans le Lot, durant l'été de 1953, contre les contrôleurs du fisc qui viennent abruptement vérifier leurs comptes. Décidés à « s'unir ou disparaître », ils lancent un mouvement qui fait tache d'huile aux alentours, bouscule les notables des chambres de commerce, surprend les élus et contraint les CRS à protéger les perceptions prises d'assaut. Quelques « descentes » entre copains, la constitution de comités fiévreux, un renfort de syndicalistes musclés et de communistes qui aiment le bon peuple

5. Voir Jean-Pierre Rioux, « La révolte de Pierre Poujade », *L'Histoire, Études sur la France de 1939 à nos jours,* Paris, Éd. du Seuil, coll. « Points Histoire », 1985, et « Le Pen, fils illégitime de Poujade », *Libération*, 18 juin 1984 ; Dominique Borne, *Petits-Bourgeois en révolte ? Le mouvement Poujade*, Paris, Flammarion, 1977.

bagarreur : voici que naît à Cahors, en novembre de la même année, l'Union de défense des commerçants et artisans (UDCA) et que son leader, Pierre Poujade, part « sur les routes de France » et se donne bien vite une stature nationale. Deux ans plus tard en effet, en janvier et février 1955, le héros en manches de chemise ou gilet de laine tricoté à la main rassemble à Paris plus de 100 000 fidèles et tient un meeting monstre au Vel' d'Hiv'. Celui que le caricaturiste Vicky surnommera « Poujadolf » dans *L'Express*[6] a su parler inlassablement au nom de centaines de milliers d'inquiets et d'exclus de la modernisation. Aux élections de janvier 1956, les candidats qu'il patronne rafleront, à la surprise générale, 52 élus et 11,6 % des suffrages, soit 2 500 000 voix, sur le simple, trop simple, si efficace mais si éphémère slogan populiste : « Sortez les sortants. »

Bien sûr, « Pierrot » est loin d'être un innocent. Né en 1920 d'un père maurrassien, il a eu quelque tendresse à 15 ans pour Doriot et conservera de bons amis maréchalistes. Pourtant, par pur patriotisme, il a rejoint l'armée d'Afrique du Nord en novembre 1942. Il a ensuite beaucoup roulé sa bosse, avant de se retrouver papetier en difficulté à Saint-Céré, bientôt élu conseiller municipal radical sur une liste RPF. C'est dire qu'il cultive volontiers le syncrétisme en politique : sa famille déteste la Gueuse, mais il a épousé une pied-noir fille de communiste, il arbore un nationalisme à relents vichystes et une authentique fierté de résistant, il déteste tout en un les collabos et les maquisards de la onzième heure, les intellectuels de gauche et les idéologues de droite, les élites « naturelles » et les notables « ensaucissonnés ». On ne trouve donc aucune trace originelle et marquante de la rectitude obstinée et hiérarchique de l'homme d'extrême droite chez ce commis-voyageur aux idées simples. Il est tout bonnement « peuple », rusé, actif, vachard, homme des virées fraternelles et des « coups fumants », couvé de l'œil par les communistes jusqu'à l'automne de 1955, cultivé en amitié par des radicaux gorgés de cassoulet et des gaullistes musclés. Il est

6. Numéro du 9 janvier 1956.

inclassable, et c'est bien cette qualité atypique qui lui a facilité la conquête d'une France des meurtris.

Il est vrai qu'il a évolué, et son mouvement avec lui. Le premier congrès national de l'UDCA s'est tenu à Alger à la veille de l'insurrection de la Toussaint 1954. Le mouvement antifiscal qui débordait tout juste la Loire et le Rhône, la fièvre hexagonale des bourgs et des petites villes y ont reçu l'hommage nationaliste et le soutien financier de « petits Blancs » de gauche, de quelques gros colons et d'activistes en herbe qui, pêle-mêle, armeront bientôt le combat pour le maintien à tout prix d'une présence française en Algérie. C'est un Algérois nanti, Paul Chevallet, qui va diriger *Fraternité française*, le journal du mouvement lancé pour la circonstance.

Il est vrai aussi qu'après ce plébiscite algérois affleurera plus fréquemment dans le discours poujadiste la haine du « métèque » et du Juif ; que son antiparlementarisme et son refus des « trusts apatrides » se feront plus virulents ; que la défense de l'Algérie française restera jusqu'au bout le seul grand thème fédérateur de politique générale pour ce mouvement catégoriel ; que dans l'entourage de « Pierrot » des hommes très marqués à droite, violemment antigaullistes et anticommunistes, se hisseront au premier rang.

Mais il ne faudrait pas en conclure que l'extrême droite aurait aisément phagocyté le poujadisme. Car elle était à l'évidence trop faible encore, on l'a vu, pour livrer utilement l'assaut. Chez les élus poujadistes de 1956, on ne compte après tout que trois baroudeurs notoires de l'extrémisme : Jean-Marie Le Pen, l'ex-commissaire Dides et Jean-Maurice Demarquet. Autour du cafetier Joseph Ortiz, le poujadisme algérois n'a eu aucun mal à tenir en lisière l'extrême droite et lui a préféré l'aide des activistes gaullistes rassemblés par Pierre Lagaillarde, qui furent autrement efficaces dans la préparation du 13 mai 1958. Par ailleurs, les idéologues ultracistes, enkystés et moroses, répugnent à reconnaître toute son importance au populisme novateur, dont le mouvement Poujade était porteur. Et si quelques militants théoriciens ont consenti à accompagner son flot montant, à se laisser porter par lui pour mieux prêcher ensuite la bonne parole raisonneuse dans son lit fait, ils resteront en éveil, prompts à rompre, prêts à dénoncer la confusion ou les limites d'un poujadisme qui n'émarge pas à leurs registres. Après tout, c'est sans doute le fasciste Maurice Bardèche qui, hilare, a lancé à son propos, dans *Défense de l'Occident* en mai 1956, la meilleure formule analytique : « Poujade ne combat pas la République, il la ramène à son origine. »

On pourrait même soutenir, paradoxalement, que l'irruption du poujadisme a contribué à dénuder l'extrême droite. Car il l'a soumise à une rude épreuve de vérité : comment combler les attentes d'une foule mécontente qu'il faudrait « chauffer » pour la lancer dans le « grand coup de balai » final ? Or le poujadisme a tout au long couru sur son erre et s'est effondré entre 1956 et 1958 quand Guy Mollet, Edgar Faure puis de Gaulle ont su faire acte d'autorité face à son désordre, sans que l'extrême droite, qui rencontre grâce à lui, pour la première fois depuis 1945, des masses ébranlées, ait jamais été capable de lui insuffler la hardiesse politique de son succès social.

Ces noces manquées avec le « peuple » ne sont pas une nouveauté dans l'histoire de l'extrémisme. Vers 1900 comme dans les années trente, à travers l'effervescence des ligues et des mouvements divers qui mobilisèrent temporairement des catégories sociales désorientées, l'extrême droite, constituée en isolats autosatisfaits, trop confiante dans ses théories fixistes, ses doctrinaires sourcilleux et ses militants disciplinés, était apparue désaccordée du mouvement social dont le populisme résurgent signalait à la fois l'ambition régénératrice et le désarroi temporaire. En bref, l'extrême droite, instituée en chapelles, frappée de cécité et repliée sur ses rêves, désaccordée depuis 1789 des intimités de la société française, a récidivé entre 1953 et 1956. Pas plus qu'aux temps des doutes fin de siècle ou des crises de l'entre-deux-guerres, elle n'a alors su répondre à ce qui pouvait être, somme toute, sa vocation première, antimoderniste et régénératrice à la fois : armer politiquement et conduire au combat, pour reprendre un mot d'André Siegfried qualifiant le poujadisme en 1956, « la France de ceux qui se débattent bruyamment, avec les gestes désordonnés de gens qui se noient ».

Il reste que l'« effet Poujade » eut ses vertus propres, ses continuités et ses postérités. Qu'importe qu'on l'ait analysé sur le moment, à tort, soit comme une manifestation fascistoïde (« un fascisme élémentaire, grossier, primitif », dira Maurice Duverger), soit comme une pure mobilisation éphémère de petits-bourgeois. Il faut sans doute le lire, plus attentivement, comme une de ces irruptions de la vieille révolte des « petits » contre les « gros » qui s'exprime en cris neufs et violents quand l'ancien contrat républicain semble désuet ou déchiré[7]. Il a mobilisé la France du « cocorico » contre celle du « Coca-Cola », celle des retardataires et des rejetés quand l'expansion pointe le nez. Il rêvait de maintenir la « structure traditionnelle de l'économie française » loin de l'investissement massif, du profit rapide et de la consommation pour tous. Sa croisade antifiscale, très conjoncturelle à l'heure d'un reflux de l'inflation, parvint à mobiliser des petits boutiquiers et des travailleurs indépendants contre le supermarché et la technocratie planificatrice, en un mot contre la modernité. Elle fut tout empreinte de la nostalgie des gens de boutique et des Français d'Algérie menacés par un monde nouveau sur lequel ils admettaient n'avoir plus aucune prise.

A leur inquiétude, à leur impuissance à détourner le cours d'une modernité qui les broyait, Poujade a répondu en récitant le catéchisme républicain des origines, celui qui bouscule et transperce le clivage gauche-droite, en leur promettant que demain, à condition d'être vigilant, maître chez soi serait libre, et qu'en France la méritocratie par le travail ne pouvait pas être un vain mot. A ce « peuple qui ne veut pas mourir » depuis Alésia, celui des croquants, des soldats de l'an II et des poilus de Verdun, il a fait comprendre que la solidarité nationale pouvait passer par un désordre temporaire pour mieux permettre de négocier de

7. Voir Pierre Birnbaum, *Le Peuple et les Gros. Histoire d'un mythe*, Paris, Pluriel, 1984.

nouveau ensuite, dignement, le contrat républicain en position de force. En ce sens, il est fidèle aux origines d'un populisme français qui rentre dans le rang dès que la revendication a été entendue et que l'ordre républicain a été fermement rétabli dans toutes ses promesses : « Sortez les sortants » fut un appel non à la rue, comme dans les années trente, mais aux urnes de 1956.

L'émoi de Poujade fut-il dès lors assez original et assez démonstratif, a-t-il assez marqué l'histoire française pour avoir des émules et des héritiers ? Trente ans plus tard, à l'aube de la montée en force du Front national, on a tenté à juste titre de mettre en parallèle et en filiation Pierre et Jean-Marie, le « poujadisme » du premier, passé dans le langage courant, et le « lepénisme » du second, en floraison si rapide, et bien au-delà de la brouille individuelle qui a, depuis 1958, opposé les deux hommes. Les accoupler n'est pas contre nature, tant sont nombreux les traits communs entre ces deux révoltes orchestrées.

Assurément, leur agressivité verbale, qui peut à l'occasion conduire à sévir physiquement, leur capacité à consolider le rassemblement d'un jour ou d'une élection partielle, leur acharnement au « y a qu'à », leur propension naturelle à énoncer très haut des solutions trop simples à des problèmes de société trop complexes les marquent l'un et l'autre du sceau de ce populisme banal et court qui saisit périodiquement chez nous, répétons-le, les inquiets, les malmenés et les laissés-pour-compte. Ils ont surgi et se sont imposés tous deux par temps de crise de la représentation politique. Et l'arrogance même de leur rassemblement instinctif et catégoriel trahit une impuissance temporaire du système en place à raisonner et à encadrer l'exercice de la démocratie. Ils ont conquis, ne l'oublions pas, à trente ans de distance, un peu plus d'un électeur sur dix. Ils ont ainsi ravivé spectaculairement les colères latentes et troublé pour longtemps le jeu partisan.

Est-ce à dire qu'ils ont perverti le régime républicain après l'avoir harcelé et menacé de subversion ? Pour la Quatrième République, la réponse est claire : celle-ci est morte de son impuissance en Algérie et non sous les coups de boutoir du poujadisme. Mieux : Guy Mollet, on l'a dit, gouverna ferme en 1956-1957, et jusque dans ses errements nationalistes en Algérie et à Suez, car il savait trop bien que, sans la menace poujadiste, les Français n'auraient pas élu en janvier 1956 l'équivoque majorité de Front républicain qui leur laissa croire un temps qu'ils étaient de nouveau aimés et dirigés. De Gaulle, en 1958, prit le relais sur cette pente d'un pouvoir fort dont la force, négociée en termes démocratiques nouveaux, ruinait définitivement l'activisme « poujadiste ».

Pour la Cinquième République mitterrandienne, ce raisonnement est certes moins probant, car le pouvoir élyséen et socialiste ne fit pas du Front national son adversaire principal et ne tenta jamais, après 1983, de prendre en main l'orchestration d'une coalition républicaine aux forces rameutées : il crut au contraire trop longtemps qu'il lui suffirait d'encaisser à son crédit, sans broncher, les effets ravageurs de la poussée du Front national au sein de l'opposition. Mais, de grâce, n'oublions jamais combien ces populismes d'ordre moral peuvent avoir des effets régulateurs : le peuple « gueule », puis on l'apaise en montrant qu'on est aussi cabochard que lui. On pourrait même soutenir qu'ils protègent périodiquement ce pays du fascisme authentique, celui des idéologues, des petits-maîtres et des prolos fanatisés. Car, nourris d'une déstabilisation de ces classes moyennes indépendantes ou salariées qui arbitrent depuis si longtemps notre vie politique, ils sont pris au piège par leur clientèle qui ne leur laisse bientôt plus de marge pour manœuvrer et les rend incapables d'entreprendre ces grandes chevauchées sociales qui ont fait les fascismes authentiques.

Pour n'avoir pas voulu admettre ce constat, l'antilepénisme, rivé à l'« antifascisme » et à l'antiracisme, n'a pas su trouver depuis 1984 les secours républicains qu'il pouvait espérer, et il a même, sans doute, contribué involontairement au développement d'effets qu'il entendait combattre : faire du populisme d'un Front national ainsi stigmatisé, conforté et en quelque sorte trop commodément légitimé par le seul statut de résurgence fasciste qui lui était concédé, une force capable de s'étendre socialement au-delà de ses révoltes originelles et de progresser dans des consultations électorales dont il n'était pas assez dit par ailleurs qu'elles étaient, par définition républicaine et institutionnelle, l'enjeu suprême d'une bataille antifrontiste. Autrement dit, ne pas avoir installé le Front national sous ses vraies couleurs originelles, ne pas l'avoir enregistré politiquement sous la rubrique du « populisme d'alarme », ne pas l'avoir tenu pour l'expression d'un prurit social inlassablement gratté par un leader porté pour la circonstance au-delà de lui-même, à la bonne conscience froissée et rendue agressive par les malheurs des temps, ne pas avoir, somme toute, raccroché Le Pen à un poujadisme, ne pas avoir consenti à remarquer avec quelle fixité inquiétante il se présentait si volontiers comme un héros républicain, voilà probablement une erreur qu'un peu de sang-froid historique aurait pu éviter.

Quoi qu'il en soit, la comparaison entre poujadisme et Front national s'arrête là. Et d'abord pour des raisons de conjoncture socio-économique. Les petits travailleurs indépendants, agriculteurs, artisans et commerçants, qui ont fait la fortune de Poujade, sont depuis trente ans en perte de vitesse. L'UDCA a grandi dans la France fragile du sud de la Loire et de l'Ouest, celle des petites villes et des campagnes bousculées par la croissance et qui refusaient la modernisation à bride abattue. Ce sont l'arrêt de l'inflation après l'assainissement financier incarné par Antoine Pinay en 1952, la maladresse des contrôleurs « polyvalents » des contributions, l'impossibilité d'anticiper à la hausse pour faire valser aussi paisiblement que naguère les étiquettes qui ont vidé temporairement les tiroirs-caisses et enragé leurs possesseurs. Que l'inflation reprenne vivement en 1957 sous Guy Mollet, que l'étau fiscal se desserre un peu, et le poujadisme s'effondre. Seul le thème providentiel de la défense de l'Algérie française lui a épargné pour quelques mois le naufrage brutal et lui a permis de mettre en avant quelques chômeurs politique de l'extrême droite.

Le Pen, à l'inverse, n'a trouvé audience que sur fond de crise économique généralisée, de chômage, d'insécurité et d'aspira-

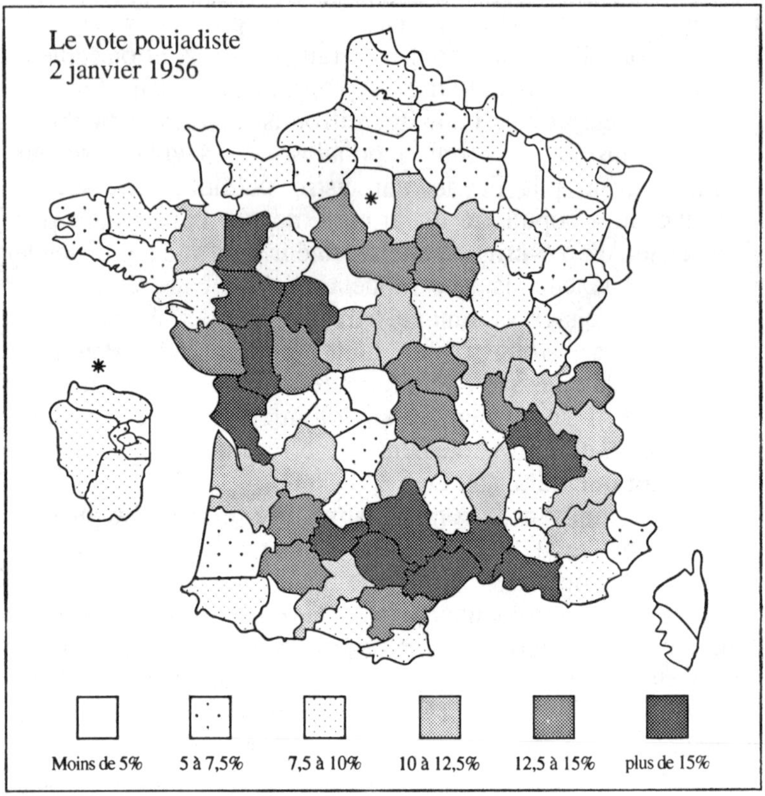

Source : Libération, 1984.

tion à une halte de l'immigration. Sa révolte n'est pas professionnelle. Elle rameute en pleine pâte urbaine. Sa carte électorale originelle, épousant étroitement celles des fortes densités d'immigrés et des difficultés des grandes villes, est à l'opposé de celle du poujadisme, sauf dans le Midi méditerranéen. Jamais Pierre Poujade n'a pu renouveler son électorat et élargir socialement son audience, alors que derrière Le Pen se profilent dans un premier temps, jusqu'en 1986, des protestataires et des déçus qui souhaitaient d'abord abattre la gauche et sanctionner la droite trop sage, puis se rassemblent, après les législatives de 1986,

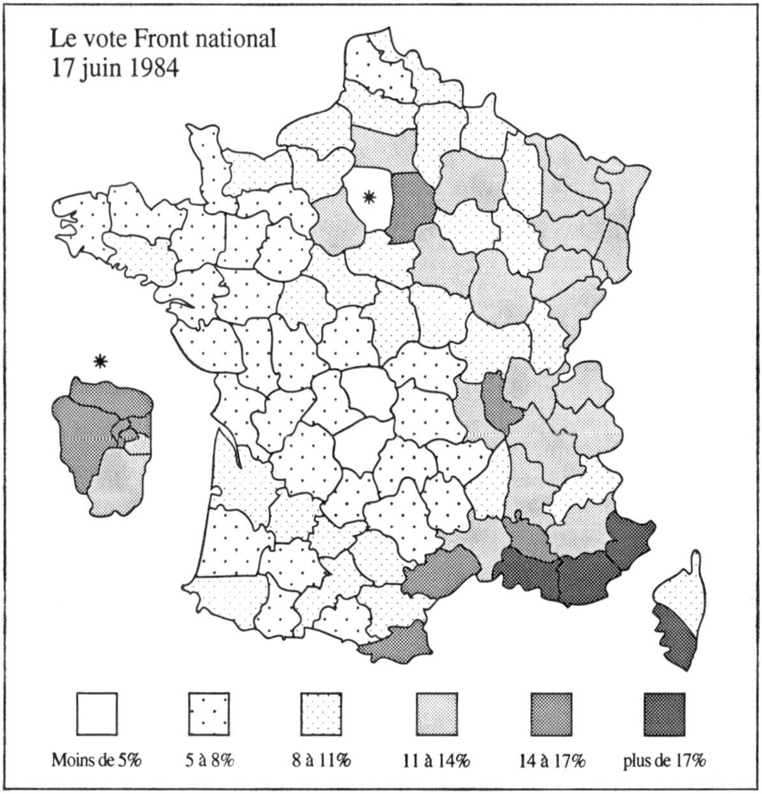

Source : Libération, 1984.

beaucoup plus d'ouvriers, de salariés, de jeunes et de chômeurs.

Le Front national est parvenu ainsi à orchestrer la désespérance de Français de statuts très divers qui refusent la vie politique telle qu'elle est, alors que le poujadisme resta jusqu'au bout un mouvement clos sur ses revendications catégorielles. L'un comme l'autre sont au départ des phénomènes en creux, qui ne prospèrent qu'à proportion du silence persistant du système politique, incapable d'apporter des réponses aux difficultés des révoltés. Mais si le poujadisme dut disparaître parce qu'il avait été entendu et que des réponses satisfaisantes avaient dénoué les angoisses qu'il exprimait, le lepénisme, lui, a progressé à la fois sur la tergiversation de ses adversaires et sur la hardiesse des propositions gratifiantes que son état-major d'extrême droite, Le Pen en tête, a su, cette fois, plaquer vigoureusement sur sa protestation initiale.

Ainsi le Front national est-il devenu, au fil des consultations électorales et des heureuses prestations médiatiques de son chef (autre différence avec Poujade, qui n'eut jamais accès aux grands médias nationaux), et à la différence de l'UDCA, un « phénomène » de plus en plus lisible en relief et mieux qu'un rassemblement éphémère au bord du vide : une authentique force politique, capable de renouveler ses forces sociales et pourvue d'ambitions à terme bien plus amples que ses slogans initiaux.

Le coup de sirocco

Si grand soit l'intérêt rétrospectif de cette comparaison hexagonale entre lepénisme et poujadisme, la prolonger serait contraire à la vérité historique. Sur le moment, en effet, l'extrême droite s'est surtout intéressée au mouvement de Saint-Céré à proportion des services qu'il pouvait rendre à la cause qui lui était la plus chère, celle qui fut pour elle l'authentique « divine surprise » : le combat pour l'Algérie française. Cette affection privilégiée est bien du reste dans sa logique, plus nationale que sociale, plus arrimée aux doctrines originelles que rajeunie au rythme des nouveautés qui traversaient la société française. Un orfèvre, François Duprat, l'a fort bien dit dans son *Histoire des mouvements d'extrême droite*, parue en 1972 : « La liquidation de l'Empire colonial français donnait à l'opposition nationale les forces qui lui avaient manqué depuis 1945. Lavée de la lourde hypothèque de Vichy et de la Collaboration, elle pouvait de nouveau faire appel au nationalisme, voire au pur et simple patriotisme des Français [...]. Ce niveau de complicité, à tous niveaux, n'aurait jamais existé sans l'intense facteur émotionnel de la défense de l'Algérie française. »

Cette bataille perdue a certes bousculé, on le sait, toutes les familles politiques, à l'exception des communistes[8]. Mais seule l'extrême droite pouvait en effet reprendre vie dans cette mêlée et mesurer ses réactions offensives à l'aune de ses convictions anciennes. Après tant de latences et de pleurichades, l'« Algérie française » surgit à ses yeux en toute clarté, elle cristallise ses attentes et authentifie sa vigilance séculaire. En métropole, vieux messieurs et jeunes bourgeois, petits casseurs et idéologues en chambre, baroudeurs rescapés des défaites indochinoises et intellectuels « de tradition française » découvrent que leurs idéaux peuvent rencontrer enfin de l'autre côté de la Méditerranée une base populaire malléable dans son affolement et des bras séculiers en tenue léopard. Et la précocité de cette prise de conscience montre bien que c'est *via* l'Algérie que l'extrême droite renoua enfin avec le feu de l'événement et ce qu'elle pensait être le sens de l'histoire.

En veut-on un exemple ? Dès 1954, on l'a dit, le mouvement Jeune Nation avait connu un véritable regain avec l'arrivée dans ses rangs d'anciens d'Indochine et d'étudiants en fin de sursis. Le voici à pied d'œuvre pour un parcours rectiligne, où l'extrême droite révèle son sens des opportunités. On le repère tenant meetings en métropole, actif dans l'élaboration des complots algérois qui aboutiront au 13 mai 1958, au point d'être interdit par le gouvernement Pflimlin. Puis il renaît l'année suivante sous le nom de Parti nationaliste, avant d'être derechef interdit. Sa revue, *Jeune Nation*, se voue alors à la haine de De Gaulle et multiplie les appels à l'armée, « face aux immenses périls qui menacent la civilisation blanche, européenne et française : bolchevisme, xénophobie et racisme de couleur », tandis que nombre de ses 3 000 ou 4 000 militants en France et en Algérie

8. Voir Serge Berstein, « La peau de chagrin de l'Algérie française », *in* Jean-Pierre Rioux (dir.), *La Guerre d'Algérie et les Français*, Paris, Fayard, 1990.

participeront en 1960 à la Semaine des barricades puis, pour quelques-uns, rejoindront l'OAS.

Jeune Nation n'est qu'un élément de cette combinatoire algérienne qui requinque l'extrême droite. Dès le 6 février 1956, bien d'autres extrémistes étaient à l'œuvre à Alger pour organiser la manifestation qui humilia et fit reculer Guy Mollet. En novembre de la même année, toutes les forces parisiennes de l'extrémisme sont lancées sur le pavé, au milieu d'autres manifestants, devant le siège du Parti communiste, pour protester contre les massacres de Budapest. En 1957, l'Union pour le salut et le renouveau de l'Algérie française (USRAF) met en forme un large argumentaire défensif qui ragaillardit ses vieux thèmes et mêle ses hommes à des convaincus venus d'autres horizons : l'anticommunisme se donne une dimension nouvelle, celle de la défense de l'Occident ; l'anti-arabisme, réchauffé par l'expédition malheureuse sur Suez et bientôt par la bataille d'Alger, conforte les racismes ordinaires ; la haine des intellectuels de gauche et de tous les « traîtres » à la cause française prend un tour très volontiers antisémite. Et surtout, dès lors que l'Empire est assimilé à la France, que la rébellion algérienne est perçue comme une atteinte à l'intégrité du territoire, tous les « bradeurs d'Empire », de Mendès France à de Gaulle, sont condamnables, et l'insurrection devient légitime. « Notre complot est public. Il a pour nom : Ici la France » : toute l'extrême droite fait chorus avec cette formule lancée après 1958 à Alger par Robert Martel, le « Chouan de la Mitidja ».

Il y a certes encore beaucoup de nostalgie héritée et de traumatismes de 1940-1944 mal digérés et revanchards dans cette propension à dire tout de go qu'il faut livrer plus énergiquement et gagner à tout prix en Algérie le combat de la dernière chance pour la France. Mais la cause de l'Algérie française a incontestablement ouvert à l'extrême droite le champ d'un processus plausible de fascisation qu'attendaient depuis si longtemps quelques-uns de ses groupes de combat, et à tous les autres le réconfort d'une validation des rares idées nouvelles qui leur avaient permis de survivre. Ainsi, il n'est pas indifférent que les idéaux de la Cité catholique de George Sauge et du docteur Lefèvre — qui, on l'a vu, comptaient parmi les très rares nouveautés idéologiques d'après guerre — aient si directement nourri non seulement le Mouvement populaire du 13 mai de Robert Martel à Alger, mais ensuite maints officiers de l'Action psychologique et des aumôniers parachutistes, avant d'irriguer l'Armée du Christ-Roi du colonel Château-Jobert au temps de l'OAS. De fait, toutes les familles, si divisées et si squelettiques, de l'extrême droite ont retrouvé pour un temps dans l'urgence algérienne un champ d'action idéologique, des troupes décidées et un élan porteur.

Sans doute, dira-t-on, elles avaient toujours su prospérer, depuis l'affaire Dreyfus, dans l'Algérie coloniale. Elles y avaient disposé de militants, de fonds et de sympathies chez les Français, et l'« Arabe » était resté un exutoire de leurs haines à bonne portée de main. Mais leur force ne tient pas à l'exaspération guerrière de cette vieille acclimatation. Elle leur vient plutôt du dépôt sacré dont la garde leur est confiée par le cours des choses et au secours duquel elles savent instinctivement voler : cette cause de l'Algérie française, si largement partagée en 1954 par pratiquement toutes les familles politiques, dont la défense se réduisit comme une peau de chagrin lorsque, de 1958 à 1962, le général de Gaulle se donna les moyens d'imposer une politique algérienne, trop sinueuse pour certains, jugée assassine et désastreuse par d'autres, mais qui eut le mérite d'être conduite avec l'assentiment d'une forte majorité des Français de métropole et en tenant pour négligeables les états d'âme de toutes les forces politiques constituées. Toutes sauf l'extrême droite, qui, marginale quand la guerre éclata, devint le réceptacle naturel d'une cause elle aussi marginalisée dès 1959 par la promesse d'une autodétermination des Algériens, puis réduite au désespoir violent et subversif à la fois par le cours de la politique algérienne du Général et les malheurs de la guerre elle-même.

Ainsi l'Algérie française devint-elle à la fois un laboratoire des activismes proprement d'extrême droite, un Far-West où ses hommes fraternisèrent avec des milliers de désespérés ou d'aventuriers et subirent la contagion de leur allant, un Eldorado de la revanche tant attendue. Voici Martel et ses colons en armes qui arborent sur leur poitrine le Sacré-Cœur de Cathelineau ; le docteur Lefèvre lançant un Mouvement pour l'instauration d'un ordre corporatif qui émeut aux larmes tous les vichystes ; Joseph Ortiz, le tenancier poujadiste, faisant placarder dans les rues d'Alger l'image de milliers de croix celtiques du fascisme archaïque, empruntées à Jeune Nation et devenues pour le coup l'« emblème de la conquête de l'Algérie ». Voici, en retour d'allégeance et en surenchère de radicalisation, heureux comme poissons dans l'eau vive, des militants d'extrême droite entêtés de chaleur algéroise, d'odeur de djebel ratissé et d'engagement total, jusqu'au suicide politique et parfois même la mort tout court, donnée et reçue, tenue pour l'acte suprême, dans le désarroi ultime en 1961 et 1962.

Le cours de la guerre, l'habileté du général de Gaulle et le verdict non équivoque des Français en faveur d'une paix à tout prix[9] feront bientôt, on le sait, de ce combat national et régénérateur un combat d'arrière-garde, au sein duquel l'extrême droite, marginalisée et factieuse, fut contrainte de radicaliser son action pour masquer ses reculs. Dès janvier 1960, malgré les barricades d'Alger derrière lesquelles elle a jeté toutes ses forces, l'Algérie algérienne est en marche. Et, par une ruse de l'histoire, c'est à l'heure de ce premier et décisif reflux de l'Algérie française qu'on pourrait sans doute repérer — quand cette étude sera faite avec toute la précision nécessaire — la plus intime fusion de ses espoirs avec ceux de l'extrême droite.

C'est en effet en juin 1960 que s'élargit outre-Méditerranée, et jusqu'à compter 100 000 membres, un œcuménique Front de l'Algérie française (FAF), fondé par des « modérés » mais où tous les ultras prennent leurs aises. Cet embryon de parti unique a eu aussitôt sa réplique en métropole, avec le Front national

9. Voir Jean-Pierre Rioux, « Une guerre trouble-fête », *in* Laurent Gervereau, Jean-Pierre Rioux et Benjamin Stora (dir.), *La France en guerre d'Algérie*, Paris, BDIC, 1992.

pour l'Algérie française (FNAF) dont le manifeste est signé, entre autres, par George Sauge, un anticommuniste berrichon féru de psychologie sociale, Alain de Lacoste-Lareymondie, un élu de la Charente-Maritime venu du cabinet du général Salan, Jean-Louis Tixier-Vignancour, déjà cité, Jean Dides, le policier passé aux Indépendants véhéments, et Jean-Marie Le Pen. Ce FNAF tenta de faire la liaison avec les intellectuels « Algérie française » rassemblés dans le même temps en colloque à Vincennes par Jacques Soustelle. Or, quand en décembre 1960 le FAF et ses alliés métropolitains tentent de refaire le coup du 13 mai en orchestrant des manifestations très violentes des Européens à l'occasion du voyage du général de Gaulle en Algérie, cette conjonction d'efforts échoue piteusement dès lors que ces troubles donnent le signal à une masse d'Algériens bien encadrés par le FLN qui, à leur tour, envahissent les rues d'Alger et manifestent pour l'indépendance. Au soir du 13 décembre 1960, la cause de l'Algérie française est en capilotade, face à la complicité objective de De Gaulle et du FLN qui ont fait front commun contre l'activisme ultra et ont ainsi signifié que la solution au drame algérien serait élaborée par eux seuls.

Dès lors, tout s'accélère. En janvier 1961, les *non* mêlés de l'ultra-gauche et de l'ultra-droite ne pèsent pas lourd face aux 75 % de *oui* qui, en métropole, approuvent la politique gaullienne. L'échec du putsch des généraux d'avril 1961 condamne définitivement la défense de l'Algérie française à l'activisme et l'illégalité : il n'y aura pas de nouveau « 13 mai » dont la Cinquième République serait la victime. En 1962, les exactions de l'OAS, en territoire algérien comme en métropole, ses attentats manqués contre le chef de l'État ravivent trop la peur, en France, d'une guerre civile pour que l'extrême droite, qui est loin pourtant de fournir les plus gros bataillons de poseurs de bombes mais dont les idéaux galvanisent maints chefs de l'OAS, ne soit pas de nouveau mise en accusation, comme en 1944, au titre de mouvance belliqueuse qui menace une nouvelle fois les institutions républicaines et la cohésion nationale

Il est vrai qu'un élément nouveau est intervenu pour justifier cette condamnation : la vocation putschiste qu'elle a affichée, forte de ses complicités nouvelles au sein de l'armée. Car, autant que le thème régénérateur de l'Algérie française, c'est bien le contact des prétoriens qui l'a fait tressaillir d'espoirs, mais a aussi révélé aux Français que son extrémisme avait pour vocation finale une subversion de la République *manu militari*, en Algérie d'abord puis en territoire métropolitain. Il est donc évident que la satisfaction idéologique et morale que tirent les milieux extrémistes de leur union inespérée — c'est leur vieil espoir, caressé depuis Boulanger, qui semble accompli — avec la force en armes a été perçue comme une violation agressive d'une frontière tacite : le nationalisme outrancier incarné à l'extrême droite n'est toléré que s'il n'attente pas ouvertement aux principes républicains.

Les militaires théoriciens de la lutte contre la guérilla rurale et le terrorisme urbain, émules des colonels Trinquier et Lacheroy ou de George Sauge, les intoxiqués de l'Action psychologique, les hommes de commandos au grand cœur, les rebelles de 1961 puis les spécialistes du plastic de l'OAS n'avaient pas d'idéologie à la hauteur de leur impatience à barouder pour l'Algérie française, hormis leur culte infantile et fascisant du « para » et quelques bribes de Hegel ou de Mao lues à la hâte et mâtinées d'un picorage hâtif dans *Le Viol des foules par la propagande politique* de Serge Tchakhotine. Les cadres d'une pensée plus cohérente, l'intégrisme catholique de défense de l'Occident, le nationalisme ultra, le vrai fascisme, le racisme et l'anticommunisme à vocation mondiale, leur seront instillés par l'extrême droite. Bousculés par l'événement, ils n'auront pas le loisir d'endoctriner au tréfonds leurs troupes de choc. Ils paieront durement les dévoiements de l'OAS. Beaucoup abandonneront la partie, ou rentreront dans le rang, noyés dans la crise qui emporte toute la société militaire[10]. Mais leurs atteintes à la légalité, les germes de guerre civile qu'ils répandent dans une

10. Voir Raoul Girardet (dir.), *La Crise militaire française (1945-1962)*, Paris, Armand Colin, 1964.

nation sortie meurtrie des affrontements de 1940-1944 ont mis en branle tous les mécanismes de la fidélité républicaine qui excluent avec eux, une fois encore, l'extrême droite du débat politique et lui rappellent cruellement ses péchés originels. Depuis la fin de la guerre d'Algérie, celle-ci a bien compris la leçon, et jusqu'à l'heure du Front national : l'armée n'est plus enjeu, arbitre ou vecteur avoués de sa politique.

Au référendum du 8 avril 1962, tandis que l'OAS se consume dans un terrorisme de plus en plus aveugle, les partisans de l'Algérie française — extrême droite et ultras en tout genre mêlés — enregistrent leur plus cuisante défaite en recueillant 9,3 % des suffrages exprimés. La décolonisation s'achève donc dans une nouvelle et durable marginalisation de l'extrême droite. A l'élection présidentielle du 5 décembre 1965, rappelons-le, Jean-Louis Tixier-Vignancour s'évanouira après avoir obtenu 5,2 % des voix au premier tour ; il sera balayé à Toulon aux élections législatives de 1967, où l'extrême droite touche le fond, avec 20 000 voix favorables à ses idées dans toute la France. Le temps est revenu des héros à chérir (tel Bastien-Thiry, fusillé en mars 1963), des groupuscules prétendument salvateurs (tel Occident, créé en 1964), des journaux sans audience, des militants amers et las, d'une confidentialité insupportable. Avec, toujours si lourd au cœur, le constat rageur d'avoir eu à affronter si continûment de Gaulle depuis 1940 : un de Gaulle fédérateur de toutes les droites, chantre national et homme fort républicain inhibant les extrêmes. C'est dire que l'histoire visible de l'extrême droite française ne reprendra son maigre cours qu'après 1969.

Un témoin plein d'avenir

Au cours de ces vingt années au bout du compte désespérantes, des hommes toutefois se sont aguerris en son sein. Et l'on ne peut guère conclure cette rapide évocation sans signaler l'un d'entre eux : Jean-Marie Le Pen. Non pour donner rétrospectivement à son action d'alors une dimension nationale qu'elle n'eut pas. Mais pour aider à mieux saisir quelques traits constitutifs et pérennes qui marquent cette famille politique et lui permettent d'hiberner et de renaître sans dommages apparents : la force d'une culture politique disparate, le goût du combat et le culte du chef.

L'enfant de La Trinité-sur-Mer eut en effet le don d'être toujours visible à l'endroit significatif et de faire valoir ses talents d'orateur et d'organisateur à l'heure propice. Bref, de symboliser assez bien cet extrémisme défait que seule sa quête d'histoire maintient en vie. Voici cette forte tête de pupille de la nation errant à 16 ans, en juin 1944, à la recherche du maquis Saint-Marcel pour apprendre à faire le coup de feu contre l'occupant nazi, mais collant quelques semaines plus tard, dira-t-il, sur les murs d'un village breton, des affiches manuscrites dénonçant les excès de l'épuration, avant de se déclarer, « comme beaucoup de Français de l'époque, pétainiste et gaulliste à la fois ».

A 19 ans, en pleine guerre froide, il débarque à Paris, rêve de devenir avocat, joue virilement au rugby au PUC. L'année suivante, on le repère vendant *Aspects de la France* à la criée. Il devient deux ans plus tard président de la Corpo, syndicat membre de l'UNEF, qui était alors le plus solide bastion de droite sur le pavé parisien, ramassant ses troupes de choc dans les restes d'Action française, les gaullistes de Jacques Dominati ou les Jeunes Indépendants. En 1951, le voici animateur d'un Front universitaire de la liberté (FUL) et, surtout, chargé d'organiser le service d'ordre pour la campagne électorale à Paris de maître Isorni, l'avocat du maréchal Pétain et de Robert Brasillach, au nom d'une Unité nationale des indépendants républicains (ou UNIR) qui cherche à donner à l'extrême droite pétainiste un visage apaisant, tout en ne dédaignant pas de citer abondamment et affectueusement Édouard Drumont. En 1954, après un passage à Saint-Maixent, il reçoit son béret vert au 1er bataillon étranger parachutiste et court vers l'Indochine exercer son anticommunisme. A son retour, il anime vigoureusement les Jeunes Indépendants de Paris. Il a 26 ans. Il a beaucoup et bien lu, il a baroudé, il sait parler haut et lancer un commando.

Survient le poujadisme, au sein duquel Jean-Marie Le Pen sent aussitôt qu'il a une carte utile à jouer. On le retrouve donc en novembre 1955 animateur de l'Union de défense de la jeunesse française, une filiale de l'UDCA qu'il fera joliment progresser. En janvier 1956, il est élu député poujadiste de Paris et pousse énergiquement son discours en faveur de l'Algérie française et de la grandeur nationale. A l'automne, avec les députés poujadistes les plus activistes, il rejoint son régiment de paras, participe à l'expédition de Suez et fait mieux que tâter de l'Algérie : le lieutenant Le Pen, qui a quitté le mouvement Poujade en janvier 1957, participe à la bataille d'Alger et, à ce titre, a à connaître des pratiques de la torture sur des suspects algériens.

Rentré à Paris, il fréquente tous les milieux activistes, lance un Front national des combattants qui tente de récupérer en province les énergies poujadistes en déliquescence. Réélu député de Paris en novembre 1958, sans avoir pu participer activement au 13 mai, il va désormais un peu trop végéter à son goût, mais sans jamais laisser dormir son beau réseau de relations, hantant tous les milieux extrémistes, des royalistes aux Comités civiques pour l'ordre chrétien, soutenant Lagaillarde à Alger, contribuant à lancer en 1960, on l'a dit, un Front national pour l'Algérie française. Désespéré par la fin de l'Algérie française, il perd son siège de député en 1962 et entame une traversée du désert de dix ans, malgré un joli retour en 1965, quand il orchestre fort bien la campagne électorale de Tixier-Vignancour.

Ses heurs et malheurs résument assez bien, on le voit, l'histoire grisâtre et révulsée de l'extrême droite depuis la Libération.

Jean-Pierre Rioux

8

Le Front national : 1972-1992

Tournée vers le passé et tout entière vouée à la nostalgie coloniale, l'extrême droite s'étiole et ne semble plus avoir aucune capacité à rebondir. Et pourtant les motifs ne manquent pas : au milieu des années soixante la guerre du Viêt-nam et le thème de la menace communiste, les événements de mai 1968 et la nécessaire défense de « la loi et de l'ordre », l'arrivée de la gauche au pouvoir en 1981 et la dénonciation du pouvoir « socialo-communiste ». Aucun de ces combats ne viendra donner un second souffle à une extrême droite exsangue et traversée de multiples conflits de chapelles.

Certains, lassés de l'activisme, choisissent le combat culturel (la revue *Europe-action* est créée en janvier 1963 et préfigure le courant culturel de la « nouvelle droite »), d'autres mènent un combat électoral (l'Alliance républicaine pour les libertés et le progrès est fondée en janvier 1966 sur les décombres du tixiérisme), certains enfin cherchent à renouveler l'activisme (Occident, créé en 1964, dissous en 1968, puis Ordre nouveau, créé en 1969).

En 1972, quelques responsables d'Ordre nouveau (François Duprat, François Brigneau) décident d'élargir l'organisation et de créer un front alliant — à l'image de ce qu'a réalisé le parti néo-fasciste italien MSI en absorbant le parti monarchiste et en adoptant le sigle « Destra nazionale » — les « nationalistes » et les « nationaux ».

La fondation et la « traversée du désert »

Le Front national est fondé le 5 octobre 1972. Ordre nouveau reste, dans un premier temps, l'axe essentiel du FN et les « nationaux », Jean-Marie Le Pen et ses amis, sont étroitement contrôlés par les « nationalistes » d'Ordre nouveau. Si Jean-Marie Le Pen est nommé président du FN, François Brigneau, ancien militant du Rassemblement national populaire de Déat et membre de la Milice de Vichy en 1944, en est vice-président. Si Roger Holeindre, vieux compagnon de Jean-Marie Le Pen, est secrétaire général adjoint, Alain Robert, haut responsable d'Ordre nouveau, est secrétaire général. L'extrême droite n'est que partiellement fédérée. Royalistes, solidaristes et nombre de « nationalistes » et de « nationaux » restent en dehors ou n'y effectuent qu'un bref passage. Cette « unité » des droites extrêmes n'a pas été totale, elle est fragile. Dès le 12 octobre 1972, Georges Bidault, dirigeant de Justice et Liberté, se retire. Certains dirigeants d'Ordre nouveau (Patrice Janeau, Jean-Claude Nourry) refusent le principe du « front » et scissionnent pour fonder, en 1973, le Groupe action jeunesse (GAJ). Lors des législatives du 4 mars 1973, les résultats électoraux ne sont pas à la hauteur des espérances. Malgré un effort pour présenter des candidatures en nombre important (115 contre seulement 11 aux législatives du 23 juin 1968), l'extrême droite ne rassemble que 0,52 % des suffrages exprimés. Lors du premier congrès du FN (28-29 avril 1973), les forces centrifuges sont à l'œuvre. Ordre nouveau redécouvre les charmes de l'activisme sur le terrain et ne tardera pas à être dissous après un meeting particulièrement « musclé », organisé à Paris le 21 juin 1973, sur le thème « Halte à l'immigration sauvage ». Comme le constate François Brigneau : « Le mariage se faisait mal entre le courant de la droite parlementaire de Jean-Marie Le Pen, l'activisme révolutionnaire et pro-européen d'Alain Robert et de Pascal Gauchon et mes positions contre-révolutionnaires et maurrassiennes [1]. »

1. Ouvrage collectif, *La Droite en mouvement*, Paris, Vastra, 1981.

Privé de son axe central d'Ordre nouveau, le FN va peu à peu passer sous l'emprise de Jean-Marie Le Pen et des siens. Contestant cette tutelle, de nombreux anciens dirigeants d'Ordre nouveau (Alain Robert, François Brigneau) forment le mouvement Faire front et tentent de prendre en main le FN. Jean-Marie Le Pen démissionne Alain Robert de son poste de secrétaire général et le remplace par un de ses fidèles, Dominique Chaboche. Fin 1973, il y a ainsi deux FN, le premier présidé par Jean-Marie Le Pen, le second dirigé par Alain Robert. L'affaire est portée devant la justice et Jean-Marie Le Pen gagne. Seul ce dernier peut revendiquer l'étiquette FN, mais le parti est exsangue. Alain Robert et François Brigneau fondent, en novembre 1974, avec le soutien d'autres militants extrémistes (Roland Gaucher, Jean-François Galvaire, Pascal Gauchon), le Parti des forces nouvelles (PFN) qui, de 1974 à 1981, concurrence et éclipse, dans le petit univers de l'extrême droite, le FN.

Jean-Marie Le Pen se lance dans la compétition présidentielle du 5 mai 1974 et ne recueille qu'un maigre 0,62 % des suffrages exprimés alors qu'Alain Robert et ses proches (regroupés dans le groupe Faire front) soutiennent Valéry Giscard d'Estaing. Affaiblis, le FN et son leader cherchent à lutter contre l'influence du PFN. Jean-Marie Le Pen développe ses liens avec les factions parfois les plus extrémistes, qui vont des épigones français du national-socialisme aux catholiques intégristes en passant par les néo-fascistes. Alors que l'ancien franciste et Waffen SS Pierre Bousquet et sa revue *Militant* restent au FN, François Duprat et sa mouvance nationaliste-révolutionnaire y arrivent en 1974. Aux législatives de 1978, l'étiquette FN est même accordée à Mark Fredriksen, leader néo-nazi de la Fédération d'action nationale et européenne (FANE) qui, en 1976, a fusionné avec les groupes nationalistes-révolutionnaires de François Duprat. En 1977, le courant solidariste est intégré au FN. Enfin, le chef du FN noue au début des années quatre-vingt des contacts avec les intégristes, et plus particulièrement Romain Marie, *alias* Bernard Antony, militant tixiériste puis solidariste et fondateur du Centre Henri-et-André-Charlier et du mouvement Chrétienté-Solidarité.

Malgré ces efforts de rassemblement des morceaux épars de l'extrême droite, le FN s'enfonce dans la marginalité : aux élections législatives du 12 mars 1978, alors qu'il présente 156 candidats, il ne recueille que 0,29 % des suffrages exprimés. Aux européennes de 1979, le président du FN est pris de vitesse par le PFN, qui crée, avec le MSI italien, Fuerza Nueva en Espagne, le Mouvement des forces nouvelles en Belgique et le Front national grec, une Eurodroite. Des négociations difficiles et orageuses ont lieu avec le PFN et l'Eurodroite pour constituer une liste commune. L'accord se fait, le 28 avril 1979, sur le nom de l'écrivain Michel de Saint-Pierre comme tête de liste. Le 25 mai, les dirigeants de l'Eurodroite annoncent qu'ils renoncent à la présentation de la liste, faute de moyens financiers pour payer le cautionnement. Deux jours plus tard, le PFN présente sa propre liste dirigée par Jean-Louis Tixier-Vignancour. Jean-Marie Le Pen, furieux, appelle à l'abstention et, le 10 juin, la liste du PFN recueille un maigre 1,31 % des suffrages exprimés. L'extrême droite, quel que soit son visage politique, ne fait pas recette.

A l'intérieur du FN, les rapports de force évoluent : les « nationalistes révolutionnaires » ont perdu leur chef à la mort de François Duprat dans un attentat en 1978, le groupe Militant trouve Jean-Marie Le Pen un peu mou et quitte le FN en 1981, les solidaristes progressent dans l'appareil, alors que le chef du parti accentue le libéralisme des positions économiques de sa formation (en 1978, le FN publie *Droite et Démocratie économique*) et renforce ses interventions sur le thème de l'immigration et de l'insécurité.

Le duel fratricide entre PFN et FN se prolonge lors de l'élection présidentielle de 1981. Ni Jean-Marie Le Pen ni Pascal Gauchon, responsable du PFN, ne parviendront à réunir les 500 signatures d'élus locaux nécessaires pour pouvoir se présenter. De dépit, le chef du FN appelle à voter Jeanne d'Arc, alors que celui du PFN recommande le vote en faveur de Jacques

Chirac. Une fois de plus, l'alternative pour l'extrême droite est la marginalisation groupusculaire ou l'instrumentalisation par la droite classique. Malgré l'aubaine d'une droite traditionnelle défaite et déchirée et d'une gauche unie, victorieuse et menaçante aux yeux de toute une partie de l'électorat de droite, la performance électorale de l'extrême droite aux élections législatives du 14 juin 1981 est une des plus médiocres de la Cinquième République : 0,18 % pour les 74 candidats du FN, 0,11 % pour les 86 autres candidats d'extrême droite. Celle-ci semble décidément appartenir à l'histoire ancienne.

Les prodromes

Et pourtant, à la fin des années soixante-dix et au début des années quatre-vingt, plusieurs signes montrent que ce vieux courant n'est pas tout à fait mort.

Sur le plan idéologique, la « nouvelle droite » a redonné un visage neuf à de vieilles antiennes de l'extrême droite (valorisation de l'inégalité, racisme, élitisme, référence à la culture européenne et à la Grèce...) et a gagné dans les « têtes » à défaut de gagner dans les urnes. Créé en 1969, le Groupement de recherche et d'étude pour la civilisation européenne (GRECE) se fixe comme but la création d'une « nouvelle culture de droite ». Après avoir tissé un réseau de multiples organismes de réflexion, cette « nouvelle droite » s'introduit dans la presse. Louis Pauwels, ancien directeur de *Planète*, nommé en 1977 directeur des services culturels du *Figaro*, ouvre les colonnes de son hebdomadaire *Le Figaro-Magazine* aux thèses de la « nouvelle droite ». En 1974, un ancien du GRECE, Yvan Blot, fonde le Club de l'Horloge, qui réunit des hauts fonctionnaires et des élèves des grandes écoles et cherche à devenir l'axe de pénétration de la « nouvelle droite » dans les grands partis de droite. Ainsi, à la fin des années soixante-dix et au début des années quatre-vingt, alors que l'extrême droite politique est étique, se développe une forte poussée idéologique de la droite extrême.

Tirant profit de la crise du marxisme, du délitement du gauchisme intellectuel, de l'épuisement du modèle soviétique et des interrogations d'un Occident entré en crise, une « nouvelle droite ultra » pousse son avantage culturel et idéologique. Des « ponts » sont jetés vers la droite classique et respectable et participent à la légitimation de l'extrême droite. Face à la gauche conquérante du début des années quatre-vingt, la « nouvelle droite » permet d'établir un contre-feu idéologique. Dans une perspective gramscienne (le marxiste italien Antonio Gramsci est d'ailleurs explicitement revendiqué par les intellectuels de la « nouvelle droite »), ces idéologues considèrent que la victoire dans la sphère des idées et de la culture prépare les conditions de la victoire politique.

Au milieu des années soixante-dix, la société française est entrée dans une profonde crise économique et sociale. La croissance se ralentit, l'inflation s'emballe, le chômage s'accroît, les inégalités se renforcent et la société se fracture. La délinquance augmente et l'insécurité passe au premier plan des préoccupations. L'opinion publique se raidit et connaît certaines crispations et inquiétudes. La loi « Sécurité et liberté » est votée en 1980, la majorité des Français favorables à la peine de mort se renforce (62 % contre 33 %, selon la SOFRES, en 1981), les immigrés deviennent les boucs émissaires du chômage et de l'insécurité et entrent dans le débat politique, en décembre 1980, lorsque des bulldozers sont envoyés par la municipalité communiste de Vitry-sur-Seine contre un foyer de travailleurs immigrés. Les grandes forces politiques ne se rendent pas encore compte que, sur ce terrain d'inquiétudes et de rejets, l'extrême droite est mieux placée que d'autres.

La société française, contrairement à ses voisines européennes, a pris conscience tardivement, mais avec une forte intensité, de la durabilité de la crise économique et sociale. Alors que dans les années soixante-dix la gauche (celle de la logique de « rupture avec le capitalisme ») et la droite (celle du plan de relance de Jacques Chirac en septembre 1975 et de la « sortie du tunnel » annoncée par Valéry Giscard d'Estaing) ne mettent en place aucune pédagogie de la crise, il faut attendre les années 1982-1983 pour que l'opinion intégre la dimension de la mutation économique et sociale qui touche la France depuis bientôt dix ans. Ayant rapidement épuisé les charmes de l'« alternative socialiste » et compris l'incapacité de la gauche à changer les règles du jeu social et économique, la société française se réveille « groggy » face à la triste réalité. Désenchantée, la France déprime : en novembre 1983, 62 % des personnes interrogées par la SOFRES disent que « les choses ont tendance à aller plus mal » — ils n'étaient que 40 % deux ans plus tôt. On sait que souvent ce terreau de déceptions ne tarde pas à alimenter les logiques du bouc émissaire, les recherches d'hommes providentiels et la tentation de solutions politiques autoritaires.

D'autant plus que la société politique est malade. La victoire de la gauche sur un programme de changement radical a soulevé de grands espoirs. Après le gaullisme, le pompidolisme, le libéralisme avancé, les Français avaient décidé d'explorer la voie du socialisme à la française. Cette dernière se révèle une impasse et la réaction est vive. L'ampleur de la désillusion est à la hauteur des espérances investies dans le « changement de société » de 1981. La situation est alors mûre pour que, sur un champ de ruines idéologiques, les vieilles rancœurs et les vieilles croyances « tribales » fassent retour.

Retour d'autant plus facile que le système des forces politiques n'est plus adapté à la demande sociale. La société française et les clivages qui la structuraient ont imperceptiblement changé. A la vieille bipolarité sociale prolétariat/bourgeoisie s'est substituée une société organisée autour de ce que Valéry Giscard d'Estaing, dans son ouvrage *Démocratie française*[2], appelait un « immense groupe central ». Hier encore les groupes pouvaient se définir à l'intérieur d'une société polarisée sur le conflit entre acteurs ouvriers et patronaux. Les couches moyennes salariées, principaux vecteurs de la poussée du PS dans les années soixante-dix, avaient par exemple lié leur sort politique à celui de la « classe

2. Paris, Fayard, 1976.

ouvrière » et de ses représentants. Cependant, dès l'époque, de nombreux « cols blancs » exploraient des « ailleurs » politiques en animant toute une série de nouveaux mouvements sociaux (régionalistes, féministes, écologistes, antinucléaires). Ces mouvements cherchaient dans la rupture et dans l'innovation culturelle ce que nombre de « cols blancs » n'attendaient plus ni de la société de consommation ni des idéologies et des partis politiques.

Avec l'approfondissement de la crise et la fracture du système social, caractéristiques du début des années quatre-vingt, le mouvement ouvrier continue de se déstructurer, les nouveaux mouvements sociaux s'essoufflent, et apparaît une France à deux vitesses où s'opposent « d'un côté, ceux qui participent à la vie moderne, à l'emploi, à la consommation, dont les enfants accèdent à l'éducation dans des conditions convenables ; de l'autre, ceux qui oscillent entre le chômage et le travail précaire, des familles déstructurées, des enfants mal ou sous-éduqués, le surendettement et la misère[3] ». Michel Wieviorka prolonge son analyse en concluant : « Dans la société industrielle, on était en haut ou en bas, mais chacun avait une place ; avec la dualisation de la société, on est plutôt dedans ou dehors, *in* ou *out*. » Cette nouvelle société a souvent été interprétée comme étant celle de l'« ère du vide » (titre d'un ouvrage de Gilles Lipovetsky, publié en 1983 et ayant rencontré un grand succès), de la privatisation élargie, de la désaffection idéologique, de la consommation *cool* et de la passion de la personnalité. C'est ignorer que ce « vide social » a été occupé par une série de mouvements identitaires, que l'identité revendiquée soit religieuse, ethnique ou nationale. Dans les années quatre-vingt, se développe tout un tissu d'associations sur une base communautaire dans les milieux de l'immigration. Particulièrement touchée par les processus de marginalisation sociale, l'immigration réagit et met en place des réseaux de solidarité sociale. Écartelées entre la voie de l'intégration et celle de l'affirmation communautaire, l'immigration et

3. Michel Wieviorka, *La France raciste*, Paris, Éd. du Seuil, 1992.

sa descendance entrent en conflit avec le modèle français traditionnel d'intégration individuelle. Face à cela se développent des réactions tout aussi identitaires où, sur fond de crise économique et de mutation urbaine, des citoyens français vivent le sentiment que leur pays, leur région ou leur quartier sont envahis. La voie est libre pour que s'épanouisse un nationalisme français, populiste et xénophobe. Les vieux repères sociaux (conscience de classe, appareils syndicaux et religieux) et politiques (clivage gauche/droite, identifications partisanes) sont en crise. Les anciennes références flottent et un espace est libre pour de nouvelles identifications. La question sociale semble avoir cédé la place à la question nationale.

Une fois les « charmes » de l'alternative socialiste et les vieux débats d'antan épuisés, toutes ces tendances viennent perturber la scène politique dans les années 1982-1983 et suivantes, et c'est dans ce contexte qu'il faut saisir le « succès politique » du Front national.

La percée électorale [4]

La désillusion vis-à-vis de la gauche est sensible dès le début de l'année 1982. Aux élections cantonales de mars 1982, la gauche perd 7 points par rapport aux élections de référence de 1976. Cette décrue profite surtout à la droite classique RPR-UDF. Dans un scrutin local où elle n'a jamais été à l'aise, l'extrême droite ne parvient à présenter que 65 candidats (pour un nombre total de 7491 candidats dans 1945 cantons) et ne recueille que 0,20 % des suffrages exprimés. Ce piètre résultat national cache cependant, ici ou là, quelques bonnes performances électorales : à Dreux-Ouest, Jean-Pierre Stirbois rassemble 12,62 % des suffrages ; à Dreux-Est, son épouse en attire 9,58 % ; dans l'Est

4. Nonna Mayer, Pascal Perrineau (dir.), *Le Front national à découvert*, Paris, Presses de la Fondation nationale des sciences politiques, 1989.

lyonnais, l'extrême droite atteint 10,34 % à Pont-de-Chéruy, et dans la banlieue de Dunkerque, 13,30 % à Grande-Synthe. Tous ces cantons sont situés en zone urbaine et péri-urbaine. Néanmoins, cette poussée est loin d'affecter tous les cantons urbains, et, par exemple, dans les quatre cantons marseillais où elle est présente, l'extrême droite oscille plus modestement entre 2 et 3 % des suffrages exprimés.

Un an plus tard, lors des élections municipales de mars 1983, qui voient la crise de confiance vis-à-vis de la gauche s'accentuer, les thèmes de l'immigration et de l'insécurité, vecteurs privilégiés de la propagande d'extrême droite, sont repris et popularisés par le RPR et l'UDF. Avant de faire des voix, l'extrême droite gagne les esprits. Mal structurée, elle a du mal à occuper le terrain des 36 890 communes de France métropolitaine. Cependant elle est présente dans certaines grandes villes : à Paris, le PFN a des listes dans trois arrondissements, le FN dans cinq ; à Montpellier et à Nice, le FN présente une liste ; enfin, dans d'autres villes, elle parvient à figurer sur des listes de droite traditionnelle — tel est le cas à Dreux, Grasse, Antibes, Toulon, Béziers et Aix-en-Provence. A Roubaix et à Marseille, apparaissent des listes sécuritaires dont les préoccupations ne sont pas très éloignées de celles des listes d'extrême droite. Très mal représentée, celle-ci, avec 0,1 % des suffrages et 211 des 501 278 sièges de conseillers municipaux, fait une médiocre performance nationale. Mais, comme c'était le cas un an plus tôt, ici et là les résultats ne sont pas négligeables : 5,9 % pour la liste « Marseille-Sécurité » dans le premier secteur de Marseille, 9,6 % pour la liste « Roubaix aux Roubaisiens », et surtout 11,3 % pour la liste du FN emmenée par Jean-Marie Le Pen dans le XXe arrondissement de Paris. Tous ces bons résultats sont enregistrés dans des contextes urbains à forte population immigrée et où les problèmes de sécurité sont aigus. En ce début d'année 1983, on a l'impression que certains terrains urbains peuvent faire sortir l'extrême droite de son isolement électoral. Pour l'heure, le mécontentement politique et social profite surtout à l'opposition de droite traditionnelle, qui ravit à la gauche 30 des 220 villes de plus de

30 000 habitants. L'extrême droite n'a pas encore acquis la « visibilité » politique qui lui permettrait de capitaliser son électorat potentiel.

Les élections partielles de la fin de l'année 1983 vont y remédier. Dans deux élections municipales partielles (Dreux, Aulnay-sous-Bois) et dans une élection législative partielle (2e circonscription du Morbihan), le FN s'impose comme un partenaire électoral de poids. A Dreux, il bénéficie de l'implantation militante des époux Stirbois et, dès le premier tour, la liste d'extrême droite rassemble 16,7 % des suffrages exprimés. Pour battre la liste sortante de gauche, la liste RPR-UDF choisit entre les deux tours de fusionner avec la liste FN. Cette alliance locale est avalisée, sauf quelques voix isolées, par les directions nationales du RPR et de l'UDF. Au second tour, la liste RPR-UDF-FN l'emporte largement sur la liste de gauche : plus de 55 % des suffrages ratifient l'alliance entre droite classique et extrême droite et permettent à cette dernière d'entrer dans l'exécutif d'une ville de plus de 30 000 habitants. Quelques semaines plus tard, dans une commune de la banlieue parisienne, Aulnay-sous-Bois, où les effets désintégrateurs du changement urbain sont particulièrement sensibles (chomâge, délinquance, flux migratoires), la liste du FN attire 9,3 % des suffrages exprimés. Enfin, en décembre 1983, dans la circonscription qui l'a vu naître, Jean-Marie Le Pen rassemble 12 % des suffrages. La « victoire » de Dreux a, sans conteste, libéré un espace politique pour l'extrême droite. Celle-ci semble renaître de ses cendres, mais cette renaissance n'est alors perceptible que dans des élections partielles et des sondages. En janvier 1984, Jean-Marie Le Pen et le FN font leur entrée au baromètre *Figaro*-SOFRES qui mesure chaque mois la popularité des hommes et des forces politiques. Le 13 février, son invitation à l'émission télévisée « L'heure de vérité » consacre le leader du FN comme homme politique à part entière. Son image et celle de son parti en sortent renforcées : alors que la liste d'extrême droite ne recueillait que 3,5 % des intentions de vote pour les prochaines élections européennes, elle voit son score monter brusquement, en février, à 7 % des suffrages déclarés et s'y maintenir tout au long de la campagne. Cette poussée sous-estime cependant la force du phénomène et, le soir des élections européennes du 17 juin, le résultat de la liste « Front d'opposition nationale pour l'Europe des patries », conduite par Jean-Marie Le Pen, avec 11,2 % des suffrages et plus de 2 millions d'électeurs, fait l'effet d'un coup de tonnerre. Jamais, depuis 1956, une liste d'extrême droite n'avait « fait un tel tabac ». Cependant, malgré la ressemblance des niveaux (les listes Poujade avaient rassemblé 11,6 % des suffrages aux législatives du 2 janvier 1956) et la filiation poujadiste du leader du FN, l'électorat d'extrême droite a une structure d'implantation géographique très largement différente de celle du poujadisme. En 1956, le vote Poujade était enraciné surtout dans des régions rurales : Maine, Vendée, Poitou, Berry, Bourbonnais, Quercy, Rouergue et Cévennes. En 1984, dans la plupart des bastions du poujadisme, le FN réalise des scores médiocres : 7,2 % en Maine-et-Loire, 6,2 % dans la Mayenne, 7,9 % dans la Charente-Maritime, 5,3 % dans les Deux-Sèvres, ou encore 7,7 % dans le Gers. Largement émancipé des anciennes terres poujadistes, le FN de 1984 l'est aussi, à un moindre degré, des terres du vote « Algérie française ». En 1962 et 1965, celui-ci était avant tout structuré par la présence des pieds-noirs, nombreux en Aquitaine, Languedoc-Roussillon et Provence-Alpes-Côte d'Azur. En 1984, tout en gardant le bastion de la bordure méditerranéenne (où la liste fait ses trois meilleurs scores : 21,39 % dans les Alpes-Maritimes, 19,96 % dans le Var et 19,49 % dans les Bouches-du-Rhône), l'extrême droite pousse son avantage dans la France urbaine du Sud-Est, du grand Est et de la couronne parisienne (15,86 % dans le Rhône, 14,77 % dans le Territoire de Belfort, 14,04 % dans la Moselle, 13,91 % dans le Haut-Rhin, 14,62 % en Seine-et-Marne, 15,98 % en Seine-Saint-Denis, 14,97 % dans le Val-d'Oise, 14,14 % dans les Hauts-de-Seine, 14,37 % dans les Yvelines et 15,24 % à Paris). Le vote d'extrême droite ne traduit plus la plainte d'une France du passé, comme en 1956, 1962 et 1965, mais exprime plutôt le mal de vivre d'une France urbaine et moderne touchée par la crise. La géographie de l'implantation du FN échappe, pour une bonne part, à l'implantation traditionnelle de l'extrême droite. Elle recouvre à la fois des terres de gauche (Languedoc, Provence) et des terres de droite (Est, Alpes du Nord). La logique de l'implantation est plus sociale que politique. Les zones de force du FN appartiennent à la France des grandes métropoles urbaines et des importantes concentrations de population immigrée : Roubaix-Tourcoing, Paris et la région parisienne, Nancy-Metz, Mulhouse-Belfort, Lyon-Saint-Étienne, Montpellier, Marseille-Nice. Dans nombre de communes de ces agglomérations urbaines, le FN rassemble un électeur sur cinq : 19,1 % à Roubaix, 19,2 % à Mantes-la-Jolie, 19,3 % à Dreux, 18,7 % à Mulhouse, 20,7 % à Saint-Priest, 21,2 % à Rillieux-la-Pape, 19,7 % à Montpellier, 21,4 % à Marseille, 22,3 % à Toulon, ou encore 22,8 % à Nice. On voit bien comment le terrain des inquiétudes urbaines a été le réceptacle idéal du discours sécuritaire et xénophobe du FN. Menant campagne autour du slogan « Les Français d'abord ! », Jean-Marie Le Pen a bien peu parlé de l'Europe et s'est surtout consacré à dénoncer les méfaits divers et variés de l'immigration et de l'insécurité. Dans une société urbaine où le chômage, la petite délinquance et le choc des cultures sont une réalité, la dénonciation lepéniste a fait florès. Cependant, tout ne peut être ramené à cette exaspération sociale. Les élections européennes, premières grandes élections nationales depuis les élections de l'alternance de 1981, sont aussi l'occasion d'exprimer une exaspération politique. Depuis 1982, la droite classique, dans sa critique de la gauche au pouvoir, s'est radicalisée. Les leaders du RPR et de l'UDF ont diabolisé la gauche, dénoncé la « marxisation » de la société française — dont, pour eux, témoignent les nationalisations, les lois Auroux, l'accroissement de la fiscalité, le recrutement de fonctionnaires — et se sont insurgés contre le « laxisme » révélé par la suppression de la peine de mort, des juridictions d'exception et de la loi anti-casseurs, la « mollesse » de la justice ou encore l'autorisation de se regrouper en associations pour les étrangers. Ce discours « musclé » et l'alliance de Dreux ont contribué à légitimer à la fois les idées et les hommes de la droite extrême. Toute une partie de l'électorat de la droite classique n'hésite pas à voter pour la droite dure : à Neuilly-sur-Seine, la liste du FN rassemble 17,62 % des suffrages et, à Paris, le XVIe arrondissement accorde 16,61 % à cette même liste. Ce « coup de sang » extrémiste qui saisit une partie des électeurs des beaux quartiers est rendu d'autant plus facile que les élections européennes sont des élections sans enjeu national, dans lesquelles l'électorat peut se défouler sans conséquence politique majeure. Enfin, le ralliement du RPR au *credo* européen de l'UDF et la confection d'une liste commune RPR-UDF sous la direction de Simone Veil ont ouvert, à droite, un espace politique pour une droite nationaliste et populiste. Cependant, au lendemain des élections européennes, l'interprétation dominante du succès du FN reste celle de la logique du « feu de paille ». La France aurait été saisie d'un de ces brusques mouvements d'humeur dont elle est coutumière et qu'André Siegfried décrivait à merveille quand il parlait, en 1913, de ce tempérament plébiscitaire, dont la démocratie n'a jamais éliminé le germe : « Il persiste à l'état latent dans certains milieux [...] qui, sous les étiquettes politiques les plus diverses, conservent leur personnalité initiale. Puis, dans certaines circonstances qu'il est possible d'analyser et de connaître, il surgit et s'épanouit tout à coup avec une telle puissance que tout le pays en est momentanément transformé : ses manifestations sont de l'ordre éruptif[5]. » Éruption de mécontentements, impatience, coup de semonce : tels sont les diagnostics dominants de la percée du FN. L'opposition parlementaire pense que ce vote de colère est passager et qu'après s'être aventurées à l'extrême droite ces voix reviendront naturellement vers les rivages plus paisibles de la droite classique. Cette anticipation va être rapidement démentie.

5. André Siegfried, *Tableau politique de la France de l'Ouest sous la IIIe République*, Paris, Slatkine Reprint, 1980 (1re éd. 1913).

L'enracinement

Lors des élections cantonales de mars 1985, élections difficiles pour un mouvement extrémiste sans notables ni élus locaux, l'extrême droite remporte deux victoires : la première en trouvant 1 521 candidats (contre seulement 65 aux élections cantonales de 1982), la seconde en attirant 8,8 % des suffrages exprimés, un record pour cette famille politique dans des élections locales. N'étant pas présent dans un quart des cantons, le FN est en fait aux environs de 10 % des suffrages en termes d'influence nationale. Là où il présente des candidats, la plupart du temps inconnus et sans aucun enracinement politique, il « tient » bien son électorat de 1984 et progresse même en zone urbaine. Les départements ruraux restent souvent pour lui de véritables « terres de mission ». Le Cantal, l'Aveyron et la Corrèze accordent, par exemple, moins de 1 % des suffrages au FN (d'ailleurs souvent absent dans de nombreux cantons). L'extrême droite devient une force avec laquelle il faut compter en milieu urbain et elle fait la preuve que le mode de scrutin majoritaire à deux tours ne la marginalise pas inéluctablement. Au premier tour, le « vote utile » en faveur des grandes forces politiques n'a pas profondément entamé son capital électoral, au second tour elle peut se maintenir dans plus d'une centaine de cantons en ballottage. Faute de pouvoir bénéficier d'un désistement de l'UDF et du RPR là où ses candidats sont arrivés en tête, le FN menace de se maintenir partout où il le peut, même là où son maintien risque de faire élire la gauche. Rejeté par les grands appareils de la droite classique, qui ne le considère pas comme un partenaire convenable, le FN découvre les grandeurs et les servitudes de ce mode de scrutin de gouvernement qu'est le système majoritaire à deux tours. S'il permet aux extrêmes de témoigner et de se compter au premier tour, au second, faute d'un accord de désistement, il les marginalise et ne leur offre que le choix peu exaltant de se rallier en se soumettant ou de se maintenir en menaçant. Dans l'un et l'autre cas, les perspectives d'élection sont nulles ou maigres. Telle sera la règle au second tour des élections cantonales : ici l'extrême droite se rallie au candidat de droite classique afin de battre la gauche, là elle se maintient mais n'arrive pas (sauf dans le seul canton de Marseille 2) à rallier une majorité sous sa bannière. Avec ces élections de mars 1985, le FN montre qu'il faut compter avec lui, mais que son pouvoir est plus un pouvoir d'empêcher ou de favoriser l'élection des candidats de la droite traditionnelle que de permettre l'élection de ses propres candidats. Le scrutin majoritaire à deux tours ne lui permet que de jouer les supplétifs. Cependant, le 3 avril, le mode de scrutin pour les élections législatives est modifié. Alors que le président de la République avait dit qu'il s'agissait juste d'« instiller la proportionnelle » dans la nouvelle loi électorale, le projet soumis au Conseil des ministres substitue la proportionnelle au scrutin majoritaire et retourne, en gros, au mode de scrutin de la Quatrième République.

La consécration nationale

Le FN aborde donc l'échéance des élections législatives et régionales de mars 1986 dans les meilleures conditions institutionnelles et politiques. La représentation proportionnelle lui ouvre un espace politique autonome et ne le contraint pas à se poser le problème des alliances. Le FN affronte pour la première fois une échéance nationale décisive. Dans les enquêtes d'opinion, avec 8-9 % des intentions de vote, il semble connaître une légère érosion due au reclassement d'une partie de ses électeurs vers le RPR et l'UDF. Certaines « brebis » que la droite classique avait laissé s'égarer dans les années 1984-1985 semblent revenir, à l'approche des grandes échéances de pouvoir, vers leur famille d'origine. Afin d'endiguer le mouvement, Jean-Marie Le Pen décide de « notabiliser » les candidatures aux législatives. Certes, les vieux routiers de l'extrême droite restent dominants, et Roger Holeindre, Jean-Pierre Stirbois, Roland Gaucher, Bernard Antony ou encore Pierre Sergent emmènent les listes du FN dans l'Essonne, les Hauts-de-Seine, la Somme, le Tarn et les Pyrénées-Orientales. Mais, à côté d'eux, les transfuges de la droite traditionnelle et les notables socio-économiques sont nombreux. Les anciens députés de la droite conservatrice que sont Pascal Arrighi, Gabriel Domenech, Édouard Frédéric-Dupont, Charles de Chambrun sont présents sur les listes du FN. Les transfuges du RPR (Bruno Chauvierre dans le Nord, Georges de Cornois dans l'Oise) ou de l'UDF (Jean Durieux dans le Nord, Jean Roussel dans les Bouches-du-Rhône) sont nombreux à participer aux listes législatives et régionales. Enfin, de multiples notables sociaux et économiques pèsent de tout leur poids : François Bachelot, transfuge du RPR mais aussi délégué général des chambres de professions libérales, dans la Seine-Saint-Denis ; Pierre Descaves, vice-président du Syndicat national de la petite et moyenne industrie (SNPMI), dans l'Oise ; Guy Le Jaouen, syndicaliste de la FNSEA, dans la Loire ; Jacques Vaysse-Tempé, président du Rassemblement des Français rapatriés et réfugiés d'Afrique du Nord et d'outre-mer (RANFRAN-OM) et élu municipal, dans la Haute-Garonne ; Bruno Megret, ancien du RPR et dirigeant de la Confédération des associations républicaines (CODAR). Cette stratégie de « notabilisation » tous azimuts entraîne d'ailleurs une réaction d'une partie de l'appareil militant, qui fait scission pour créer, le 23 novembre 1985, le Front d'opposition nationale (FON). Le FN espère sans doute que les quelques pertes de militants de la première heure seront largement compensées par l'arrivée de nouveaux électeurs rassurés par le « lifting » de l'extrême droite. Au soir des élections du 16 mars 1986, avec plus de 2,5 millions d'électeurs et près de 10 % des suffrages exprimés, le FN rentre massivement à l'Assemblée nationale (où il constitue un groupe parlementaire avec 35 députés) et dans les conseils régionaux (avec 137 conseillers régionaux). La droite classique dépassant à elle seule, de deux sièges, la majorité absolue, le groupe FN de l'Assemblée nationale est rejeté dans son isolement. En revanche, dans six des vingt-deux régions, la droite classique a besoin des suffrages de tout ou partie de l'extrême droite pour garder ou conquérir l'exécutif régional. Des alliances plus ou moins explicites sont passées et le FN fait son entrée dans plusieurs exécutifs régionaux en obtenant une vice-présidence dans trois régions (Haute-Normandie, Picardie, Languedoc-Roussillon) et deux en Provence-Alpes-Côte d'Azur. Cette implantation électorale renforcée a les mêmes assises géographiques qu'en 1984 et 1985. La polarisation entre la France située à l'est d'une ligne Le Havre-Valence-Toulouse et la France située à l'ouest s'est même accrue. Tous les départements où le FN enregistre un renforcement électoral par rapport à 1984 sont à l'est de cette ligne. Le terrain de l'urbanisation et de l'immigration alimente continûment l'électorat du FN. C'est sur un terrain urbain et populaire que le FN réussit ses meilleures performances. L'enracinement de l'extrême droite dans les villes populaires atteste la prolétarisation de son électorat. Nombre d'électeurs des « beaux quartiers » sont revenus vers les notables RPR et UDF : le FN n'attire plus que 10,60 % et 11,02 % des suffrages dans le XVIe arrondissement de Paris et à Neuilly-sur-Seine. De nombreux électeurs de milieu populaire les ont remplacés : à Roubaix et Tourcoing le FN rassemble 21,18 % et 22,17 % des suffrages. Installé dans les Assemblées de la République, le FN s'incruste dans la société française.

Le Front national, écho politique de l'anomie urbaine[6]

Les bases sociales du FN sont assez différentes de celles de la droite classique. L'extrême droite n'est pas sociologiquement une droite extrême qui serait une caricature sociale de la droite

6. Pascal Perrineau, « Front national : l'écho politique de l'anomie urbaine », *Esprit*, « La France en politique », 1988.

classique. Elle constitue plutôt un « entre-deux » entre droite et gauche. Son électorat est beaucoup plus masculin, jeune, actif et interclassiste que celui de la droite classique. Au regard de l'enquête post-électorale effectuée par la SOFRES après les législatives de mars 1986, l'électorat est, après celui du PCF, le plus masculin : 53 % de ses électeurs sont des hommes contre seulement 47 % dans l'électorat RPR-UDF. L'électorat du FN est le plus jeune de tous les électorats : 18 % ont de 18 à 24 ans, 11 % seulement ont plus de 65 ans. Dans l'électorat RPR-UDF les pourcentages sont respectivement de 11 % et de 25 %. C'est aussi, après celui du PCF, l'électorat le plus actif : 63 % de ses électeurs sont actifs contre 49 % de ceux de la droite classique. Enfin, c'est, après les électorats de gauche, le plus populaire : 50 % de ses électeurs sont ouvriers, employés ou cadres moyens, ils ne sont que 34 % dans l'électorat RPR-UDF. Peu de couches restent hermétiques au message du FN : seules les personnes âgées, les cadres supérieurs, les citoyens bénéficiant d'un niveau d'études supérieures et les catholiques pratiquants réguliers prêtent chichement leur concours au succès électoral du FN. Partout ailleurs le FN fait un score proche de sa moyenne nationale ou dépasse largement celle-ci, particulièrement chez les jeunes (14 %), les artisans, commerçants et chefs d'entreprise (17 %) et chez les ouvriers (13 %). Si ce n'est la pointe enregistrée en milieu industriel et commerçant, l'électorat du FN n'a que peu de chose à voir avec l'électorat qui, trente ans plus tôt, s'était retrouvé sur les listes poujadistes. Le FN n'est pas prisonnier du seul monde de la boutique, il plonge ses racines dans toutes les couches sociales. Un électorat plus populaire et dépolitisé a remplacé l'électorat de citoyens de droite radicalisés et exaspérés, en 1984, par la présence de la gauche au pouvoir. Ces glissements sociaux ont fait évoluer le contenu de la protestation de l'électorat du FN. La protestation de 1984, ultra-politique et violemment hostile à la gauche, a cédé la place en 1986 à une protestation plus sociale et politiquement « tous azimuts ». L'ire des électeurs du FN s'abat sur la droite classique comme sur la gauche, et leur pessimisme quant aux capacités de l'action publique atteint des sommets. 58 % des électeurs du FN approuvent les critiques de Jean-Marie Le Pen contre le gouvernement de Jacques Chirac (sondage SOFRES-*Le Monde* d'octobre 1987), 76 % considèrent que « les choses ont tendance à aller de plus en plus mal » (contre 53 % des Français), 86 % (contre 69 %) jugent inefficace l'action menée contre la hausse des prix, et 58 % (contre 37 %) considèrent que le rôle de la France dans le monde s'affaiblit.

L'électorat du FN est sans conteste un électorat du rejet et de la désespérance. Rejet et désespérance qui dépassent le simple constat d'impuissance pour déboucher sur la recherche de responsables. Désignation de boucs émissaires qui permet d'exorciser, pour une part, les inquiétudes profondes de cet électorat. La cohorte des « pelés et des galeux d'ou vient tout le mal » est longue. Jean-Marie Le Pen, dans ses écrits et ses discours, les présente régulièrement à la vindicte populaire : fonctionnaires, hommes politiques, intelligentsia, journalistes, délinquants, immigrés... Les antiennes de l'anti-étatisme, de l'antiparlementarisme et de l'anti-intellectualisme sont bien reprises par l'électorat du FN. Mais le chœur des électeurs se montre particulièrement vigoureux quand il s'agit du refrain des immigrés et des délinquants : interrogés par l'IFOP sur leurs motivations de vote, le jour des élections législatives, 64 % des électeurs du FN (contre 18 % de l'ensemble de l'électorat) déclarent que l'immigration et l'insécurité sont les problèmes qui comptent le plus. Ce couple immigration-insécurité obsède littéralement l'électorat du FN, au point de reléguer les préoccupations majeures des Français (emploi, pouvoir d'achat, acquis sociaux) en fin de tableau. Cette obsession lancinante semble surtout fleurir sur le terrain de la ville cosmopolite. Les terres urbaines à l'est de la ligne Le Havre-Valence-Toulouse sont également les terres de l'immigration : 85 % de la population étrangère établie sur le sol national y vit. Ce terrain, plus que d'autres, a sécrété nombre d'inquiétudes diffuses vis-à-vis de l'immigré, de l'insécurité et du chômage. Comment l'univers urbain, longtemps perçu comme milieu de tolérance et d'extraversion, est-il devenu le champ clos des haines et de l'introversion ? La ville française ne connaît plus, depuis le milieu des années soixante-dix, de forte croissance et de renouvellement. Les divers groupes sociaux et communautés y cohabitent sans véritable espoir de mobilité. Une perception inquiète de la crise économique et un doute profond vis-à-vis de ses solutions politiques s'enracinent dans les esprits. C'est dans cet univers fini et anémié, où n'existe plus de « nouvelle frontière », qu'apparaissent et que s'avivent les frictions, les intolérances, les craintes et les haines. Le FN, avec son message d'exclusion et de rejet, semble être la seule force politique en phase avec les inquiétudes et les rancœurs distillées par la crise de la société urbaine et par le constat d'impuissance du politique à répondre aux défis de la crise économique.

Vote FN, immigration et insécurité

Comment s'articulent le vote en faveur du FN, expression privilégiée de ces inquiétudes urbaines, et les éléments objectifs qui sont censés le nourrir : présence de l'immigré, délinquance et chômage ? Si les électeurs du FN partagent avec d'autres la crainte du chômage, ils cultivent, nous l'avons dit, deux inquiétudes particulières : celle de l'immigration et celle de la délinquance. Les régions et les départements où vit le gros des électeurs du FN étant des zones de forte immigration et de forte délinquance, on en vient souvent à conclure que le sentiment d'insécurité et le rejet des immigrés exprimés par les électeurs du FN sont en étroite relation avec l'insécurité objective et la présence forte d'immigrés, auxquelles ils seraient plus confrontés que d'autres. Une telle relation, parfois trop vite établie à partir des correspondances entre cartes départementales du vote d'extrême droite, de l'immigration et de la délinquance, mérite d'être remise en cause. Lorsqu'on entreprend de démêler l'écheveau, on s'aperçoit souvent que les inquiétudes qui alimentent le vote en faveur du FN relèvent plus du fantasme que de la représentation de gênes ou de dangers vécus et objectifs. Pour comprendre la manière dont réalités et fantasmes s'imbriquent, il faut quitter le terrain des analyses nationales et départementales, inévitablement grossières et niveleuses, et utiliser des enquêtes locales et microsociologiques qui nous font découvrir la diversité des contextes et des influences psychosociologiques qui pèsent sur le vote d'extrême droite. Dès que l'on passe du niveau régional ou départemental à un niveau d'analyse géographique plus fin (canton, commune, quartier), la liaison entre présence d'immigrés et vote FN s'atténue ou même disparaît. De nombreuses enquêtes réalisées, par exemple, dans l'ensemble des communes du Vaucluse ou de l'Isère font apparaître qu'il n'y a aucune relation claire et nette entre les deux phénomènes. Des communes ou des quartiers à forte concentration d'immigrés accordent de faibles scores au FN alors que des communes ou des quartiers sans présence immigrée significative le soutiennent fortement. Une analyse très fine du vote, en 1986, bureau par bureau, des agglomérations toulousaine et marseillaise conclut ainsi : « Contrairement à ce que pouvaient laisser penser les résultats départementaux, le FN ne se développe pas dans les zones de plus forte population immigrée ni défavorisée, mais plutôt sur leurs marges [...][7]. » Ainsi, le sentiment d'hostilité à la présence des immigrés, motivation déterminante du vote d'extrême droite, est loin de refléter partout et toujours une situation de cohabitation objective avec de fortes communautés immigrées. La présence immigrée semble structurer le vote d'extrême droite au travers d'un effet de halo. Effet dont la diffusion peut être lointaine, jusqu'à toucher des périphéries rurales. Une étude du FN en Haute-Savoie montre que les bons scores de l'extrême droite dans certains cantons de montagne, ruraux et à immigration très faible, sont dus à la crainte des étrangers que les montagnards connaissent mal et qui vivent dans les communes de la vallée industrielle de l'Arve. Cependant,

7. Frédéric Bon, J.-P. Cheylan, *La France qui vote*, Paris, Hachette, 1988.

lorsque l'immigration est massive, l'effet de halo peut céder la place à un effet direct. Cette structuration directe du vote FN par la présence immigrée semble se retrouver dans les bastions électoraux que sont certains des quartiers nord de Marseille ou certains arrondissements du Nord-Est parisien. Le vote xénophobe s'enracine alors directement dans « ce royaume de HLM, où coexistent Français et immigrés [...], dans ce décor triste et gris, cliché pour les délires sécuritaires et les obsessions xénophobes de l'extrême droite [8] ».

Cette grande diversité des conséquences électorales de l'immigration est un indice du fait qu'il n'y a pas *un* mais *des* électorats du FN, socialement, politiquement et idéologiquement contrastés. Dans une même ville, le FN effectue des percées électorales dans des contextes aussi différents qu'un paisible quartier de pavillons, un centre constitué d'immeubles d'appartements cossus ou encore un grand ensemble périphérique en voie de délabrement. Dans le premier et le deuxième contexte, l'immigré est rare, alors que dans le troisième il est très présent. Le rejet de l'immigré que l'on ne connaît pas ou avec lequel on ne vit pas, mais qu'on devine aux marges du quartier, rassemble autant sinon mieux l'électorat lepéniste que l'hostilité vis-à-vis de l'immigré que l'on côtoie quotidiennement. Et, d'ailleurs, côtoyer veut-il dire connaître ? La proximité peut aller de pair avec l'ignorance. Dans son analyse des sympathisants du FN des quartiers nord de Marseille, Anne Tristan évoque ces deux univers hostiles parce que parallèles : « Les Arabes sont la cause de tous les maux, les insultes fusent, les lamentations aussi : les Abribus brisés, les cabines téléphoniques en panne, les portières de bus bloquées, tout ce matériel détruit, abîmé, c'est la faute aux Arabes. [...] A chaque fois, la même logorrhée. Des “ ils ” invisibles, menaçants, surgissent de tous côtés. Mes compagnons daignent rarement appeler les Arabes par leur nom. Quand ils les croisent dans la rue, ils font mine de ne pas les voir, ne les voient même pas. Comme si les immigrés, obsédants

8. Anne Tristan, *Au Front*, Paris, Gallimard, 1987.

fantômes, vivaient derrière un écran, dans un autre monde. »

Le rejet de l'immigré a une dimension fantasmatique incontestable. Ce fantasme est articulé autour d'une stigmatisation de l'étranger qui permet de développer une réaction communautaire et identitaire. Reprenant une belle expression d'Albert Cohen, Anne Tristan conclut son exploration de l'univers des militants du FN à Marseille en parlant « de ces braves gens qui s'aiment de détester ensemble ». L'aversion touche les étrangers, et particulièrement les Maghrébins, qui sont rendus responsables de tous les maux. Depuis des décennies, les sondages établissent une hiérarchie entre immigration européenne et immigration africaine : si la première est à peu près admise, la seconde est massivement rejetée. Dans cette hiérarchie du rejet et de la haine, les sympathisants du FN battent des records : 82 % (contre 39 % de l'échantillon national) déclarent éprouver de l'antipathie pour les Maghrébins, 55 % (contre 21 %) pour les Noirs d'Afrique, 45 % (contre 20 %) pour les Asiatiques, 42 % (contre 23 %) pour les pieds-noirs — qui constituent pourtant une clientèle d'élection pour le FN —, 38 % (contre 18 %) pour les Juifs, 36 % (contre 12 %) pour les Européens du Sud, 30 % (contre 12 %) pour les Antillais, 15 % (contre 12 %) pour les Alsaciens, 9 % (contre 5 %) pour les Bretons (enquête CSA de février 1990). Quelle que soit la nature du groupe minoritaire, c'est dans l'électorat du FN qu'il est le plus violemment rejeté. On retrouve chez ces électeurs la dimension hétérophobe caractéristique de ce qu'Adorno appelle la « personnalité autoritaire ». L'Autre, quelles que soient son origine ou ses caractéristiques, est considéré comme constituant une menace. Dans une vision apocalyptique, l'immigration est associée au chômage, à la délinquance, au sida... Cette vision développe dans l'électorat du FN une profonde frustration identitaire. En 1986, 52 % des électeurs grenoblois du FN considèrent qu'être français n'est pas toujours un avantage en France. Les solutions envisagées par les électeurs du FN pour récupérer cette identité « ravie » sont toutes orientées vers le repli communautaire et l'exclusion de l'Autre. « La France aux

Français », clament les électeurs du FN — comme jadis les lecteurs de Drumont —, et, pour cela, il faut exclure et discriminer : exclure les travailleurs immigrés et distinguer au sein même de la population française « le bon grain de l'ivraie ». En 1986, dans une enquête par sondages réalisée à Grenoble, 73 % des électeurs FN (contre 20 % de l'ensemble de l'électorat) exprimaient leur accord avec la proposition suivante : « Pour que la France reste la France, il faut faire une différence entre les vrais Français et les autres. » L'inquiétude vis-à-vis de l'immigration s'ancre ainsi dans un fantasme : celui d'une immigration débordante et déstabilisatrice qui submergerait une mythique pureté originelle française.

Autre inquiétude largement fantasmatique des électeurs du FN : celle de la délinquance et de l'insécurité. Même si elle atteint des sommets au FN, la représentation fantasmatique de l'insécurité est partagée par nombre de Français. De nombreuses études ont montré que le lien entre insécurité objective et sentiment d'insécurité était souvent très ténu. Fréquemment, le sentiment d'insécurité n'est pas le produit d'une expérience individuelle de la violence mais celui d'une expérience collective, c'est-à-dire l'expérience des réseaux et du système de relations dans lesquels l'individu est inséré. Parmi ces réseaux : le voisinage urbain, où la peur est souvent celle des marges urbaines que l'on connaît peu et mal. Par-dessus les siècles, le citadin moderne renoue avec les peurs du citadin médiéval pour lequel les marges de la ville étaient le domaine de l'inquiétude, de l'exclusion et du crime. Dans une « nouvelle cartographie de la peur » dans les cités modernes, Anne Cauquelin constate que celle-ci reste liée « aux limites et à leur dépassement ». Limites qui ouvrent sur le danger et « l'imagination de ces individualités qui, de l'autre côté, s'organisent en ennemis, avec leurs mœurs, leurs langues, leurs moyens techniques d'effraction — toujours surévalués[9] ».

9. Ouvrage collectif, *La Peur*, Paris, Desclée de Brouwer, 1979.

Cette surévaluation de la menace et de la violence est particulièrement forte chez les électeurs du FN. Une enquête sur la sociabilité et l'insécurité à Grenoble en 1986 montre que, bien que moins exposés que d'autres à l'insécurité objective, les électeurs du FN ont un sentiment d'insécurité beaucoup plus fort que les autres électorats. Comment expliquer ce paradoxe d'une population relativement à l'abri de la violence, et pourtant atteinte de plein fouet par le sentiment d'insécurité ? Nous retrouvons ici un effet de halo. L'insécurité qu'ils dénoncent est avant tout celle de leur environnement. Plus celui-ci est lointain et vague, plus l'insécurité déclarée est élevée. Alors que seulement 3 à 6 % des électeurs du FN (contre 4 à 8 % de l'ensemble de l'électorat) affirmaient avoir été eux-mêmes victimes, au cours des trois derniers mois, d'un cambriolage, d'un vol dans la rue ou d'insultes et de menaces, ils étaient 11 % (contre 10 %) à déclarer que des membres de leur famille avaient été victimes de violences, 23 % et 30 % (contre 17 % et 20 %) à faire de même pour les amis et les « vagues connaissances ». Aux yeux de ces électeurs, plus on s'éloigne du noyau familial, plus la violence et l'insécurité semblent régner en maîtres. L'environnement de ces électeurs est celui de tous les dangers : vols, agressions, insécurité... Violences d'autant plus menaçantes qu'elles sont étroitement associées à une obscure entité étrangère. 56 % des électeurs d'extrême droite considèrent que ce sont plutôt les étrangers qui sont auteurs de violences (contre 28 % de l'ensemble de l'électorat). Menace étrangère d'autant plus forte qu'un électeur du FN sur deux surestime le pourcentage d'étrangers dans la population totale. La réalité de l'immigration est souvent transformée en fantasme de l'invasion. Face à ces menaces plurielles et obscures, les électeurs du FN se replient sur un bastion familial sévèrement gardé : 56 % de ceux-ci (contre 40 % des électeurs sûrs de ne pas voter pour le FN) ont un verrou ou un judas à leur porte et 41 % (contre 25 %) considèrent « qu'on ne peut faire confiance aux gens en dehors des membres de sa famille et de quelques amis ». Les craintes des électeurs du FN sont celles d'un groupe de citoyens qui se sent souvent assiégé par la montée fantasmatique de l'immigration. La figure de l'immigré joue le rôle de bouc émissaire des angoisses de cet électorat qui ont nom : chômage, crise, violence, isolement.

Ces électeurs sont en train de réactiver tous les mécanismes séculaires de la démonologie qui impute les malheurs d'une société à une entité maléfique.

La causalité diabolique

Léon Poliakov a magistralement démonté les rouages de cette « causalité diabolique [10] ». A la longue liste des « démons » que furent dans l'histoire les Juifs, les francs-maçons, les Jésuites ou encore les aristocrates, il faut ajouter, dans la France des années quatre-vingt, les immigrés. Selon Poliakov, cette causalité diabolique, contrôlée en temps normal, se libère « sous l'empire des circonstances : défaite et révolution, inflation et chômage, ces anomalies, accidents et malheurs qui réactivent les causes premières selon Lévy-Bruhl ». Réactivation particulièrement virulente chez les individus connaissant des problèmes d'intégration : « Faut-il ajouter que c'est chez les individus mal équilibrés ou mal intégrés, chez lesquels d'archaïques besoins ou des désirs mégalomanes restent imparfaitement refoulés, que la causalité animiste, notamment lors d'une grande crise, resurgit et s'exerce le plus facilement ? » En France, les circonstances de crise et les mécanismes de désintégration sociale qui l'accompagnent ont sans conteste contribué à la renaissance d'une nouvelle causalité diabolique dont le diable est l'immigré. Tout comme la France des vingt dernières années du XIXe siècle avait prêté une oreille complaisante aux grands thèmes du complot « judéo-maçonnique », la France de la fin du XXe, tout en redonnant une seconde

10. Léon Poliakov, *La Causalité diabolique, Essai sur l'origine des persécutions*, Paris, Calmann-Lévy, 1980.

jeunesse à l'antienne de la conspiration judéo-maçonnique, s'abandonne au mythe de la « cinquième colonne » immigrée. En matière de gestion politique de ces mythes, l'extrême droite nationaliste a quelques longueurs d'avance sur les autres forces politiques. Le terrain d'élection de cette démonologie moderne est celui d'une France urbaine soumise à des processus d'anomie sociale.

Une France de la désintégration sociale

A la fin du XIXe siècle, Émile Durkheim constatait dans son étude du suicide anomique que « sur certains points de la société, il y a manque de forces sociales, c'est-à-dire de groupes constitués pour réglementer la vie sociale[11] ». Le suicide était dans son esprit un des symptômes pathologiques de l'insuffisante intégration de l'individu dans des collectivités intermédiaires sociales et politiques. Toute proportion gardée, à la fin du XXe siècle, la poussée du FN et les angoisses qui la nourrissent sont aussi les symptômes pathologiques d'une désintégration sociale et politique. C'est un des éléments du diagnostic d'Hervé Le Bras quand il aborde l'explication du vote lepéniste. Il remarque que les départements qui ont voté pour le FN plus que leur proportion d'étrangers ne le laissait pressentir sont tous, ou presque, situés dans le Bassin parisien (au sens large) et sur la côte provençale. La carte qui apparaît ainsi « est bien connue et donne mieux la mesure de l'ébranlement en profondeur du système politique. Carte du suicide au début du siècle, carte de la richesse et des mouvements migratoires internes, c'est à peu près le négatif de la carte de la répartition des familles complexes [...]. Bassin parisien et littoral provençal ont une structure politique dramatiquement simple : toute atteinte au prestige ou à l'identité nationale se répercute sans intermédiaire au niveau local et

11. Émile Durkheim, *Le Suicide*, Paris, PUF, 1960 (1re éd. 1897).

familial. Une crise d'identité de la France est ressentie comme une crise d'identité individuelle [...]. Le vote Le Pen doit donc être pris au sérieux. Il indique une dégénérescence des formes politiques intermédiaires qui filtraient jusqu'alors les impulsions immédiates [12] ». Cette analyse générale du vote d'extrême droite comme symptôme d'une certaine anomie sociale et politique se retrouve sur le plan local. Les facteurs de l'immigration et de l'insécurité qui alimentent le vote en faveur du FN semblent jouer à plein lorsque les systèmes locaux d'intégration sociopolitique sont en crise. Tel est le cas à Marseille, où la poussée du FN a été exceptionnelle. La crise profonde des systèmes de gestion urbaine et des systèmes de représentation politique y a ouvert une béance dans laquelle s'est engouffré le FN. La croissance urbaine est stoppée, la politique étatique en matière de ZUP et de ZAC est en crise, l'État se désengage, et « le notabilisme de clan et de clientèle est peu à peu remplacé par des spécialistes de la gestion urbaine qui tentent de reprendre la place abandonnée par l'État, mais ceux-ci n'arrivent plus à contenir la ville et la souffrance de ceux qui s'y sentent abandonnés [13] ». Une immense vacance de l'organisation sociale s'installe, que vient combler vaille que vaille le FN. Anne Tristan, déjà citée, parle à Marseille de « cette terre aride que n'irrigue plus aucune solidarité, [de] ce désert où sévit le mirage lepéniste ». Le FN fournit alors un réseau de solidarité, une structure d'animation : « Autrefois, sur Marseille, les associations laïques de gauche proposaient des loisirs divers. Ce réseau a aujourd'hui disparu, les lepénistes tissent le leur. » La force du FN est alors de faire entrer dans la visibilité sociale une population qui n'est plus accrochée par les structures politiques et associatives traditionnelles. Cet enkystement du FN dans les tissus sociaux et politiques en voie de délitement est sensible en dehors du terrain

12. Hervé Le Bras, *Les Trois France*, Paris, Odile Jacob, 1986.

13. Jacques Viard, « Succès de l'extrême droite : le signe d'une triple fracture », *Cahiers Pierre Baptiste*, numéro consacré à « Marseille ou le présent incertain », 4 juillet 1985.

marseillais, dans certaines communes de Seine-Saint-Denis ou du Nord. Là où il n'a pas la capacité militante pour occuper l'espace social et politique laissé en déshérence, le FN devient, au moment des élections, le moyen de clamer une protestation. Dans des quartiers où un lent et régulier processus de déqualification sociale est à l'œuvre depuis des années, un sentiment d'abandon et d'enfermement se développe. Dans ces zones, la seule dynamique sociale est souvent celle des associations d'immigrés qui, peu à peu, deviennent porteuses de nouvelles identités de quartier. Identités dans lesquelles ne se retrouve pas toute une partie de la population française. Souvent dans un état de précarité économique et sociale, marginalisée, celle-ci développe un sentiment très fort d'exclusion, de désarroi et de pessimisme. Coincée dans la périphérie urbaine, elle n'a plus l'espoir d'en sortir. Contrairement aux années cinquante et soixante, dans la décennie quatre-vingt, les HLM ne sont plus cette étape dans un processus de mobilité sociale et résidentielle qui menait jadis à une tranquille fin de carrière dans le cadre de pavillons à la propriété chèrement acquise. Prise dans une logique de l'enfermement, ne pouvant plus se différencier socialement de ses voisins de palier ou de quartier, cette population développe une « différence raciale », un racisme « petit Blanc » qui nourrit le vote FN. Celui-ci devient alors un « marqueur », le moyen de marquer sa différence et de faire parler son exclusion sociale.

L'anomie urbaine et ses effets politiques sont ici et là enrayés par des pouvoirs locaux bien enracinés, présents sur le terrain de l'action sociale et attentifs à l'intégration sociale et culturelle des communautés étrangères. Dans certaines communes les municipalités, en liaison avec le réseau associatif, s'efforcent, par le biais de commissions (immigration, attribution des logements), d'opérations d'information, d'actions en milieu scolaire (entraide scolaire pour les enfants d'immigrés, dégustation de cuisines étrangères à l'école) ou encore de fêtes et de rencontres, de mettre en relation les populations française et étrangère et d'associer les habitants à la lutte contre le chômage et la délinquance (conseil communal de la délinquance, service emploi). Objet d'un soin et d'un encadrement attentifs, le tissu social et politique garde sa cohérence et parvient à endiguer une crise urbaine qui, ailleurs, fait le lit de l'extrême droite. La montée de celle-ci n'est pas irrésistible ; encore faut-il que les forces politiques et sociales reprennent prise sur un tissu urbain qui a bien changé depuis les années soixante et soient capables à la fois d'incarner la vie sociale et de nourrir l'imaginaire collectif.

Crise des vieux appareils et naissance d'une nouvelle organisation

Au milieu des années quatre-vingt, les grandes organisations politiques et sociales sont en crise. Les effectifs des partis et des syndicats sont en chute libre. Les grandes références de la culture politique française sont évanescentes. Pendant des décennies, celle-ci a été structurée, à gauche, autour d'un ensemble de valeurs égalitaires et de solidarité sociale, et, à droite, autour du pôle des valeurs chrétiennes d'ordre et d'harmonie sociale. Ces deux cultures trouvaient un puissant relais dans ces grandes organisations qu'étaient le Parti communiste et l'Église catholique. L'une et l'autre sont entrées en crise. En perdant leur enracinement social, elles ont laissé vacant un espace politico-culturel dans lequel prospère l'extrême droite. D'autant plus qu'après des années de vie groupusculaire le FN s'est doté d'une véritable organisation. Le FN n'a plus de véritable concurrent à l'extrême droite : le PFN ne s'est pas remis de ses déboires électoraux du début des années quatre-vingt et des succès de son frère ennemi, certains de ses cadres se tournent vers le CNI, d'autres rallient le FN et le reste sombre dans l'extrémisme « national-révolutionnaire » où il rejoint le Parti nationaliste français (PNF) de Pierre Pauty, le Parti nationaliste français et européen (PNFE) de Claude Cornilleau, le Mouvement Travail Patrie ou encore le Parti des forces nationalistes. Alors qu'au début des années quatre-vingt le FN n'avait que quelques milliers de membres, il revendique 65 000 adhérents en 1986. Ce chiffre dépasse certainement la réalité de l'implantation militante mais il est évident que, depuis 1984, les effectifs du parti ont crû et qu'ils doivent atteindre les quelques dizaines de milliers — ce qui, à une époque où les partis ne recrutent plus, est une performance. Renforcé, le parti se structure : les organes centraux (bureau politique, comité central, congrès) existent plus que sur le papier ; Jean-Pierre Stirbois, promu secrétaire général en 1982, renforce l'autorité du centre national sur les organisations locales (fédérations et sections) ; des processus de « descente » de l'information et de la propagande se mettent en place ; documentation et argumentaires se développent ; la formation et les stages de militants s'organisent ; la fête des « Bleu-Blanc-Rouge » devient le rendez-vous annuel de la convivialité militante [14]. A la périphérie du parti s'étend toute une série de réseaux qui cherchent à structurer une contre-société national-frontiste à l'image de celle que le PCF avait pu créer dans les années d'après guerre : des organisations de jeunesse (le FNJ), d'anciens combattants (le Cercle national des combattants), de femmes (le Cercle national des femmes d'Europe), une organisation paysanne (le Cercle national des agriculteurs de France), de multiples organisations à vocation d'encadrement socioprofessionnel (Entreprise moderne et Libertés, qui chapeaute une dizaine de cercles spécialisés dans des secteurs aussi divers que la banque, l'Éducation nationale, la RATP, la santé, les transports aériens, la culture, les Télécom ou encore les transports routiers). A ce premier réseau de satellites qui gravitent autour du parti, il faut ajouter nombre d'organisations de la mouvance catholique traditionaliste (Chrétienté-Solidarité, cercles d'amitié française, Alliance générale contre le racisme et pour le respect de l'identité française et chrétienne) et la presse « amie » (l'hebdomadaire traditionaliste, devenu quotidien en 1989, *Pré-*

14. Voir Guy Birenbaum, *Le Front national en politique*, Paris, Balland, 1992 (particulièrement la deuxième partie, « Le système Le Pen »).

sent, les hebdomadaires *National-Hebdo*, *Minute* et *Rivarol*, et le mensuel *Le Choc du mois*). Fort d'un appareil, de relais dans la société française, le FN dispose d'un groupe de 10 députés à l'Assemblée européenne de Strasbourg, de 35 députés au Palais-Bourbon, de plus d'une centaine de conseillers régionaux et de positions de pouvoir dans plusieurs régions. Si tant est qu'ils prennent le problème au sérieux, les grands partis hésitent quant à la stratégie à suivre : la droite classique croit que l'on peut refuser les alliances nationales tout en acceptant, ici et là, des alliances locales lorsque « nécessité fait loi » ; la gauche minoritaire pratique la démonologie et l'imprécation antiraciste tout en s'apercevant, avec une certaine satisfaction, que la droite majoritaire en France a maintenant son talon d'Achille : le Front national.

Turbulences internes

Dans l'immédiat, la droite classique compte sur le débauchage et l'étiolement de l'extrême droite. Certains événements semblent lui donner raison : à peine élus députés FN, Bruno Chauvierre et Yvon Briant démissionnent en condamnant l'opposition sans concession pratiquée par le FN vis-à-vis de la majorité RPR-UDF. Alors que le 10 mai 1986, lors de la fête de Jeanne d'Arc, le président du FN dénonce la « collusion » Mitterrand-Chirac qui n'est « pas seulement un binôme institutionnel mais aussi un binôme politique », les dissidents du groupe parlementaire du FN veulent apporter « un appui constructif à l'apparition d'une véritable politique libérale pour la France ». L'ambiguïté de la politique de « notabilisation » entreprise avant les législatives de 1986 éclate au grand jour. Le durcissement du FN et le surgissement épisodique de la « vraie nature » de Jean-Marie Le Pen dans une série de dérapages verbaux vont accentuer ces tendances centrifuges. En septembre 1987, interrogé à RTL sur les thèses des historiens « révisionnistes », Jean-Marie Le Pen répond : « Je me pose un certain nombre de questions ; je ne dis pas que les chambres à gaz n'ont pas existé. Je n'ai pas pu moi-même en voir. Je n'ai pas étudié spécialement la question. Mais je crois que c'est un point de détail de l'histoire de la Seconde Guerre mondiale. » Cette affaire du « point de détail » est suivie de la démission d'Olivier d'Ormesson de la présidence du comité de soutien à la candidature de Jean-Marie Le Pen à l'élection présidentielle suivante. Dans les régions, les dissidences d'élus régionaux s'accélèrent et le CNIP cherche à prospérer en devenant la structure d'appel de la droite classique vers l'extrême droite repentie. Ces entreprises de débauchage et de reconquête de l'extrême droite rencontrent très vite leurs limites et, engluée dans la cohabitation, la droite classique voit peu à peu le FN confisquer la fonction d'opposition à son profit. Indépendamment de la litanie sur l'immigration et l'insécurité, le thème du « FN seule et vraie opposition » devient un des axes centraux de la campagne présidentielle de Jean-Marie Le Pen, qui déclare à Reims, en février 1988 : « Le trait commun de ces quatorze années de décadence française, c'est le socialisme, et le socialisme, c'est une sorte de sida politique, de sida mental... Dans ce style de maladie, il y a une phase mortelle proche de l'agonie, celle des « socialiques » et celle des socialo-positifs que sont le RPR et l'UDF, les uns et les autres ayant la même maladie. » La campagne d'affichage relaie ce thème du « seul outsider confronté aux vieux chevaux de retour », et apparaît sur les panneaux le texte suivant : « François ?... Jacques ?... Raymond ?... Merci, on a déjà donné !... Jean-Marie, président ! »

La gauche et le FN

La gauche socialiste, en difficulté de 1986 à 1988, utilise le FN comme ferment de division des droites, dénonce les alliances pratiquées en province et participe à la campagne antiraciste. Au cœur de celle-ci, SOS Racisme, créé en octobre 1984, joue un rôle central et donne le *la*. Une gauche en pleine crise d'identité cherche dans l'antiracisme un moyen de combler son vide idéologique. Plutôt que de promouvoir une grande politique d'intégration des immigrés, et particulièrement des jeunes « beurs » qui, depuis le début des années quatre-vingt, ont manifesté leur souci de ne pas être exclus de la société, le PS s'aligne au départ sur un discours antiraciste vantant les charmes de la société multiculturelle et du « droit à la différence ». Au milieu des années quatre-vingt, antiracisme différentialiste et néo-racisme différentialiste, par un pervers effet de miroir, vont se nourrir mutuellement. Comme l'écrit Pierre-André Taguieff, le racisme a connu des métamorphoses idéologiques, et le racisme que cherche à combattre le mouvement antiraciste s'est déplacé de la valorisation de l'« inégalité biologique » vers l'absolutisation de la « différence culturelle »[15]. Jean-Marie Le Pen et Harlem Désir font chacun l'éloge du droit à la différence : différence de la nation française pour le premier, différences des communautés qui la composent pour le second. Dans ce face-à-face, la notion d'une nation française intégratrice, fondée sur le « droit à la ressemblance » et l'esprit universaliste de la Révolution, n'a plus cours. Face à la résurgence d'une conception ethnique de la nation, gauche et droite sont comme frappées d'aphasie. Le vieux modèle d'intégration autour du ralliement à la République est usé et n'a pas fait la preuve qu'il était capable d'éviter la déchirure et l'exclusion sociales. De nouvelles formes d'intégration politique et sociale doivent voir le jour. En attendant, le vieux thème de la nation française repliée sur l'Hexagone fait retour.

15. P.-A. Taguieff, *La Force du préjugé. Essai sur le racisme et ses doubles*, Paris, La Découverte, 1988.

La convergence des protestations

Le parti d'extrême droite devient le confluent politique de toutes les protestations : c'est lui qui exerce le monopole de la fonction tribunitienne, laquelle consiste à exprimer et retraduire politiquement le malaise social. Malaise sociétal d'une France à deux vitesses où les protestations du petit et du moyen salariat rejoignent celles du monde indépendant ; malaise identitaire de citoyens à la recherche de repères. Ces malaises exploités et récupérés par une mythologie nationaliste qui leur donne sens et cohérence créent une véritable dynamique de campagne à l'approche de l'élection présidentielle de 1988. Et pourtant l'élection présidentielle est d'habitude peu propice à l'expression électorale des courants extrémistes. Le 24 avril, avec plus de 4 300 000 voix et 14,4 % des suffrages exprimés, Jean-Marie Le Pen établit le record historique d'implantation électorale de l'extrême droite. L'enjeu présidentiel élevé et la piètre image présidentielle du candidat n'ont pas empêché plus de 4 millions d'électeurs de déposer un bulletin au nom de Jean-Marie Le Pen dans l'urne. Cette exceptionnelle poussée lepéniste s'est faite selon certaines lignes de force géographiques et sociales.

L'extrême droite s'est partout renforcée, mais la poussée reste inégalement répartie dans l'espace national. La progression est forte en Picardie, dans l'Est, en Rhône-Alpes et dans le Var. Ces régions sont des zones d'implantation traditionnelle du FN depuis 1984 et appartiennent toutes à cette France située à l'est d'une ligne Le Havre-Valence-Toulouse. Seuls, à l'ouest de cette ligne, quatre départements enregistrent une forte poussée de l'influence lepéniste : le Morbihan, où Jean-Marie Le Pen bénéficie de son statut d'« enfant du pays » ; le Lot-et-Garonne et le Tarn-et-Garonne, situés dans cette vallée de la Garonne où la surenchère politique et un certain populisme enflamment épisodiquement les esprits ; enfin, la Haute-Loire, vieille terre de droite qui jouxte les bastions urbains du lepénisme que sont devenus les départements de la Loire et du Rhône. L'extrême droite puise sa substance électorale auprès de tous les courants politiques. Par rapport à 1986, elle progresse vigoureusement dans des terres communistes (Seine-Saint-Denis, Val-de-Marne), des terres socialistes et radicales (vallée de la Garonne), ou encore des terres de droite classique (les deux Savoie, l'Est alsacien et lorrain). Cette « vampirisation » des divers électorats traditionnels est également sensible au niveau social. Contrairement au poujadisme de 1956, enfermé dans son bastion de petits travailleurs en colère, ou du tixiérisme de 1965, replié sur un électorat de pieds-noirs et de quelques nostalgiques de la France coloniale, le lepénisme de 1988 plonge ses racines dans tous les milieux sociaux. Cependant il atteint des sommets chez les patrons de l'industrie et du commerce (27 % selon un sondage post-électoral de la SOFRES) et chez les ouvriers (19 %). En 1988, Jean-Marie Le Pen a réalisé la synthèse du monde de la boutique et du monde de l'atelier, du poujadisme d'antan et de la protestation ouvrière.

Les inquiétudes urbaines permettent de comprendre le très haut niveau atteint par le président du FN dans des départements comme les Bouches-du-Rhône (26,40 %), les Alpes-Maritimes (24,24 %), le Gard (20,59 %), la Moselle (19,91 %), la Seine-Saint-Denis (19,81 %) ou encore le Rhône (18,03 %). Mais elles ne permettent pas d'épuiser la réalité du vote lepéniste dans des départements comme le Bas-Rhin (21,94 %), le Haut-Rhin (21,71 %), les Alpes-de-Haute-Provence (16,72 %), l'Ain (16,09 %) ou encore l'Yonne (15,73 %). Dans certains de ces départements où les couches sociales moyennes traditionnelles sont encore nombreuses, la thématique antifiscale et anti-étatique du leader du FN a séduit un électorat de type poujadiste. D'ailleurs, dans les motivations de vote telles que les déclarent les électeurs de Jean-Marie Le Pen, le thème des impôts arrive juste après le triptyque immigration-insécurité-chômage (voir le sondage « sortie des bureaux de vote » réalisé par l'institut CSA le 24 avril 1988). En revanche, parmi les thèmes peu privilégiés par cet électorat figure celui de la construction de l'Europe. Cette réticence vis-à-vis de l'Europe traduit non seulement une inquiétude à l'égard de l'échéance du Grand Marché unique de 1993 mais aussi la pérennité, ici et là, d'une vieille tradition nationaliste. Dans nombre de départements de l'Est (Meuse, Vosges, Moselle, Bas-Rhin, Haut-Rhin) où un nationalisme cocardier a connu dans le passé quelques succès notoires (en 1919, les listes du Bloc national battaient des records dans ces départements), Jean-Marie Le Pen a récupéré une partie de l'héritage. Ce nationalisme, dans une tradition toute barrésienne, est un nationalisme de rétraction, recroquevillé sur l'Hexagone : la faible importance que les électeurs lepénistes accordent dans leurs motivations de vote au thème du « rôle de la France dans le monde » est, à cet égard, très significative. La récupération de cet héritage nationaliste s'est faite d'autant plus facilement que l'évolution libérale et européenne du mouvement gaulliste, forte dans la première moitié des années quatre-vingt, le laissait en déshérence. Les motivations qui amènent au vote Le Pen sont donc plurielles et attestent l'hétérogénéité politique des électeurs lepénistes. Celle-ci s'est exprimée dans leur choix de second tour puisque, si l'on en croit le sondage post-électoral de la SOFRES, 57 % d'entre eux ont choisi de voter en faveur de Jacques Chirac, 27 % en faveur de François Mitterrand et 16 % se sont abstenus ou ont voté blanc ou nul. D'origines sociales très diversifiées, venus au vote Le Pen à partir de motivations diverses, les électeurs lepénistes font preuve d'une grande dispersion politique quand Jean-Marie Le Pen n'est plus présent dans la compétition électorale et qu'il présente, entre les deux tours, le choix entre Mitterrand et Chirac comme étant « un choix alternatif entre le pire et le mal ». Jacques Chirac battu, Jean-Marie Le Pen constate que « la droite la plus bête du monde a assuré deux fois en sept ans le succès du candidat socialiste » et que la majorité RPR-UDF a perdu « en décrétant l'exclusion de la seule force d'avenir » qu'est le FN. La défaite de la droite permet au leader du FN de se présenter en seul et unique recours face à François Mitterrand. A la une de *National-Hebdo* du 12 mai 1988 figure le titre : « Le Pen seul face à Mitterrand ».

Les contraintes du mode de scrutin majoritaire

Cette prétention à l'hégémonie sur les droites va cependant vite se briser sur la réalité du mode de scrutin majoritaire à deux tours réintroduit par le RPR et l'UDF pour les élections législatives. Les formations de la droite classique bénéficient, contrairement au FN, d'un fort contingent de notables bien installés dans leurs circonscriptions. Une partie des électeurs de la droite radicalisée qui s'étaient retournés vers Jean-Marie Le Pen pour l'élection présidentielle reviennent à l'occasion des législatives vers le notable local. Ce réflexe est favorisé par la stratégie de candidature unique adoptée par le RPR et l'UDF. Le 17 mai, ces deux partis passent un accord au terme duquel « un candidat d'union sera présenté dans chaque circonscription sous le sigle de l'Union du rassemblement et du centre ». Dépité, le même jour, Jean-Marie Le Pen réplique : « La candidature unique me semble être une violation de la philosophie du scrutin à deux tours. [...] Partout où l'UDF et le RPR présenteront des candidatures uniques, ils prendront le plus grand risque de voir le candidat du FN se maintenir au second tour. » A cette menace de l'unité de la droite classique s'ajoute la forte hausse de l'abstention, prévisible dans une élection qui suit de près une élection présidentielle considérée comme décisive. Le 5 juin, l'extrême droite rassemble 9,8 % des suffrages exprimés. Le FN a été entamé par un « vote utile » en faveur des notables de la droite classique, par une « dénotabilisation » de ses candidats par rapport à 1986 et par le lâchage d'électeurs protestataires retournés à l'abstention. En effet, une partie de l'électorat lepéniste protestataire lors de la présidentielle, venue de l'abstention, y est retournée à l'occasion des législatives. Chez certains électeurs, la rancœur vis-à-vis de la classe politique peut prendre successivement deux formes : le vote Le Pen à l'élection présidentielle puis l'abstention aux législatives. Il faut dire que nombre de candidats du FN sont des « obscurs et des sans-grade » et que, surpris par la précipitation des échéances législatives, le parti d'extrême droite a sélectionné des candidats au profil très militant. La « dénotabilisation », qui avait commencé avec les départs de Bruno Chauvierre, d'Yvon Briant et d'Olivier d'Ormesson, se poursuit avec l'éloignement de Guy Le Jaouen dans la Loire et le retour, à Paris, d'Édouard Frédéric-Dupont dans le giron de la droite classique. Entamé au premier tour, le FN ne peut pas peser comme il l'espérait au second. Alors que l'extrême droite arrivait, lors de l'élection présidentielle, en tête d'une droite éclatée dans 124 des 555 circonscriptions métropolitaines, ce n'est plus le cas, lors des législatives et face à un bloc RPR-UDF rassemblé, que dans 9 circonscriptions. Après avoir menacé le RPR et l'UDF de « faire élire dans chaque circonscription le candidat socialiste », Jean-Marie Le Pen change de discours d'autant plus facilement que la droite classique oublie ses engagements de ne passer aucun accord avec le FN. L'accord de désistement conclu entre Jean-Claude Gaudin et Jean-Marie Le Pen amène le retrait des candidats UDF et RPR au profit des candidats du FN dans 8 des 16 circonscriptions des Bouches-du-Rhône, alors que celui-ci se retire au profit de la droite classique dans les 8 autres circonscriptions. La menace de maintien du FN n'est mise à exécution que dans 4 circonscriptions. Là où ils représentent la droite au second tour, les candidats du FN ne parviennent pas à mobiliser l'ensemble des électeurs de droite et perdent des circonscriptions où celle-ci était largement majoritaire au premier tour. Le seul succès est remporté par Yann Piat dans la 3e circonscription du Var. Le nombre de députés du FN a été ramené, par la grâce du mode de scrutin majoritaire à deux tours, de 35 à 1, et la formation d'extrême droite perd une bonne part de sa « visibilité » politique.

L'érosion et les crispations

A la fin de l'année 1988, de nombreux éléments semblent favoriser l'érosion du FN. Renvoyé dans une certaine marginalité, Jean-Marie Le Pen cherche à exister sur le mode du scandale : le 2 septembre, à la fin de l'université d'été de son parti, le leader du FN dénonce « M. Durafour-crématoire ». L'unique député du FN, Yann Piat, parle de « plaisanterie de dortoir » et d'« ironie maladroite », François Bachelot se déclare « très profondément choqué », et Pascal Arrighi se désolidarise des propos de son chef. Ces trois esprits critiques ne tarderont pas à être exclus. Alors que la contestation monte dans le parti, la droite modérée en profite pour l'isoler davantage. Le 6 septembre, le bureau politique du RPR condamne « toute alliance nationale ou locale avec le Front national ». Fin septembre 1988, les élections cantonales sont mauvaises pour le FN. Pour affronter les temps difficiles, le parti se réorganise. A côté du secrétariat général détenu par Jean-Pierre Stirbois, Jean-Marie Le Pen crée une délégation générale dirigée par Bruno Megret. Alors que la première instance joue un rôle fondamental dans la structuration du parti et sa vie interne, la seconde est l'« instrument de la stratégie du nouveau souffle du FN » et prend en charge le discours et la stratégie politiques. Avec la mort, en novembre 1988, de Jean-Pierre Stirbois et son remplacement par Carl Lang, Bruno Megret effectue une montée en puissance dans le parti et en devient, de fait, le numéro 2. Le parti, épuré de ses contestataires et restructuré, est en ordre de marche pour affronter les élections municipales de mars 1989.

La reconquête

Cependant, ce type d'élections organisées dans plus de 36000 communes exige un vivier considérable de candidats. Or le FN, parti jeune et extrémiste, a du mal à attirer des candidats sur ses listes — particulièrement dans les petites communes. Le parti a même recours aux petites annonces pour trouver des candidats. Il décide d'investir avant tout le terrain urbain et choisit de ne pas se compter dans l'immense majorité des communes moyennes et petites. Présentes dans 214 des 390 villes de plus de 20 000 habitants, les listes frontistes y rassemblent 10,1 % des suffrages exprimés. Par rapport aux municipales de 1983, la poussée est considérable (+ 9,6 %), mais reflète la quasi-absence de candidatures aux précédentes municipales. La réussite électorale est évidente dans les villes situées à l'est de la ligne Le Havre-Valence-Toulouse. A Dreux, Sevran, Mulhouse, Perpignan, Toulon, Antibes et Cagnes-sur-Mer, les listes du FN dépassent 20 % des suffrages exprimés. Il peut se maintenir au second tour dans trente villes et quinze secteurs de Paris, Lyon, Marseille. Sa capacité de blocage n'est pas négligeable et, le 15 mars, devant l'irréductibilité de l'UDF et du RPR, Jean-Marie Le Pen constate : « Les alliances que j'ai préconisées au RPR et à l'UDF ont été repoussées et les électeurs du FN méprisés. » La consigne pour le second tour est frappée au coin de la vengeance : « S'ils vous méprisent, méprisez-les ! » Le FN se maintient partout où il a atteint la barre des 10 % des suffrages exprimés et appelle ailleurs à l'abstention. L'extrême droite joue gros en entrant pour la première fois en conflit ouvert et généralisé avec la droite classique. Globalement, les listes du FN maintiennent peu ou prou leurs scores, et même parfois les accroissent : c'est le cas à Nice, Sevran, Perpignan ou Toulon. Dans de nombreuses villes, le maintien du FN contribue à l'échec des maires sortants de la droite classique : ainsi à Avignon, Strasbourg, Salon-de-Provence, Tourcoing et Maubeuge. L'extrême droite est une minorité de blocage. Seule, la formation extrémiste n'a pas de vocation majoritaire ; alliée, elle effraie suffisamment d'électeurs de droite modérée pour faire perdre celle-ci. Ces élections de mars 1989 montrent que la réduction électorale de l'extrême droite reste un impératif pour la droite classique, mais que le chemin de la reconquête n'est qu'à peine dessiné. Quelques mois plus tard, lors du renouvellement électoral de l'Assemblée européenne de Strasbourg, la liste du FN, avec 11,8 % des suffrages exprimés, retrouve peu ou prou son niveau de 1984 (11 %). Cette identité de niveaux recouvre une identité de structures qui témoigne de l'implantation profonde du phénomène lepéniste. Bastions et zones de faiblesse de 1984 se retrouvent en 1989. Cependant, on assiste à l'ébauche d'un mouvement de nationalisation de l'implantation géographique du FN. L'essentiel des départements où il augmente sensiblement ses scores par rapport à 1984 sont situés en Midi-Pyrénées, en Aquitaine et en Limousin. L'écart existant entre ses zones de force et ses terres de mission tend ainsi à diminuer. Ce mouvement de nationalisation géographique s'accompagne d'une relative homogénéisation sociologique de l'électorat. Certaines clientèles jusqu'alors réticentes (les femmes, les personnes âgées, les catholiques pratiquants) font davantage taire leurs préventions. Néanmoins, par rapport aux espérances de son leader, qui comptait dépasser son score présidentiel (14,4 %), le FN, certes ancré dans la vie politique française, peut avoir l'impression de stagner. Surtout qu'après les élections européennes de juin 1989 s'ouvre une longue période sans élections.

Le retour du refoulé

Dès l'été 1989, le FN pallie la chute de tension électorale en multipliant les déclarations provocatrices. S'apprêtant à une « traversée du désert » de plus de deux ans, le FN se replie sur son appareil militant et sur le noyau dur de l'idéologie de l'extrême droite française : l'antisémitisme. En plein mois d'août, dans une interview au journal *Présent*, le président du FN dénonce le rôle « antinational » de l'« internationale juive » : « Ce n'est pas à des gens ayant votre formation politique que je vais apprendre quelles sont les forces qui visent à établir une idéologie mondialiste, réductrice, égalisatrice. Je pense à l'utilisation qui est faite des droits de l'homme de façon tout à fait erronée et abusive, mensongère : il y a la Maçonnerie. Je crois que la Trilatérale joue un rôle. Les grandes internationales, comme l'internationale juive, jouent un rôle non négligeable dans la création de cet esprit antinational. » Cette assimilation du Juif, en compagnie de la trilatérale et de la franc-maçonnerie, à l'« anti-France » continue l'analyse que Charles Maurras développait au début du siècle quand il dénonçait la « confiscation » de la réalité du pouvoir par les « quatre États confédérés » : les Juifs, les métèques (c'est-à-dire les étrangers), les francs-maçons et les protestants. En septembre, l'antisémitisme euphémique de Jean-Marie Le Pen laisse place à l'antisémitisme sauvage et débridé du député européen du FN, Claude Autant-Lara, qui déclare dans une interview : « Bon, alors quand on me parle de génocide, je dis : en tout cas, ils ont raté la mère Veil. [...] Je suis au FN car c'est malheureusement le seul parti qui fasse un peu de travail de défense de la France, de la francité et de la culture nationale. [...] La gauche actuelle étant dominée par la juiverie cinématographique internationale, par le cosmopolitisme et par l'internationalisme [...]. Quand on regarde les choses d'un peu près, on voit bien qu'on est bourré d'histoires, de mensonges... Auschwitz... le génocide, on n'en sait trop rien. Le prétendu génocide... » Ce retour en force des vieux démons de l'extrême droite française provoque des remous : plusieurs cadres et élus du FN quittent le parti, la popularité de Jean-Marie Le Pen et de sa formation connaît une forte érosion. Le FN court le risque de la marginalisation.

L'affaire du « foulard »

Et pourtant l'actualité va réintroduire le FN au cœur de la vie politique. A l'automne 1989, un débat national inattendu éclate autour des foulards islamiques qui ornent les têtes de trois élèves musulmanes d'un collège de Creil. Tous les partis traditionnels, les intellectuels, les autorités morales croient avoir affaire à une « vraie question » et se déchirent pendant des semaines sur la nature de la « bonne réponse » à y apporter. La réponse, c'est le moins que l'on puisse dire, est confuse, et c'est le leader du FN qui, sans hausser le ton, engrange les dividendes politiques de cette affaire. L'épisode du foulard a remis au centre du débat politique le thème d'élection de l'extrême droite : l'immigration et les problèmes d'intégration de celle-ci dans la communauté nationale. La dynamique du FN redémarre avec vigueur et, le 26 novembre, dans deux élections législatives partielles, à Marseille et à Dreux, les candidates du FN, Marie-Claude Roussel et Marie-France Stirbois, obtiennent 33,04 % et 42,49 % des suffrages exprimés. Au second tour, la première est battue d'une courte tête (47,18 %) et la seconde triomphalement élue avec 61,3 % des voix. Jean-Marie Le Pen exulte et demande la dissolution de l'Assemblée nationale et un référendum sur l'immigration. Le FN, qui a fait ses preuves en emportant un siège de député dans le cadre du mode de scrutin majoritaire à deux tours et sans alliance, se sent pousser des ailes. Les élections partielles locales montrent, dimanche après dimanche, un FN à la hausse. Pour Bruno Megret, cette nouvelle situation inaugure une deuxième étape pour le FN.

Le rêve de la conquête du pouvoir

Après la première période de l'émergence, de l'implantation et de l'enracinement du FN, s'ouvre une seconde période, celle de la « conquête progressive du pouvoir ». Dans un article de *Présent* du 9 mars 1990, on expose les quatre atouts du FN : les mutations idéologiques et politiques, qui voient la question économique et sociale, structurant la vie politique entre PC-PS et RPR-UDF, laisser la place au « vrai » clivage de l'identité nationale qui sépare « les partisans d'une société cosmopolite de ceux d'une France française » et oppose clairement le PS au FN,

« le parti de l'étranger au parti de la France » ; la montée du sentiment national, qui se manifeste à l'est de l'Europe ; le mouvement d'immigration, qui entrerait dans une phase de « colonisation à rebours » ; le déclin des partis de l'« Établissement ». Du 30 mars au 1er avril, les 1 600 délégués du FN se réunissent en congrès à Nice, afin d'affirmer leur « stratégie de prendre au plus vite les responsabilités du pouvoir dans notre pays afin d'engager la grande entreprise de renaissance sans laquelle la France peut disparaître ». Considérant qu'il n'y a plus d'espace politique entre le FN et le PS, la formation d'extrême droite veut entreprendre la conquête de l'hégémonie sur la droite française qui lui ouvrira, à terme, les portes du pouvoir.

L'analyse du FN semble rencontrer un écho immédiat dans la réalité politique et sociale. Il connaît un véritable envol de ses intentions de vote législatives : début mai, il est crédité, selon l'enquête BVA-*Paris-Match*, de 18 %. Au courant de fond qui s'inquiète de l'immigration et qui est sans cesse réactivé par les états généraux du RPR et de l'UDF sur l'immigration (30 mars-1er avril), les débats sur la loi Gayssot, le projet d'une table ronde sur l'immigration lancé par le gouvernement Rocard, s'ajoutent, en avril et mai 1990, le non-lieu accusateur rendu par la commission d'instruction de la Haute Cour de justice dans l'affaire Nucci, puis la loi d'amnistie des délits politico-financiers. Le vieil antiparlementarisme de l'extrême droite a enfin trouvé des ennemis à sa mesure. Il peut se réveiller, et rencontre un large écho dans l'opinion publique. Dans un sondage Sofres-*Le Figaro*, réalisé en mai 1990, 46 % des personnes interrogées déclarent que les dirigeants politiques de notre pays sont plutôt corrompus (contre 40 % qui les trouvent plutôt honnêtes). Cette opinion est surtout partagée par les sympathisants du FN (70 %), les jeunes et les ouvriers (56 %). On a bien l'impression qu'en cette première moitié de l'année 1990, à la protestation sociale qui nourrit continûment le FN, se sont ajoutés les effets d'une logique politique, celle du rejet croissant d'un système entamé par les scandales financiers, les fausses factures et les vraies amnisties. La crise du politique a rejoint la crise de société. L'extrême droite est au pinacle.

Les épreuves de Carpentras et du Golfe

C'est alors qu'éclate l'affaire de Carpentras. Le sinistre viol de sépultures du plus vieux cimetière juif de France entraîne une forte mobilisation antiraciste. Malgré ses protestations, le FN est emporté dans la tourmente. Accusé d'avoir créé un climat favorable à ce type d'actes antisémites, il est sanctionné, et la popularité du parti et de son leader s'effondre. Mais l'enquête s'enlisant, le traumatisme s'éloignant, la formation de Jean-Marie Le Pen reprend sa progression dès le début de l'été. Les événements même les plus « lourds » ne semblent qu'enrayer la progression du FN sans pouvoir la contrarier. Les événements et surtout leur souvenir passent, les effets structurels des crises sociales et politiques demeurent. L'érosion du FN consécutive à la prise de position, début août 1990, de Jean-Marie Le Pen sur l'invasion du Koweït en est encore une preuve. A l'automne 1990, le FN est de nouveau à la hausse. Ce rebondissement est d'autant moins surprenant que nombre d'éléments constitutifs du malaise social et politique non seulement perdurent, mais s'aggravent. Sur le terrain social, les émeutes urbaines de Vaulx-en-Velin et l'agitation endémique de nombreuses banlieues font découvrir, sous le visage lisse de la France qui gagne, certains comportements erratiques d'une France qui perd. Sur le terrain politique, la crise s'approfondit. Le PS ne parvient pas à liquider les contentieux et les rancœurs du désastreux congrès de Rennes de mars 1990, la droite classique se déchire sur la procédure d'éventuelles élections primaires pour la prochaine élection présidentielle et voit s'éloigner ses rénovateurs (Michèle Barzach et Michel Noir). Les Français désespèrent du politique : 45 % considèrent que la démocratie ne fonctionne pas très bien ou pas bien du tout, 55 % disent qu'en règle générale les élus et les dirigeants politiques sont plutôt corrompus (sondage SOFRES, novembre 1990). C'est dans l'électorat du FN que la protestation bat des records. La gestion électorale des désillusions politiques et des inquiétudes sociales est un fonds de commerce prospère. Quotidiennement, les dirigeants du FN dénoncent les « bandes ethniques », la « guérilla urbaine » et la « République des minables ». Fin octobre, dans *National-Hebdo*, François Brigneau considère que la Troisième Guerre mondiale ne viendra pas du Moyen-Orient mais de la révolte des « banlieues fétides » : « Est-ce à dire que la Troisième Guerre mondiale s'approche ? Ce n'est pas impossible. Les émeutes qui ont ravagé la région lyonnaise et les flambées de violence qui s'allument ici et là sont les signes avant-coureurs d'événements graves [...]. Ce ne sera pas la guerre classique que nous avons connue, avec soldats en uniforme, avions et chars. Ce sera la guérilla totale et permanente, l'insécurité organisée, les rues et les quartiers ouverts aux égorgeurs, les maisons abandonnées aux incendiaires, le combat par-derrière, obscur, acharné, dans la nuit [...]. Il n'y a plus de respect, de politesse, de discipline. Le fleuve de boue humaine roule sur les salles de classe, sous les tilleuls de la cour et le préau... Il va rejoindre celui qui se prépare dans les banlieues fétides, déjà interdites aux hommes blancs. Gardez-vous, braves gens. La barbarie commence seulement. » Dans un contexte d'épuisement idéologique et de vacuité de la pensée politique, des citoyens déboussolés se laissent séduire par ce genre de discours apocalyptique. Le FN instille peu à peu une certaine vision du monde opposant le valeureux clan des « nationaux » à l'obscur et manœuvrier camp des « cosmopolites ». Cosmopolites que la démonologie du FN débusque partout, dans le cadre national avec les immigrés et les différents « lobbies cosmopolites et droit-de-l'hommistes » peuplant les médias, la politique et la culture ; sur le plan européen avec « la technocratie apatride » de Bruxelles ; enfin au niveau mondial avec « les grandes internationales » et ce proto-gouvernement mondial qu'est l'ONU. Le conflit du Golfe est l'occasion d'activer cette démonologie où une société onusienne apatride, appuyée sur une armée américaine cosmopolite et manipulée par

« l'internationale juive », s'attaque à une nation historique et multi-séculaire : l'Irak. Dans d'étonnantes « réflexions sur l'armée américaine et ses buts de guerre dans le Golfe », Jean-Yves Le Gallou écrit dans *Présent* (10-11 septembre 1990) : « Si derrière la crise il y a les intérêts pétroliers anglo-saxons, il y a aussi les intérêts de l'État d'Israël [...] il y a dans la crise du Golfe la mise en œuvre d'un projet politique mondial. Ce que nous voyons se construire sous nos yeux est prodigieux. C'est la consécration provisoire de deux rêves : le gouvernement mondial et la fin de l'histoire [...]. Bras armé du gouvernement mondial, l'armée américaine est à l'image de ce gouvernement : cosmopolite, multiracial et à certains égards multiculturel. [...] Cette armée multiraciale d'un gouvernement mondial poursuit un objectif : la fin de l'histoire [...] je comprends la gêne que doivent éprouver, compte tenu de ce qu'ils sont, les Saoudiens au spectacle de l'armée américaine : une armée de Noirs, une armée de femmes, une armée d'hommes et de femmes qui boivent du Coca-Cola, une armée où les chrétiens pratiquent leur culte dans le pays de La Mecque, une armée où des Juifs, pourtant interdits d'entrée en Arabie Saoudite, sont présents, ne peut manquer de heurter en profondeur tout ce qui fait l'identité actuelle du régime saoudien ». Dans ce texte où exulte la haine de l'Autre, que celui-ci soit l'autre sexe, l'autre culture, l'autre race, on est au cœur de l'immense machine à exclure qu'est le FN. Dans une France qui cherche à intégrer ses immigrés, à entrer de plain-pied dans l'Europe de 1993 et à participer à part entière à la société onusienne, le discours du FN ressuscite toute une série de vieux mythes politiques : celui de l'âge d'or d'une « France pure et homogène », celui de la conspiration de puissances occultes, celui du Sauveur[16]. Ces mythes, quel que soit leur caractère réducteur, rencontrent un large écho dans la mesure où ils sont autant d'écrans sur lesquels certains groupes de citoyens projettent leurs angoisses collectives. Le contexte de la guerre du Golfe

16. Voir Raoul Girardet, *Mythes et Mythologies politiques*, Paris, Éd. du Seuil, 1986.

qui se déclenche le 16 janvier 1991 permet d'attiser ces peurs. Deux jours après l'entrée en guerre, Bruno Megret parle « de la 5e colonne constituée d'une partie de la population immigrée » qui « a clairement fait savoir [...] qu'elle ne resterait pas inactive ». La brièveté du conflit armé – qui se termine, le 28 février, sur une victoire des forces de l'ONU – et le calme civique des immigrés musulmans en France ne permettent pas d'accorder crédit aux prévisions des prophètes de malheur du FN. En avril 1991, la popularité du FN est au plus bas. Le vieux discours de la réaction ultra fait retour et la nostalgie de l'avant-1789 parle haut et fort. Dans un article de *Présent*, le 26 avril 1991, Yvan Blot dénonce la « gnose rationaliste révolutionnaire » en ces termes : « Avec la philosophie des Lumières et sa déification de la Raison, qui prit un aspect bénin mais chronique aux États-Unis et un aspect virulent en France avec la Révolution française et le jacobinisme, l'ennemi principal de l'orthodoxie, du respect du monde et de son ordre naturel, est devenu la gnose rationaliste. [...] La gnose rationaliste a dominé l'Europe pendant un bicentenaire. Les variantes les plus radicales furent le jacobinisme de la Terreur et le bolchevisme soviétique. Depuis lors, le reflux du marxisme a provoqué un retour à la forme primitive de la gnose rationaliste, celle du cosmopolitisme de la fin du XVIIIe siècle. Ce n'est pas un hasard si un idéologue du mitterrandisme comme monsieur Robert Badinter se réclame de Condorcet et si monsieur Jack Lang fait l'éloge de l'abbé Grégoire. L'antiracisme totalitaire, qui a acquis le statut d'idéologie officielle du régime de démocratie confisquée dans lequel nous vivons, est une variante de ce rationalisme gnostique : pour cette doctrine le racisme est le mal absolu. [...] C'est le grand mérite de Jean-Marie Le Pen d'offrir les conditions de cette grande alternance politique. Après deux siècles de domination des idéaux révolutionnaires, il est temps de retrouver le bon sens de l'orthodoxie tel qu'il a été cultivé par la pensée baroque, à l'époque du Grand Siècle français ». Dans son souvenir ému du « bon temps » pré-révolutionnaire, le FN semble bien loin de l'actualité sociale et politique.

Le redémarrage

Cependant, comme toujours, la pérennité des problèmes sociaux et politiques qui nourrissent le FN ainsi que les erreurs tactiques de ses adversaires vont rapidement le remettre en selle. L'agitation endémique des banlieues redémarre et, fin mars, Sartrouville est le lieu d'une véritable émeute. Les « affaires » qui secouent le monde politique ne cessent de rebondir et d'accentuer la crise de confiance entre les Français et leurs représentants. Enfin, les grandes forces politiques, toutes tendances confondues, remettent au cœur du débat politique le thème de l'immigration et font ainsi la courte échelle à un Jean-Marie Le Pen qui avait du mal, après sa « parenthèse irakienne », à revenir dans le jeu. C'est le président du RPR et ancien Premier ministre, Jacques Chirac, qui inaugure la série, en parlant, le 19 juin à Orléans, de l'« overdose » d'immigration et en évoquant « le travailleur qui habite à la Goutte-d'Or, qui travaille avec sa femme pour gagner environ 15000 francs et qui voit, sur son palier d'HLM, une famille entassée avec le père, trois ou quatre épouses et une vingtaine de gosses, qui touche 50000 francs de prestations sociales sans naturellement travailler. Si vous ajoutez à cela le bruit et l'odeur, le travailleur français, sur le palier, il devient fou ». Quelques semaines plus tard, le 8 juillet, c'est le nouveau Premier ministre socialiste, Édith Cresson, qui dénonce les « bavardages » de la « classe intellectualo-médiatique » et parle du recours aux « charters » pour expulser les immigrés en situation irrégulière. Enfin, le 21 septembre, l'ancien président de la République, Valéry Giscard d'Estaing, déplore, dans un long article du *Figaro-Magazine*, le « risque d'" invasion " » de la France et propose le recours au « droit du sang » pour l'acquisition de la nationalité française. Les dirigeants du FN jubilent et, en septembre, Bruno Megret constate avec gourmandise que « c'est selon le champ de force créé par le FN que s'orientent toutes les particules de la vie politique [...], c'est désormais le FN qui domine le débat public [...]. Certes il ne s'agit encore que d'une victoire idéologique mais chacun sait que les victoires électorales sont toujours précédées par les points marqués sur le terrain des idées ». Cette analyse trouve un écho rapide dans l'opinion : l'enquête SOFRES-*Le Monde* d'octobre 1991 sur l'« image du FN auprès des Français » montre que l'influence des idées de Jean-Marie Le Pen n'a jamais été aussi forte. 32 % des personnes interrogées répondent qu'elles sont d'accord avec les idées défendues par Jean-Marie Le Pen ; ils n'étaient que 18 % en septembre 1990, 17 % en mai 1989, 16 % en décembre 1988. Cette très forte poussée de l'influence idéologique est particulièrement sensible dans les couches populaires et chez les sympathisants du RPR (de 1988 à 1991, la poussée est de + 20 % chez les ouvriers, + 25 % chez les employés et + 25 % chez les proches du RPR). La pré-campagne des élections régionales et cantonales de mars 1992 s'ouvre sous « influence lepéniste ». Le FN sent qu'il a le vent en poupe et place très haut la barre de ses ambitions. Il s'agit pour lui de sortir de l'espace des 10-15 % des voix pour entrer dans celui des 15-20 %, de rendre le RPR et l'UDF dépendants du FN pour la gestion des régions dont ils assurent la présidence, de conquérir la présidence de la région Provence-Alpes-Côte d'Azur et d'entrer en masse dans les conseils généraux. Début février 1992, Bruno Megret s'emporte dans *Présent* : « Plus rien n'est figé, plus rien n'est stabilisé, tout est mouvant et donc tout est possible. » La campagne électorale tourne autour du FN, et le PS, à la recherche d'un moyen pour pallier son épuisement idéologique, renforce le mouvement en voulant réveiller les vieux réflexes antifascistes. La mobilisation idéologique autour du FN a suscité une contre-mobilisation d'ampleur, particulièrement dans la fraction la plus jeune et la plus radicale de l'électorat de gauche. Au soir des élections régionales du 22 mars 1992, les listes du FN rassemblent 13,5 % des suffrages, contre 9,5 % six ans plus tôt. Jamais, dans une élection locale, le FN n'avait atteint un tel score. La formation d'extrême droite étend son influence à l'ensemble du territoire : les départements où il recueille moins de 10 % des suffrages exprimés ne sont plus que 29, ils étaient au nombre de 66 en 1986. Bien qu'il renforce son implantation électorale et « nationalise » son influence, le FN n'apparaît cependant pas comme un grand vainqueur de ces élections. Il est victime de ses ambitions, qui ont toutes été déçues : il ne parvient pas à dépasser le seuil des 15 % qui l'aurait fait rentrer dans la « cour des grands partis », le RPR et l'UDF se sont passés de lui pour garder les régions qu'ils contrôlaient, et Jean-Marie Le Pen a échoué dans son entreprise de devenir la première force en Provence-Alpes-Côte d'Azur. Le FN et son leader sont victimes de leur manque de crédibilité. Deux Français sur trois considèrent que « le FN et Jean-Marie Le Pen sont un danger pour la France », trois sur quatre jugent que « le FN n'est pas capable de gouverner la France » ou encore ne souhaitent pas que « Jean-Marie Le Pen devienne ministre si la droite revient au pouvoir » (enquête SOFRES, octobre 1991). Le FN et son chef n'ont pas l'image de parti et d'homme de pouvoir et sont utilisés avant tout comme vecteurs de protestation. C'est le refus des autres forces politiques, tout autant que l'adhésion à celle qu'ils ont choisie, qui motive les électeurs du FN : alors que 56 % des électeurs des régionales disent qu'en votant ils ont voulu « manifester leur adhésion à la liste qu'ils avaient choisie » (contre 36 % qui disent avoir voulu signifier « leur refus des autres listes »), ils ne sont plus que 45 % dans l'électorat du FN (contre 45 % dont la motivation essentielle est le refus des autres).

*
**

Jusqu'à présent, dans les démocraties occidentales, la fédération de mécontentements hétéroclites et de rejets en tout genre n'a jamais suffi pour acquérir une vocation gouvernementale. Mais une telle fédération peut épisodiquement perturber le climat politique et social. La poussée, à la fin de l'été 1992, des intentions de vote négatives au référendum de ratification du traité sur l'Union européenne atteste ce mouvement de « politisation négative » qui secoue nombre de pays occidentaux et renforce les forces protestataires et populistes. Les ligues en Italie, le parti libéral de Jorg Haider en Autriche, le Vlaams Blok en pays flamand, l'extrême droite et les poussées racistes en Allemagne, le Front national en France en sont les principaux témoins en Europe occidentale. La fin de siècle nous laisse découvrir dans les démocraties occidentales un paysage politique inédit. Alors qu'au tournant des années soixante et soixante-dix toute une série de mouvements sociaux avaient remis en cause la hiérarchie sociale, revendiqué plus d'égalité, cherché à dépasser les frontières, défendu les droits des minorités et réclamé une redistribution du pouvoir, les années quatre-vingt et quatre-vingt-dix sont celles de forces porteuses d'une vision inégalitaire de la société, d'un repli national, d'une volonté d'exclusion des minorités et d'un pouvoir fort. Nombre d'observateurs considéraient que les sociétés post-industrielles étaient soumises à un processus de « révolution silencieuse » qui accouchait peu à peu d'une « nouvelle politique », faite de nouvelles modalités de participation fondées sur la démocratie et l'intervention directe, de nouveaux enjeux tels l'égalité des sexes, la qualité de la vie, la défense de l'environnement, le respect des périphéries régionales ou encore l'autonomie politique. Les nouvelles générations, élevées dans l'abondance et la sécurité de l'après-guerre, porteuses de valeurs post-matérialistes (liberté d'expression, indépendance vis-à-vis des appareils, importance du qualitatif...), faisaient leur entrée en politique en soutenant les nouveaux mouvements sociaux : mobilisations étudiantes, mouvements de défense des droits civiques, courants féministes, mouvements pour le désarmement et organisations écologistes. La naissance des mouvements écologistes, l'émergence d'une nouvelle gauche, la crise des grands partis traditionnels ont été autant de symptômes de cette « nouvelle politique post-matérialiste ». Cependant, la montée ou la résurgence de courants autoritaires et nationalistes se sont inscrites en faux contre cette évolution. Ce retour d'une « vieille politique » qui charrie les antiennes de l'ordre, de la hiérarchie, de l'intolérance et de l'exclusion peut être interprété différemment. Pour certains, tel Samuel Huntington, le passage de la société industrielle à la société post-industrielle engendre de multiples tensions : conflits entre forces sociales montantes et déclinantes, affrontement entre gouvernements et *mass media,* développement d'une participation politique qui refuse les canaux classiques de la démocratie représentative, prévalence des valeurs politiques oppositionnelles, discordances entre les multiples demandes adressées au pouvoir central... [17]. Cette accumulation de tensions sécrète une demande d'autorité et de hiérarchie qui peut donner une seconde jeunesse à de vieilles formules politiques. Samuel Huntington laisse même entendre que la politique peut être, à l'avenir, la « face sombre » des sociétés post-industrielles. D'autres analystes, comme Ronald Inglehart, considèrent que la poussée de national-populisme n'est qu'une réaction épisodique de certaines couches populaires à la montée en puissance des enjeux post-matérialistes : « Quand les enjeux post-matérialistes (tels que l'environnement, le mouvement des femmes, le désarmement unilatéral, l'opposition au nucléaire) deviennent centraux, ils peuvent stimuler en contrepartie une réaction dans laquelle une partie de la classe ouvrière se rapproche de la droite, pour réaffirmer l'insistance matérialiste traditionnelle sur la croissance économique, la sécurité militaire et l'ordre intérieur [18]. » Enfin, certains analystes, comme Scott Flanagan [19] ou Piero Ignazi [20], considèrent que cette extrême droite de fin de siècle est l'enfant légitime et non désiré de la « nouvelle politique » des sociétés post-industrielles. La « révolution silencieuse » post-matérialiste a été accompagnée d'une « contre-révolution silencieuse » qui, face au pôle « libertaire » de la « nouvelle politique », a créé un

17. Samuel Huntington, « Post-Industrial Politics : How Benign will it Be ? », *Comparative Politics*, 6, janv. 1974.
18. Ronald Inglehart, « Value Change in Industrial Societies », *American Political Science Review*, vol. 81, n° 4, déc. 1987.
19. Scott Flanagan, « Réponse à R. Inglehart », *ibid.*
20. Piero Ignazi, « The Silent Counter-Revolution », *European Journal of Political Research*, n° 22, juill. 1992.

pôle autoritaire. Les préoccupations de « la loi et de l'ordre », le respect rigide de l'autorité, l'intolérance pour les minorités, l'attachement aux coutumes et aux valeurs morales et religieuses traditionnelles ont fait retour. D'une certaine manière, à la « nouvelle gauche » et aux nouveaux mouvements sociaux des années soixante-dix, ont succédé la « nouvelle droite » et les mouvements identitaires des années quatre-vingt et quatre-vingt-dix. Si l'extrême droite française est résurgence d'un vieux courant historique assoupi, elle est aussi invention politique d'une société post-industrielle abandonnant les clivages matérialistes et séculaires de la société industrielle et découvrant le versant autoritaire des valeurs post-matérialistes.

Pascal Perrineau

Conclusion

Quand nous prenons du recul par rapport à cette histoire de l'extrême droite, nous observons à la fois la régularité de ses résurgences et les limites de ses moyens. Vichy mis à part, qui fut rendu possible par les circonstances exceptionnelles de la défaite, la tradition contre-révolutionnaire et les divers avatars du national-populisme (pour ne pas parler du fascisme pur et dur) n'ont jamais réussi à imposer leurs lois à la vie politique française.

Bien des éléments pourtant auraient pu faciliter leurs ambitions : la densité et la longévité de couches sociales « indépendantes » — petits commerçants et artisans ; un esprit cocardier sensible aux flatteries chauvines ; une mentalité « petit Blanc » que l'histoire coloniale a fortifiée ; un esprit de revanche datant de 1789 et ranimé par toutes les victoires du camp libéral-républicain ; la puissance durable d'un parti communiste, à partir de 1935-1936, suscitant la peur sociale ou justifiant les mobilisations « pour l'Occident chrétien » ; un certain goût pour les hommes providentiels ; et de surcroît les figures successives d'une modernité menaçante. Il faut admettre que la société française, si prompte à nourrir les archaïsmes sentimentaux et les mirages rassembleurs, recèle des contre-poisons efficaces. De quoi sont-ils faits ?

La réponse n'est pas si simple. On évoquera d'abord, sans doute, les heureux effets de la « synthèse républicaine » — selon l'expression de Stanley Hoffmann —, qui ont prédisposé les mentalités françaises à la résistance. Se savoir du pays de la

Déclaration des droits de l'homme et du citoyen n'est pas une simple formule pour fin de banquet électoral. Les citoyens de ce pays ont appris, notamment par l'école, quelques solides principes à opposer à toutes les idéologies réactionnaires. Qui, parmi nous, n'a pas entendu, sur un marché, dans le métro, ou sur les bancs d'un stade, ce cliché dont on peut sourire mais qui en dit long sur la culture populaire : « On est tout de même en République ! » ?

L'esprit républicain a eu le mérite de fusionner l'idéal démocratique, l'éthique universaliste et la fierté patriotique. Dès les années boulangistes, le réflexe de « défense républicaine » est devenu familier aux Français. A cette époque, les socialistes révolutionnaires n'hésitent pas à s'allier aux « bourgeois » pour damer le pion au nouveau César. Le césarisme redevenu menaçant lors de l'affaire Dreyfus, on voit se former une large coalition, allant des jaurésiens aux républicains modérés, pour faire pièce aux adeptes du coup d'État nationaliste. Plus tard, la journée du 6 février 1934 révèle non seulement la révolte des classes moyennes de la capitale, mais tout autant le refus des départements de se laisser entraîner dans l'aventure antiparlementariste. Les élections de 1936 démontrent qu'à côté des municipalités ouvrières, donnant massivement leurs voix au Front populaire, la majeure partie des classes moyennes, partageant leurs suffrages entre radicaux et droite modérée, n'entendent nullement imiter les Italiens et les Allemands sous la dictature.

Le général de Gaulle eut beau, par la suite, enterrer la Quatrième République, sous les acclamations des défenseurs de l'Algérie française et des officiers dissidents, ce fut lui néanmoins qui assuma à ses risques et périls l'achèvement de la nécessaire décolonisation, avec l'approbation de 90 % de ses compatriotes, et qui engagea résolument le pays dans la voie de la modernisation.

La résistance à l'extrême droite a été aussi le fait durable, structurel, organique, d'un appareil d'État — pris au sens large du mot — qui ne montra jamais les faiblesses observables en de nombreux pays face aux agitateurs. L'ancienneté d'une administration centralisée, la formation intellectuelle et morale des hauts fonctionnaires en général, l'obéissance de la police et de l'armée à l'impératif de subordination au pouvoir politique (malgré les exceptions entre 1956 et 1961), bref, la « républicanisation » précoce des grands corps et des petits chefs, ont été de puissants obstacles aux essais de subversion.

Le catholicisme lui-même présente un cas intéressant. Longtemps, il alimenta le courant antilibéral, contre-révolutionnaire, antidémocratique ; les foules catholiques – notamment pendant l'affaire Dreyfus – offrirent souvent d'imposants bataillons aux adversaires de la République parlementaire, et même de la République tout court. Cependant, très tôt en France, des courants de catholicisme libéral, des mouvements démocrates-chrétiens ont œuvré dans le sens d'une réconciliation entre les « deux France », le pays catholique et le pays laïc. Le traditionalisme et l'intégrisme réveillé dans les années quatre-vingt ont sans doute hérité de l'enseignement contre-révolutionnaire du XIXe siècle, mais, bien plus largement, le catholicisme dominant semble avoir immunisé ses fidèles contre la xénophobie, le racisme et les autres formules d'exclusion de l'extrême droite. Tous les sondages d'opinion désignent en effet les catholiques pratiquants – dont une faible minorité seulement vote à gauche – comme le groupe le plus réfractaire au discours lepéniste. De sorte qu'à côté d'une gauche résolument « républicaine » coexiste aujourd'hui une droite catholique dans un système de valeurs qui ne sont plus comme jadis antithétiques.

Les progrès de l'extrême droite n'en sont pas moins manifestes depuis le début des années quatre-vingt. L'anomie urbaine, le chômage croissant, l'insécurité sociale et psychologique, les difficultés d'adaptation d'une éducation nationale à une explosion scolaire sans précédent, la dissolution progressive des grandes associations à vocation d'encadrement populaire (partis, syndicats, églises...), divers facteurs ont contribué à l'inquiétude dont les démagogues font leur fortune.

L'histoire, qui témoigne en faveur des facultés de résistance des Français aux dérives populistes, n'est jamais simple répétition : elle ne peut encourager au laisser-faire. La connaissance du passé permet de relativiser le danger ; elle peut aussi endormir les consciences sur le mol oreiller des pseudo-certitudes. Quand l'irréparable surgit, on se fait toujours fort d'en expliquer la nécessité – mais c'est après coup : la veille, personne ne s'y attendait.

Michel Winock

Orientation bibliographique

Algazy (Joseph), *La Tentation néo-fasciste en France (1944-1965)*, Paris, Fayard, 1984.
– *L'Extrême Droite de 1965 à 1984*, Paris, L'Harmattan, 1989.
Angenot (Marc), *Ce que l'on dit des juifs en 1889. Antisémitisme et discours social*, Saint-Denis, Presses universitaires de Vincennes, coll. « Culture et société », 1989.
Arnal (Oliver L.), *Ambivalent Alliance. The Catholic Church and the Action française*, Pittsburgh, University of Pittsburgh Press, 1985.
Azéma (Jean-Pierre), *La Collaboration, 1940-1944*, Paris, PUF, 1975.
– *De Munich à la Libération (1938-1944)*, Paris, Éd. du Seuil, coll. « Nouvelle histoire de la France contemporaine », 1979.
– *1940, l'année terrible*, Paris, Éd. du Seuil, coll. « XXe siècle », 1990.
Balvet (Marie), *Itinéraire d'un intellectuel vers le fascisme : Drieu La Rochelle*, Paris, PUF, 1984.
Bénichou (Paul), *Le Sacre de l'écrivain, 1750-1830*, Paris, José Corti, 1985.
Berstein (Serge), *Le 6 février 1934*, Paris, Gallimard-Julliard, coll. « Archives », 1975.
– et Rudelle (Odile), *Le Modèle républicain*, Paris, PUF, coll. « Politique d'aujourd'hui », 1992.
Birenbaum (Guy), *Le Front national en politique*, Paris, Balland, 1992.
Birnbaum (Pierre), *Le Peuple et les Gros. Histoire d'un mythe*, Paris, Pluriel, 1984.
– *Un mythe politique. La République juive, de Léon Blum à Mendès France*, Paris, Fayard, 1988.
– *Les Fous de la République. Histoire des Juifs d'État de Gambetta à Vichy*, Paris, Fayard, 1992.
Boffa (Massimo), Furet (François) et Ozouf (Mona), « Figures et légendes de la Contre-Révolution », *Le Débat*, n° 39, mars-mai 1986.

Borne (Dominique), *Petits-Bourgeois en révolte ? Le mouvement Poujade*, Paris, Flammarion, 1977

Bourricaud (François), *Le Retour de la droite*, Paris, Calmann-Lévy, 1986.

Bourseiller (Christophe), *Les Ennemis du système*, Paris, Laffont, 1989.

Brunet (Jean-Paul), *Jacques Doriot*, Paris, Balland, 1986.

Burns (Michael), *Rural Society and French Politics. Boulangism and the Dreyfus Affair, 1886-1900*, Princeton, Princeton University Press, 1984.

Burrin (Philippe), *La Dérive fasciste : Doriot, Déat, Bergery. 1933-1945*, Paris, Éd. du Seuil, coll. « Univers historique », 1986.

Byrnes (Robert F.), *Antisemitism in Modern France*, New Brunswick, Rutgers University Press, 1950.

Camus (Jean-Yves) et Monzat (René), *Les Droites nationales et radicales en France*, Lyon, Presses universitaires de Lyon, 1992.

Capitan-Peter (Colette), *Charles Maurras et l'Idéologie d'Action française*, Paris, Éd. du Seuil, 1972 (épuisé).

Chebel d'Appollonia (Ariane), *L'Extrême Droite en France. De Maurras à Le Pen*, Bruxelles, Complexe, 1988.

Chevalier (Yves), *L'Antisémitisme*, Paris, Cerf, 1988.

Chiroux (René), *L'Extrême Droite sous la Ve République*, Paris, Librairie générale de droit et de jurisprudence, 1974.

Comte (Bernard), *Une utopie combattante. L'École des cadres d'Uriage, 1940-1942*, Paris, Fayard, 1991.

Delperrie de Bayac (Jacques), *Histoire de la Milice*, Paris, Fayard, 1969.

Deniel (Alain), *Bucard et le Francisme,* Paris, Jean Picollec, 1991.

Deutsch (Émeric), Lindon (Denis) et Weill (Pierre), *Les Familles politiques aujourd'hui en France*, Paris, Éd. de Minuit, 1966.

Digeon (Claude), *La Crise allemande de la pensée française. 1870-1914*, Paris, PUF, 1959.

Dioudonnat (Pierre-Marie), *« Je suis partout ». 1930-1944. Les maurrassiens devant la tentation fasciste*, Paris, La Table ronde, 1973.

Dumont (Serge), *Les Brigades noires : l'extrême droite en France et en Belgique francophone de 1944 à nos jours*, Bruxelles, EPO, 1983.

Dumont (Serge), Lorien (Joseph) et Criton (Karl), *Le Système Le Pen*, Anvers, EPO, 1985.

Dupuy (Georges), *De la Révolution à la chouannerie*, Paris, Flammarion, 1988.

Durand (Yves), *Vichy. 1940-1944*, Paris, Bordas, 1972.

Duranton-Crabol (Anne-Marie), *Visages de la nouvelle droite. Le GRECE et son histoire*, Paris, Presses de la FNSP, 1988.

Duval (Jean-Maurice), *Le Faisceau de Georges Valois*, Paris, La Librairie française, 1979.

Fitch (Nancy), « Mass Culture, Mass Parliamentary. Politics and Modern Antisemitism : the Dreyfus Affair in Rural France », *American Historical Review*, févr. 1992.

Garrigues (Jean), *Le Général Boulanger*, Paris, Olivier Orban, 1991.

– *Le Boulangisme*, Paris, PUF, coll. « Que sais-je ? », 1992.

Gengembre (Gérard), *La Contre-Révolution ou l'Histoire désespérante*, Paris, Imago, 1989.

Gervereau (Laurent), Rioux (Jean-Pierre) et Stora (Benjamin) (dir.), *La France en guerre d'Algérie*, Paris, BDIC, 1992.

Girardet (Raoul), « Notes sur l'esprit d'un fascisme français, 1935-1940 », *Revue française de science politique*, juill.-sept. 1955.

– *La Crise militaire française (1945-1962)*, Paris, Armand Colin, 1964.

– *Le Nationalisme français*, Paris, Armand Colin, 1966 ; rééd. Éd. du Seuil, coll. « Points Histoire », 1983.

– *Mythes et Mythologies*, Paris, Éd. du Seuil, coll. « Univers historique », 1986, et coll. « Points Histoire », 1990.

Godechot (Jacques), *La Contre-Révolution, 1789-1804*, Paris, PUF, 1961, rééd. 1984.

Hamilton (Alstair), *L'Illusion fasciste. Les intellectuels et le fascisme, 1919-1945*, Paris, Gallimard, 1973.

L'Histoire, « La droite en France », n° 162 (numéro spécial), janv. 1993.

Hoffmann (Stanley), *Essais sur la France, déclin ou renouveau*, Paris, Éd. du Seuil, 1974.

Irvine (William), *The Boulanger Affair Reconsidered. Royalism, Boulangism and the Origins of the Radical Right in France*, New York, Oxford University Press, 1989.

Kleeblatt (Norman) (dir.), *The Dreyfus Affair. Art, Truth and Justice*, Berkeley, University of California Press, 1987.

Laborie (Pierre), *L'Opinion française sous Vichy*, Paris, Éd. du Seuil, coll. « Univers historique », 1990.

Lasierra (Raymond) et Plumyène (Jean), *Les Fascismes français (1923-1963)*, Paris, Éd. du Seuil, 1963 (épuisé).

Le Bras (Hervé), *Les Trois France*, Paris, Odile Jacob, 1986.

Levillain (Philippe), *Boulanger, fossoyeur de la monarchie*, Paris, Flammarion, 1982.

Loubet del Bayle (Jean-Louis), *Les Non-Conformistes des années 30. Une tentative de renouvellement de la pensée politique française*, Paris, Éd. du Seuil, 1969.

Machefer (Philippe), *Ligues et Fascismes en France, 1919-1939*, Paris, PUF, 1984.

Marqué (Jean-Noël), *Léon Daudet*, Paris, Fayard, 1971.

Marrus (Michael R.) et Paxton (Robert), *Vichy et les Juifs*, Paris, Calmann-Lévy, 1981.

Martin (Jean-Clément), *La Vendée et la France*, Paris, Éd. du Seuil, coll. « Univers historique », 1987.

Mayer (Nonna) et Perrineau (Pascal) (dir.), *Le Front national à découvert*, Paris, Presses de la FNSP, 1989.

Mayeur (Jean-Marie), « Les catholiques dreyfusards », *Revue historique,* avril-juin 1979.

Mazgaj (Paul), « The Origins of the French Radical Right : A Historiographical Essay », *French Historical Studies*, automne 1987.

Milza (Pierre), *L'Italie fasciste devant l'opinion française, 1920-1940*, Paris, Armand Colin, 1967.

— *Fascisme français. Passé et présent*, Paris, Flammarion, 1987.

Mollier (Jean-Yves), *Le Scandale de Panamá*, Paris, Fayard, 1991.

Monzat (René), *Enquêtes sur la droite extrême*, Paris, Le Monde Éditions, 1992.

Néré (Jacques), *Le Boulangisme et la Presse*, Paris, Armand Colin, 1964.

Nguyen (Victor), *Aux origines de l'Action française. Intelligence et politique à l'aube du XXe siècle*, Paris, Fayard, 1991.

Nora (Pierre), « Les deux apogées de l'Action française », *Les Annales*, janv.-févr. 1964.

Novick (Peter), *L'Épuration française (1944-1949)*, Paris, Balland, 1985 ; rééd. Éd. du Seuil, coll. « Points Histoire », 1991.

Ory (Pascal), *Les Collaborateurs*, Paris, Éd. du Seuil, 1977, et coll. « Points Histoire », 1980.

Paxton (Robert O.), *La France de Vichy, 1940-1944*, Paris, Éd. du Seuil, coll. « Points Histoire », 1974.

Petitfils (Jean-Christian), *L'Extrême Droite en France*, Paris, PUF, 1983.

Pierrard (Pierre), *Juifs et Catholiques français*, Paris, Fayard, 1970.

Poliakov (Léon), *La Causalité diabolique. Essai sur l'origine des persécutions*, Paris, Calmann-Lévy, 1980.

– *Histoire de l'antisémitisme*, t. I, *L'Age de la foi*, t. II, *L'Age de la science*, Paris, Calmann-Lévy, 1981 ; rééd. Éd. du Seuil, coll. « Points Histoire », 1991.

Poulat (Émile), *Intégrisme et Catholicisme intégral*, Tournai, Casterman, 1969.

Prost (Antoine), *Les Anciens Combattants et la Société française, 1914-1939*, t. I, *Histoire*, t. II, *Sociologie*, t. III, *Mentalités et Idéologies*, Paris, Presses de la FNSP, 1973.

Rémond (René), *Les Droites en France*, Paris, Aubier, 1982.

Rials (Stéphane), *Révolution et Contre-Révolution au XIX*^e^ *siècle*, Paris, DUC-Albatros, 1987.

Richard (François), *L'Anarchisme de droite dans la littérature contemporaine*, Paris, PUF, 1988.

Rioux (Jean-Pierre) *Nationalisme et Conservatisme. La Ligue de la patrie française, 1899-1904*, Paris, Beauchesne, 1977.

– (dir.), *La Guerre d'Algérie et les Français*, Paris, Fayard, 1990.

Rollat (Alain), *Les Hommes de l'extrême droite : Le Pen, Marie, Ortiz et les autres*, Paris, Calmann-Lévy, 1987.

– et Plenel (Edwy), *L'Effet Le Pen*, Paris, La Découverte-*Le Monde*, 1984.

– *La République menacée : Dix ans d'effet Le Pen, 1982-1992*, Paris, Le Monde Éditions, 1992.

Rousso (Henry), *Le Syndrome de Vichy de 1944 à nos jours*, Paris, Éd. du Seuil, coll. « XXe siècle », 1987, et rééd. coll. « Points Histoire », 1990.

Rudelle (Odile), *La République absolue. Aux origines de l'instabilité constitutionnelle de la France républicaine, 1870-1889*, Paris, Publications de la Sorbonne, 1982.

Rutkoff (Peter), *Revanche et Revision : The Ligue des patriotes and the Origins of the Radical Right in France*, Athens, Athens University Press, 1981.

Sirinelli (Jean-François) (dir.), *Histoire des droites en France*, t. I, *Politique*, t. II, *Cultures*, t. III, *Sensibilités*, Paris, Gallimard, 1992.

Shapiro (David) (dir.), *The Right in France, 1890-1919*, Londres, Chatto and Windus, 1962.

Sorlin (Pierre), « *La Croix* » *et les Juifs (1880-1899). Contribution à l'histoire de l'antisémitisme contemporain*, Paris, Grasset, 1967.

Soucy (Robert), *Le Fascisme français, 1924-1933*, Paris, PUF, 1989.

Sternhell (Zeev), *La Droite révolutionnaire, 1885-1914. Les origines françaises du fascisme*, Paris, Éd. du Seuil, 1978, et coll. « Points Histoire », 1984.

– *Maurice Barrès et le Nationalisme français*, Paris, Armand Colin, 1972, et Bruxelles, Complexe, 1985.

– *Ni droite ni gauche. L'idéologie fasciste en France*, Paris, Éd. du Seuil, 1983, et Bruxelles, Complexe, 1987.

Taguieff (Pierre-André), « La stratégie culturelle de la nouvelle droite en France », *in* Robert Badinter *et al.*, *Vous avez dit fascismes ?*, Paris, Arthaud-Montalba, 1984.

– *La Force du préjugé. Essai sur le racisme et ses doubles*, Paris, Gallimard, 1990.

– (dir.), *Face au racisme*, 2 vol., Paris, La Découverte, 1991.

Verdès-Leroux (Jeannine), *Scandale financier et Antisémitisme catholique, le krach de l'Union générale*, Paris, Le Centurion, 1969.

Weber (Eugen), *L'Action française*, Paris, Stock, 1964.

– *The Nationalist Revival in France. 1905-1914,* Berkeley, University of California Press, 1968.

Wieviorka (Michel), *La France raciste*, Paris, Éd. du Seuil, coll. « L'Épreuve des faits », 1992.

Wilson (Stephen), « Catholic Populism in France at the Time of the Dreyfus Affair : The Union nationale », *Journal of Contemporary History*, vol. 10, 4 octobre 1975.

– *Ideology and Experience. Antisemitism in France at the Time of the Dreyfus Affair*, Londres, Associated University Press, 1982.

Winock (Michel), *La Fièvre hexagonale. Les grandes crises politiques, 1871-1968*, Paris, Calmann-Lévy, 1986, et Éd. du Seuil, coll. « Points Histoire », 1987.

– *Nationalisme, Antisémitisme et Fascisme en France*, Paris, Éd. du Seuil, coll. « Points Histoire », 1990.

Wolf (Dieter), *Doriot. Du communisme à la collaboration*, Paris, Fayard, 1969.

Wormser (Olivier), *Les Origines doctrinales de la révolution nationale*, Paris, Plon, 1971.

Les auteurs

Jean-Pierre Azéma : Professeur d'histoire contemporaine à l'Institut d'études politiques de Paris. A déjà publié plusieurs ouvrages sur Vichy et la Collaboration, dont le dernier en date est *1940, l'année terrible* (dans la même collection, aux Éditions du Seuil).

Pierre Birnbaum : Professeur de sociologie politique à l'université de Paris I. A publié notamment *Un mythe politique : la République juive* (Fayard).

Pierre Milza : Professeur d'histoire contemporaine à l'Institut d'études politiques de Paris. A écrit notamment *Fascisme français. Passé et présent* (Flammarion).

Pascal Perrineau : Professeur de sciences politiques à l'Institut d'études politiques de Paris. A collaboré à plusieurs études sur le Front national, notamment *Le Front national à découvert* (avec N. Mayer, Presses de la FNSP).

Christophe Prochasson : Maître de conférences à l'École des hautes études en sciences sociales et à l'Institut d'études politiques de Paris. A publié *Les Années électriques, 1880-1910* (La Découverte).

Jean-Pierre Rioux : Inspecteur général d'histoire et maître de conférences à l'Institut d'études politiques de Paris. Auteur notamment de *La France sous la IVe République* (Éd. du Seuil, coll. « Points Histoire »).

Michel Winock : Professeur d'histoire contemporaine à l'Institut d'études politiques de Paris. A publié en 1990 *Nationalisme, Antisémitisme et Fascisme en France* (Éd. du Seuil, coll. « Points Histoire »).

Index des noms de personnes

Index des organisations et des publications

Table

Collection « xxe siècle »

Michel Winock
Édouard Drumont et Cie
1982

Jean Chiama et Jean-François Soulet
Histoire de la dissidence
Oppositions et révoltes en URSS
et dans les démocraties populaires
de la mort de Staline à nos jours
1982

Zeev Sternhell
Ni droite ni gauche
L'idéologie fasciste en France
1983

Yves Ternon
La Cause arménienne
1983

Pascal Ory
L'Entre-Deux Mai
Histoire culturelle de la France
(mai 1968-mai 1981)
1983

Christiane Rimbaud
L'Affaire du « Massilia »
1984

Michel Winock
Chronique des années soixante
1987

HENRY ROUSSO
Le Syndrome de Vichy (1944-198...)
1987

JEAN-LOUIS LOUBET DEL BAYLE
Les Non-Conformistes des années 30
1987

JEAN-NOËL JEANNENEY
Concordance des temps
Chroniques sur l'actualité du passé
1987

GERMAINE TILLION
Ravensbrück
1988

CHARLES TILLON
Un « procès de Moscou » à Paris
1989

PHILIPPE BURIN
Hitler et les Juifs
Genèse d'un génocide
1989

JEAN-PIERRE AZÉMA
1939-1940, l'année terrible
1990

JEAN-NOËL JEANNENEY
Georges Mandel
L'homme qu'on attendait
1991

ANDRÉ KASPI
Les Juifs pendant l'Occupation
1991

François Fejtö
avec la collaboration d'Ewa Kulesza-Mietkowski
La Fin des démocraties populaires
Les chemins du post-communisme
1992

Antoine Prost
Éducation, Société et Politiques
Une histoire de l'enseignement en France, de 1945 à nos jours
1982

Paul Fussell
A la guerre
Psychologie et comportements
pendant la Seconde Guerre mondiale
1992

Paul-André Lesort
Quelques jours de mai-juin 40
Mémoire, témoignage, histoire
1992

IMPRIMERIE SEPC À SAINT-AMAND (CHER)
DÉPÔT LÉGAL : JANVIER 1993 – N° 18896-2 (167)